シリーズ・日本語のしくみを探る 6

日本語語用論のしくみ

町田健 編
加藤重広 著

研究社

編者のことば

日本語および日本語教育に対する関心の高まりとともに、日本語のしくみそのものを深く追求しようという試みも、これまでにも増してさかんに行われるようになりました。従来の日本語研究は、どちらかと言えば日本語の歴史に重点が置かれる傾向にありましたし、現代日本語についても、英語をはじめとする欧米の諸言語をもとにして開発された考え方を、そのまま日本語に当てはめようとする姿勢が強かったことは否めません。

しかし最近では、言語学や情報科学の進展に伴って、人間が使っていることばとは一体どんな性質をもつものであって、そのような性質が日本語という個別の言語にどんな形で現れているのかという、一般的な視点からの分析が行われるようになりつつあります。このような見方は、日本語の特殊性をいたずらに強調したり、逆に欧米の言語だけからことばの一般性を引き出してそれを日本語に対して無批判に適用したりするという、人間のことばの本質を無視した方法を鋭く批判するものでもあります。そしてそのことによって、人間のことばとしての日本語の正体がより鮮明に浮かび上がってくることが期待されるのです。

本シリーズは、人間のことばの一員としての日本語という視点から、これまで行われてきた諸研究とはひと味違った、しかしより高度で普遍的な立場から日本語のしくみを考えた結果を紹介するものです。日本語がもっていることばとしての普遍性と個別性の両方を知ることによって、これからの日本語研究と日本語教育に対して新たな視座が提供されるものと信じます。

はしがき

私が言語学の勉強を始めたころ、まだ語用論はあまり知られていませんでしたし、語用論を専門と称する研究者もあまりいませんでした。初めて触れたときから語用論は非常に興味深く魅力的な領域に思えました。また、哲学や心理学や社会学も学びたいと思いながら言語学を専攻していた私には、語用論は面白いテーマの宝の山に見えたくらいでした。しかし、一方で、音韻論・形態論・統語論・意味論・語用論という言語学の配列が刷り込まれた私は、頭が固いせいもあって、意味論や統語論を勉強せずにいきなり語用論に進むのはどうかという迷いもありました。当時の私には、語用論は、統語論の彼方、意味論の向こうにあるものだったのです。文法論を勉強しながら、語用論にどういうスタンスで接したらいいのかが自分なりに考えをまとめられるようになるまでに、かなりの時間が必要でした。

本書の企画のお話をいただいたのは、本シリーズの『日本語学のしくみ』を書き上げたころでした。一口に語用論と言っても、様々な流れや立場があり、方法論も目標もそれぞれに異なります。しかも、語用論は、いろんなテーマで次々に新しい成果が発表される「進行中」の領域です。特定の考え方に限定しないで、なるべく相互のつながりが見えるように、全体を紹介できる本にしたいと思いながら書き進めましたが、書いているうちに盛り込みたいことは増える一方でした。結局、いったん書いたものを二割ほどスリムにして、本書の形になりました。

語用論には、いろいろと考え方の違う研究がありますが、いずれも重要な示唆に富んでいます。一方で、それぞれに問題点や難点も抱えていますが、どういう解決策が最も有効なのかをまだ判断できないテーマもいくつかあります。現状を眺めると、広く全体を見ていくことに意味があると思うのです。広く見たなかから、自分が気に入ったアプローチやテーマを深めればいいというのが、本書の基本的な立場です。

とはいえ、全体を概観したのちに、日本語に関する新しい語用論の考え方を示すという方針を立てたために、なかなか筆は進みませんでした。昨今の大学は忙しく、気ぜわしい場所になっていますが、それも無関係ではありません。それでもなんとか完成にこぎつけたのは、理解ある先輩・町田健氏と、研究社の佐藤陽二さんの助言と忍耐があったからだと思います。この場を借りて、お礼を申しあげたいと思います。

本書をきっかけに語用論に関心を持って下さる方が増えることを、また、今後語用論の研究が発展することを心より願ってやみません。そして、語用論に関する研究が活発になり、それがことばの研究全般にフィードバックすることになれば、もう言うことはありません。

二〇〇四年春　加藤重広

目次

CONTENTS

第一章　語用論の出発点……001
Q1　語用論とは、いったいどんな分野ですか？　002
Q2　語用論はどのように誕生したのですか？　016
Q3　文は必ず真か偽と決められますか？　030
■　章末問題　050
第二章　語用論の展開……051
Q4　会話になにか原則はあるのですか？　052
Q5　「会話の推意」って何ですか？　067
Q6　グライスの考えはどう継承されましたか？　086
Q7　ことばに人間関係が反映することはどう捉えますか？　101

Q8 語用論は会話のやりとりしか分析しないのですか？ 119
■ 章末問題 141

第三章 日本語への応用 …… 143
Q9 日本語の指示詞は、距離と領域で使い分けるのですか？ 144
Q10 日本語の指示詞の照応用法はどのようなものですか？ 168
Q11 「この交差点、右折できたかな」は、過去じゃないのになぜタ形なんですか？ 192
Q12 伝達上の目印はどのようなものですか？ 211
Q13 文末に使う「よ」は強調、「ね」は確認の意味ですか？ 235
■ 章末問題 251

第四章 語用論の可能性 …… 253
Q14 語用論によって何がわかるのですか？ 254
■ 章末問題 271

さらに勉強したい人のための参考文献　271

索　引　278

第一章
語用論の出発点

Q1 語用論とは、いったいどんな分野ですか？

「語用論」という呼び名は、最近になって定着したもので、かつては「(言語)運用論」あるいは「(言語)実用論」と呼ばれることもありました。今は「プラグマティクス」と称することもありますが、これらは要するにいずれもpragmaticsという英語の訳語なのです。

linguistic「ことばに関する」という形容詞から、linguistics「ことばに関する学問(=言語学)」が作られたように、pragmatic「実際上の・実用上の」という形容詞とpragmaticsは派生関係にあります。つまり、本来「実用上のことに関する学問」という意味なのです。「実用」上のことを考えなければならないのは、現実の運用が「理論」や「理屈」とは違うからで、例えば、法律とその実際の運用の関係を考えてみればいいでしょう。法律の条文は、特定のケースにしか当てはまらないと役に立ちません。法律の条文は、あらゆる事例に適用できるような表現にして、一般性を持たせざるをえないわけです。しかし、一般性が高くなると抽象度も高まり、そのままでは個別のケースに対応できなくなります。法律については判例によって類似の事例を判断する方法がとられていますが、ことばについてこの問題はどのように解決されるのでしょうか。

ことばの理想と現実

ことばは、法律のように明文化された規則があるわけではありませんが、規則の体系という面を持っています。狭い意味での「文法」はもちろん規則ですが、それだけでなく、ことばを使う人がみんな知っているはずのすべて「法律」に対応します。ソシュールは社会的事実としての言語を《ラング》と呼びましたが、これは私たちが、日本語、英語、スコットランド英語、琉球方言と呼ぶ個別の言語や方言のことです。X語の話者は、X語の文法や語彙についての知識を持ち、X語を使いこなせるのですが、X語の話者全体が共有する知識という点でX語というラングは社会的な事実なのです。

「私は、おなかがすいた。ラーメンが食べたい」と誰かが言ったとします。このせりふは日本語の知識がないと言えませんが、日本語に関する完璧な知識を持っていてもその意味がもれなく理解できるわけではありません。例えば、「私」が誰のことなのかはその場に居合わせるか、誰のセリフなのかを間接的に教えてもらわない限りわかりません。このせりふを組み立てるのに必要な知識がラングですが、実際に口にしたことば（セリフ）を《パロール》と言います。「ラーメンが食べたい」というセリフは、日本語というラングによって紡ぎ出され、発話となる場合にはパロールとして実現するわけです。

ラングによってパロールが産出され、またパロールによってラングの存在が保証される、相互に支え合う関係をソシュールは想定していました。パロールとラングの関係は、演奏に対する楽譜、完成した料理に対するレシピなどに準《なぞら》えることができます。

実際に料理を作ってみると、全く同じものが二度できることはなく、いずれも微妙に違うはずです。ソシュールは、できあがった料理よりもレシピが重要だと考えました。つまり、言語研究の対象はラングであって、パロールではないとしたのです。★

語用論はパロールの言語学か

語用論が実際の運用を対象とする言語研究ならば、語用論はソシュールが真の言語研究のあり方ではないとした「パロールの言語学」なのでしょうか。

チョムスキーは初期の生成文法の枠組みで、言語能力(competence)と言語運用(performance)を区別しました。これを受けて、言語能力と言語運用の対比がラングとパロールの対比におおむね相当すると説明されることがあります。言語能力とラングをそのまま重ねて理解するのは問題なのですが、パロール★は「発話」を指しているという点で言語運用に近い概念だと考えてよさそうです。実際にことばを発する場合には、発音といった実現の仕方も個々に異なりますし、発話状況や文脈やどういう意図を込めているか、どのように解釈されるか、などいろいろ考えると、完全に同じものはありえません。つまり、パロールは、ラングの不均質で多様な実現形なのです。しかも、実際にことばを口にするときには、言い間違いや言いよどみもありますし、文を全部言わないで途中でやめて次の文を言い始めたりすることもあります。レシピに従って料理をつくっても、水の量が少なかったり、加熱しすぎてこげたり、甘みが足りなかったりする

★ソシュール『一般言語学講義』(岩波書店、小林英夫訳)の序説第三章と第四章を見てください。ここでは「ソシュールがこう言っている」のように書きましたが、この本はよく知られているように、ソシュールの講義を聴講した学生たちのノートをもとに弟子たちがソシュールの講義を復元したものなので、ソシュールの本当の考えかどうかはわかりません。ラングとパロールの説明については、町田健『言語学のしくみ』(40–42ページ)などを参照してください。

★もっとも、「パロール」(parole)は「口に出したことば」ということで「ことば」に重心があり、言語運用は「パフォーマンス」ですから「言語を実際に使うこと」を指し、意味の重心は動作のほうに傾くわけですが、おおむね近い概念と言えるでしょう。「言語能力」については、のちに「文法的な言語能力」と「語用論的な言語能力」を分けることも提案されたのですが、この点についてはあとで述べます。

のと同じです。パロールにはラング以外の要素が入り込み、ときに、そういう要素のほうが多すぎて、ラングの姿をありのままに捉えきれないことがあると考えればいいでしょう。

では、語用論は、言語の実用・運用のことを扱うのだから、パロールの言語学なのかというと、実はそうではないのです。話しているときに伝達を妨げる「逸脱的な要素」がパロールに混入することはありえますし、発話には個人間の変異も見られますが、そういうことを扱うのが語用論ではありません。発話を直接扱う以上はそういう要素も無視できませんが、語用論が明らかにしたいことは別にあるのです。

パロールという概念も言語運用(パフォーマンス)という概念も、言語という規則の体系が具体的な形を持つようになったときに「夾雑物《きょうざつぶつ》」が混じりこんでしまい、理想どおりには具現化しないという前提に立っています。夢として語られる理想も、いざ実現してみると必ずしも美しい理想のままではなく、現実の手垢や汚れがつくのに似ているかもしれません。もしも、発話からラングに関わる部分だけをうまく取り出すことができるとして、そのあとに残るものが規則化や体系化ができない要素だけなのであれば、語用論は言語研究のごみやくずの掃除しかやることがないでしょう。しかし、近年語用論の重要性が認識されるようになった背景には、「実際に用いられたことばからラングに関わる部分を除去しても、まだ、規則化したり体系化したりできる非ラングレベルの要素が残っている」という見方が強くなったからなのです。

ラングに収まらない規則やしくみがある

ラングという社会的事実に縛られながらパロールを発する以上、我々の伝達には一つのアポリア★がつきまといます。風邪で頭が痛くても、転んで膝をぶつけても、虫歯が痛むときも、「痛い」としか言いようがないのです。もちろん、痛みの種類は異なりますし、同じ場所の痛みでも状況によって痛み方が違います。痛みの違いによって単語を使い分ける言語もありますし、日本語でも「うずく」といった動詞のほか、「ずきずき」「しくしく」「ひりひり」や「刺すように」などの表現を補ってより細かく表すことができます。しかし、現実の痛みの多様性ほど言葉の表現は多様ではありません。ことばにすると「表し残す」部分が必ず出てきます。私の痛みは誰かの痛みとは当然違うわけですが、ラングは最大公約数であり、いわば規格品ですから、個々人の使い勝手に微妙に合わないことは避けられません。逆に、完全にオーダーメイドのことばを一人一人が勝手に使えば、言いたいことをすべて完璧に言い表せたとしても他人にはほとんど理解されないでしょう。

しかし、ここで「非ラングレベルの要素」と言っているのは、こういった個人ごとの違いのことではありません。ことばの規則としてのラングに含まれない「しくみ」や「規則」のことです。もっとも、「しくみ」や「規則」と言っても、「必ずこうでなければならない」というガチガチの規則や手順やしくみだけではなく、「基本的にこうすることになっているが、それ相当の理由があればこうしなくてもよい」といった感じのお

★「解決しがたい困難な問題」ほどの意味で使っています。

おまかな原則もあります。

(1) 父が作ってくれたケーキは、まずかった。

この文を見た人は、話し手(書き手)が「父の作ってくれたケーキ」を食べたと思うのが普通でしょう。食べなければ「まずい」という判断が下せないからですが、実は、本人が食べていなくても(1)のように言うことができます。自分は食べなかったが、妹が食べて「まずい」と言ったのでそれに同意したということもありえます。ただこの可能性はゼロではないものの非常に低いので、(1)だけを見て最初からそう考える人はいません。普通は、まず話し手が食べて「まずい」と判断したと推測するわけです。

私たちは、このように、ことばの情報をそのまま理解してそれ以外のことは考えないのではなく、様々な関連情報をさらに引き出したり、予想したりしながら、より深く理解しようとします。そこには、ある種の規則性があり、原則があり、原理があると考えられるわけです。こういったしくみや決まりは、文法書に書くような「ことばの決まり」そのものではありませんし、文法の規則のようには一般化できない傾向も相当含まれています。こういった規則や原理は、狭い意味の「ラング」には含まれませんが、ラングがパロールとして成立する上でラングの周辺や背後にあるものだと言えます。ソシュール的な意味での「ラング」の言語学から語用論ははみだしているということになりますが、ここはひとつラングの意味を拡張して、とりあえず言語研究の仲間に入れておいてもらいましょう。

文字どおりの意味と伝えたい意味

言語学には、ことばの意味を扱う意味論という分野がありますが、発話の「意味」は扱わないのでしょうか。語用論とは言っているけれど、実質的に発話の「意味」のことなら、本来の専門領域である意味論が扱えばいいじゃないか、と思う人がいてもおかしくありません。実際、かつて、語用論は意味論の一部だったと言っても過言ではないのです。

「一緒にコーヒーを飲みませんか？」と言われたら、相手が自分に対してコーヒーを一緒に飲むように誘っていると考えるでしょう。しかし、これは否定疑問文という疑問文の一種であって、言語形式に直接「勧誘・勧奨・提案」を意味する要素は含まれていません。文字どおりには「飲まない」かを尋ねているだけです。ところが、慣用的に「…しませんか」という形式は、相手に肯定の返答を期待して「…するでしょ」「…しましょうよ」と誘うときに使います。字面の意味だけからは勧誘の意味が見えないのに、発話として実際に使われると勧誘していると確実にわかるのは、否定疑問の形式が「勧誘」や「提案」という機能と習慣的に直結しているからでしょう。このように結びつきが強く明らかなものは文法書に書いておけますから、意味論までの範囲で扱えます。

しかし、伝えたい意味が文字どおりの意味と直結していない場合はそういきません。「コーヒーでも飲みに行かない？」と友人に言ったら、「これから授業があるんだ」と言われたとしましょう。「これから授業があるんだ」は平叙文で、確定的な未来のことがらを述べていますが、「コーヒーを飲みに行かない？」という勧誘の疑問文に対する答え（イエスかノーかで答えるもの）になっていません。でも、これがノーと答えるのに等しいことは容易に理解できます。拒絶する場合に、理由を提示することをもって回答に代えるということは、言語を問わず広く見られる現象です。しかし、「コーヒーを飲もう」という勧誘に対して「これから授業がある」と答えると拒絶になる、ということを文法書に書いておくことはできません。一つめの理由は、この程度の些末な情報をいちいち書いていたら、文法書がパンクしてしまうからです。しかも、これは文法上の規則でもありません。二つめの理由は、「これから授業があるんだ」だけなら拒絶と解釈するのが普通ですが、そのあとに「でも、今日はさぼって、喫茶店に行こうかなあ」と続けば、拒絶とは解釈されなくなります。つまり、絶対的な解釈なのではなく、単にそう理解されるのが普通である、という程度に過ぎないのです。

言語形式だけでは具体的な意味がよくわからなかったり、いくつかの意味が考えられたりするために判断しかねることもあります。ある小学校で先生が牛乳の一リットルの紙パックを持って生徒に示しながら、「明日の図工の時間にこれを使いますから、忘れずに持ってくるように」と言ったら、翌日、未開封の紙パックの牛乳をそのまま持って来た子がいたそうです。もちろん先生は使用済みの空っぽの牛乳パックを持っていたのですが、なぜ誤解が生じたのでしょうか。誤解は、「これ」の指す内容がうまく理解されなかったために生じたのです。「図工の時間に使う」のなら、容器だけでよく、中身が入っているとかえって邪魔になるだろうと、多くの人は考えます。しかし、それ以外の解釈が絶対に不可能というわけではありません。先生が「これ」と言ったときに、その時点で先生の持っている牛乳パックはこの世に一つしかありませんから、「これ」で指したものと完全に同じものを持って行くことはできず、同じような牛乳パックを探して持って行くしかないわけですが、そのとき「同じような牛乳パック」というカテゴリーをその場で想定して判断していることになります。同じ銘柄の牛乳の空きパックでなければだめなのか、空の牛乳パックであれば大きさや形状が多少違っていても構わないのかなど、考えてみるといろんな条件がありますが、そういうことも含めて私たちは判断しているわけです。親が子どもにお使いを頼むときに、牛乳パックを示して「これが、あと二本必要なのよ」と言えば、同じ銘柄の牛乳なのかもしれません。たとえ空っぽの牛乳パックを持ってそう言ったとしても、お使いを頼まれた子どもは空っぽの牛乳パックが二個必要だとは普通考えません。これは指示に関わる問題ですが、何を指すのかは、言語形式だけを見ていても決められないのです。

「電話はありましたか」と同僚に言われたとします。これはいろんな意味になりえます。「私あてに取引先から連絡が入ることになっていたんです」と言ったあとの発話なら、「その同僚あての電話がかかってきたか」という意味です。この場合の「電話」は

「電話連絡・通話」のことです。誰かが「先週、山奥の秘湯に行ってきたんだ。旅館はシンプルで部屋には何にもなかったけど、温泉は最高だったよ」と言ったのに対して「電話はありましたか」と言ったのなら「その部屋に電話機は設置してあったか」という意味です。この場合の「電話」は「(部屋に設置され、使用可能な)電話機」のことです。近所にオープンした大型電気店を見に行ったときの話をしていて、「品揃えがすごいよ」と言ったあとに「電話はありましたか」と聞かれたのなら「商品としての電話機は置いてあったか」の意味です。

発話はその前か後ろに別の発話があることが多く、それによって意味がより明確にわかるものです。これは、一般的な意味で**文脈**あるいは**コンテクスト**(context)というものに相当しますから、「意味の流れの上でつながりのある、言語形式上の前後関係」と理解してもいいでしょう。これは、高校までの国語で言う「文脈」とだいたい同じで、一般的な捉え方なのですが、語用論における文脈の定義としては、最も狭い定義だと言えます。この狭い意味の文脈で考えてみても、発話の意味が前後の発話といった文脈の影響を強く受けることがよくわかります。

文脈を考える点がポイント

私たちがことばを用いるときは、常になんらかの文脈があります。日常のやりとりであれば、前後に自分か相手が言った発話があるはずです。これは、言語形式になっている文脈ですから**言語的文脈**と呼んでもいいでしょう。たいていの場合に言語的文脈はあるはずですが、話し始めでは先行する発話がなく、会話の最後の発話では後続する発話がありません。また、次のように、前後に「ことば」が存在しない場合もありえます。

(2)【バスに小さい男の子と母親が乗っている。子どもが降車ボタンを押そうとしたときに、母親が言う】「だめよ。降りるときに押すの」

この発話の前後で誰も何も言っておらず、ことばの上での前後関係はないとします。それでも、母親が何を「だめ」と言っているのか、何を「降りる」と言っているのか、何を「押す」と言っているのかなどはわかります。この場合は**発話の状況**がわかっているので、省略が多くても通じるのです。ここで発話の状況と言っているものには、誰がどこでどういう場面で言ったのかといった、現場に居合わせれば直接観察できる要素をすべて含んでいます。言語的文脈と区別して、**状況的文脈**と呼びます。

私たちの日常のやりとりは、次のような発話だけで十分通じることもありますが、この場合には、どういう文脈が関わっているのでしょうか。

(3)【午前の授業が終わって、男子大学生Aは親しい友人の女子大学生Bに話しかける】

A「裏門の近くに新しくイタリアンの店がオープンしたんだってさ」

B「三限のゼミ発表の準備が残ってて、今日は私、お昼を食べてる時間がないの」

このやりとりでは、Ａ君は新規開店したイタリア料理の店があるという情報を提示しているだけです。それに対してＢさんは、昼食は食べないと述べています。Ａ君の発話を文字どおりに理解すると「一緒に昼食を食べに行こう」と誘っているわけではありませんが、実質的にＡ君が誘ったのに対してＢさんが理由を示して断っているように解釈できます。このような解釈が成立するのは、午前の授業が終わった時点で話しかけたという発話時点の状況に、「昼休みは一般に昼食を食べる時間だ」という知識①があるからであり、Ａ君がこれまでＢさんを昼食に誘うことがよくあったという知識②があったので、Ｂさんは、Ａ君の発話が一緒に昼食を食べようという誘いを意図していると理解できたのです。

(3)のやりとりに関しては、知識①は、誰かが言ったせりふではなく、言語的文脈ではありません。また、知識①自体は発話の場で直接観察可能な情報でもないので、状況的文脈とも言えません。ただし、発話時点が「昼休みが始まる時間である」という情報(時計を見ればわかるので状況的文脈に含める)と知識①を合わせると、「そろそろ食事をすべき時間だ」という判断はできます。この知識①は、言語的文脈でも状況的文脈でもなく、いわば世間一般についての常識のようなものです。知識②は、これまでの経験についての知識ですが、やはり、言語的文脈でも状況的文脈でもなく、一般常識というよりも個人的な知識と言えるでしょう。知識①や知識②は、(3)の会話のやりとりが始まる前からすでに頭のなかに入っているものです。広い意味で、自分の身の回りの世界に関する知識ですから、**世界知識**と呼ぶことにしましょう。世界知識には、自分自身のほか、家族や友人に関する情報など、共有する範囲の狭いものもあれば、特定地域や特定の国のほとんどの人が知っている情報もあり、なかには人間である以上、普遍的に想定される知識も含まれます。

(4)【夕食のおかずを見た娘が言う】「ちょっと、鶏の唐揚げはよしてよ」

(5)「今月は、友達の結婚式が三件もあって、ピンチなんだ」

一般的な常識で(4)を解釈すれば、この娘は鶏の唐揚げが嫌いだと思うでしょう。しかし、(4)の発話を聞いた母親が、「娘は今ダイエット中である」という知識と「娘は鶏の唐揚げが大好物でいつも食べすぎてしまう」という二つの知識を持っていれば、違う解釈をするはずです。しかし、これらは知っている人が限られている情報です。(5)は、一般に日本では結婚式に招かれた人がお祝い金を持参するという知識に基づいて、「ピンチ」が「経済的なピンチ」であることを理解するでしょう。これは、日本という国ではよく知られている知識ですが、現金をお祝いとする慣習は他文化では一般的でないかもしれません。前者は個人レベルの世界知識であり、後者は文化レベルの世界知識ということができます。しかし、知っている人が何人以下なら個人レベルとか、地球の人口の何割に当てはまることであれば普遍的なものだとか、明確に境界線を引くことはできません。「結婚式のお祝いが現金である」という日本文化に関わる知識も、小さい子どもは知らないでしょうし、数百年前は違っていたかもしれません。つまり、おおまかに、個人レベル・文化(集団)レベル・種の(普遍的)レベル、と分けられるに過ぎないのです。広い意味で文脈と言うときには、この《世界知識》も含まれます。世界知識は、「百科事典的な知識」などと言われることもありますが、この言い方では個人的な情報は含まれないという誤解を与える可能性があるので、多少曖昧ではありますが、★世界知識と呼びましょう。

また、すでに持ち合わせている知識をもとに推論して得た考えも、同じように発話の解釈に使える重要な知識・情報ですから、これに含めることができます。ここでは④として追加し、以下のように整理しておきます(表1)。

表1　文脈の四つの分類

文脈		
①言語的文脈	②状況的文脈	③世界知識
④推論によって①②③から引き出した情報や考え		

この四つの文脈のうち、①は発話によって言語形式で表されたものなので、話し手も聞き手もほぼ★完全に共有していることが前提になります。②は、発話の状況についての知識なので、話し手と聞き手のあいだでおおよそ共有されているのですが、一方だけが気づいていてもう一方が気づいていないこともあります。細かに観察している人もいますし、状況に注意を払わない人もいるわけです。③の世界知識は、個人ごとの違いがかなりありそうです。もちろん共有している部分が多いからコミュニケーションが成立するわけで

★世界知識は、自分の周囲を取り巻く世界のすべてに関わる知識なので、「一九六三年一一月二二日にJ・F・ケネディが暗殺された」という知識も、「うちのお父さんは焼酎好きで、ビールはあまり飲まない」という非常に個人的な知識も、まとめて入っています。「百科事典に前者の情報はあるはずですが、いくらなんでも後者の情報はないでしょう。

★もちろん、聞き逃したり、忘れたりしなければ、ということですが。

すが、人による違いは②よりも大きいですね。つまり、①②③の順に話し手と聞き手のあいだの共有度が低くなると考えられます。

また、理屈の上では、④は①②③から引き出した《二次的文脈》ということになり、対比の上では、①②③は《一次的文脈》ということになります。④は、①②③をもとにしているので話し手と聞き手の共有度はさらに低いと考えていいわけですが、一次性・二次性ということは明確に区別しにくいところもありますから、あえて区別する必要はないと言えるでしょう。

私たちが実際にことばを使うときには、必ず特定の場面で使うわけですから、常になんらかの文脈がくっついています。語用論は、この「文脈」を切り捨てずに実際に用いられたことばの意味やはたらきを考える領域だと説明できます。では、語用論の定義は「文脈を踏まえて言語運用を解明する学問」で十分なのかについて次で考えます。

Q2 語用論はどのように誕生したのですか?

語用論は、「文脈を考慮にして用いられたことばの意味や働きを考察する」と定義することができますが、こういう考え方はいつ出てきたのかを、語用論の歴史をその誕生からなぞりながら、見ていきましょう。

語用論の始まり

学問名として「語用論」（pragmatics）ということばを使うことを初めて提唱したのは、チャールズ・モリス★です。モリスは、記号論の研究を行うに際して、三つの分野を考えなければならないとして、左のような三分野を提案し、それをカーナップ★が補足しつつ、継承しました。ここで、「記号」とあるのを「言語」に置き換えてみると、そのまま言語研究における定義にも使えそうです。事実、統語論は単語などの要素の配列と結びつきといった関係を扱う領域と規定していいでしょう。

意味論については、語用論との違いを明確にするために、少し具体例を見ながら整理しておくことにします。意味論で扱う「意味」は、おおまかに「語意味」と「文意味」の二つを想定して考えることができます。あるいは、成句や慣用句など句が単位になっているものは句意味を持っていることになりますが、これは、語意味の一種として扱っておきましょう。

表2　モリスによる記号論の三分野

区分	モリスの説明	カーナップの説明
統語論★（syntax）	記号間の相互関係の研究	記号どうしの結びつき、表現間の関係を扱う
意味論（semantics）	記号と対象の関係の研究	あらゆる意味作用、表現と対象の関係を扱う
語用論（pragmatics）	記号と解釈者の関係の研究	言語使用者、記号が実際に用いられた場合の起源・用法・効果を扱う

★チャールズ・モリス（Charles William Morris, 1901–79）はアメリカの哲学者で、論理実証主義とプラグマティズムという二つの流れを統一的に記号論で扱うべきだと主張しました。

★ルドルフ・カーナップ（Rudolf Carnap, 1891–1970）は、アメリカで活躍したドイツ出身の哲学者です。カーナップは英語読みで、ドイツ語風に読んでカルナップとすることもあります。

★モリスは、「統語論」syntactics としていますが、今は syntax とするのが普通です。カーナップも syntax としています。semantics も pragmatics も形容詞形に s をつけて学問名にしていますから、同じやり方なら syntactics でいいわけですが。

例えば、「あし」という日本語は、「足」あるいは「脚」と書き分けることからわかるように、人間などの下肢を広く指します。犬なら「手」ではなく「前足」と呼び、「昆虫には足が六本ある」と言うこともあります。この場合、私たちが「あし」と見るかどうかは、別に動物ごとに異なるのではなく、一つの共通性をもって決めているわけです。これは、文脈には左右されませんし、話し手によって異なるものでもありません。このようなものが語意味として意味論で考えていくべき対象になります。言語が違えば意味体系が異なりますから、例えば、日本語の「あし」が英語では foot と leg に分けられており、「足」と「脚」におおまかに対応していること、日本語ではたこやいかの「あし」と言うが、英語では arm「腕★」と言うこと、英語には上肢と下肢の上位語の limb があるが、日本語では漢字で「肢」とでも表すことを考えなければ上位語が見あたらないことなどが、対照意味論として整理できます。さて、次のような文では「あし」の意味が少し違っています。

(1) 椅子のあしが折れてしまった。

(2) 一日にバスが二往復あるだけなので、現地であしをどう確保するかが問題だ。

「あし」のようにいくつかの意味を持っている単語では、どの意味で用いられているかを決めなければなりません。(1)は、生物の下肢ではなく、「下のほうにあって支える役目をするもの」を指し、(2)は「移動手段」を指します。これらは、文として用いて初

★専門的にも「あし」でなく「腕」のようです。タコは分類上「八腕形目」になっているくらいですし。

めて意味が確定するケースですが、文にしなくても単語の意味が決まることもあり、また逆に、文にしても単語の意味が完全には決まらないこともあります。(2)の「あし」は、文のなかで「確保する」の目的語で、(1)は「折れる」という動詞の主語です。文ではそれぞれの単語が別の単語と結びつき、それによって意味が限定されたり、指定されたり、関係づけられたりして、全体の意味へと編み上げられています。(1)は、「椅子の脚が折れてしまった」という文意味があり、これは誰が誰に発話しても意味が変わるものでなく、文脈で解釈が変わることもありません。文のなかの語句は、語だけ句だけを単独で取り出したときよりも、意味が限定されていますが、その解釈が人によって変わるわけではありません。つまり、日本語の知識を持っていれば(1)や(2)の「あし」の意味はわかるわけで、これらの「あし」の意味を判断する際には語用論の出る幕がなさそうです。

しかし、(1)の発話をした奥さんは夫に「椅子を修理して欲しい」あるいは「新しい椅子に買い換えよう」と言いたいのかもしれません。こういうことは、文脈(特に、発話状況と世界知識)を考えなければ説明ができませんし、文脈によって解釈が変わります。つまり、人により状況により解釈は千差万別になり、これは語用論でなければ扱えないのです。

記号論から語用論が誕生したわけ

もちろん、記号論での「プラグマティックス」と言語学での「語用論」は、厳密に言えば同じではないのですが、「語用論」そのものは言語学の内部から誕生したのではなく、記号論を含む広い意味での哲学的な研究から生まれたと言っていいでしょう。これには、いくつか理由があります。

第一に、言語学は二十世紀が始まったころにはまだ若い学問で、意味の研究の優先順位も高くありませんでした。当時は、それまで言語研究の中心だった比較言語学の研究の外側へやっと足を踏み出したばかりだったのです。二十世紀の前半は音韻や形態を科学的に捉える方法が提案され、それが二十世紀半ばに構造言語学として確立します。生成文法もこの科学的な方法論を基盤にして発達したものと言えるでしょう。構造言語学のなかでは意味の研究はあまり重要視されず、むしろ意味は科学的研究の対象として適切でないという見方が支配的でした。例えば、ブルームフィールド★は、「意味」の研究は科学的に行いえないと信じていて「概念」といったことばさえも使うのを避けていましたし、統語論の研究も形態論寄りの研究が多くを占めています。意味を研究する意味論さえ言語学の表舞台にまだ姿を現していなかったわけですから、語用論にお呼びがからないのは当然でしょう。二十世紀後半になって意味論が様々な形で発展するに従い、少しずつ、語用論の必要性も認識されるようになります★。

第二に、十九世紀の終わりから二十世紀にかけて、思想史的に「ことばが透明ではな

★レオナルド・ブルームフィールド（Leonard Bloomfield, 1887–1949）は、アメリカの言語学者です。主著 *Language* は翻訳（『言語』、大修館書店）もあります。

★国際的な学術雑誌 *Journal of Pragmatics* の創刊が一九七七年、第一回国際語用論学会の開催は一九八五年、日本語用論学会の設立は一九九八年です。

くなった」ということができます。今でこそ人間の思考や行動や認識のあらゆる面にことばが関わっていると広く考えられていますが、かつてはことばを客体視して意識することはまれでした。もちろん「意味」の問題を考えた哲学者はことばを意識していましたが、哲学上のあらゆる問題が言語に関わりを持っており、言語に関する問題の解決なくして哲学上の問題の解決もありえないという立場が見られるのは、二十世紀になってからです。それまで考えることなく見過ごしていた言語という問題が、急に透明でなくなり、否応なく立ち向かわざるをえなくなったわけです。これは一般に**言語的転回**★と呼ばれます。

言語的転回に関わった哲学者としては、G・フレーゲ(一八四八―一九二五)、B・ラッセル(一八七二―一九七〇)、L・ウィトゲンシュタイン(一八八九―一九五一)を挙げる必要があるでしょう。フレーゲやラッセルは、「指示」についても論考を残していますが、現在の語用論でも「指示」は重要なテーマです。ウィトゲンシュタインは、ソシュールが静的な体系のなかで意味を捉えたのに対して、意味は実際の使用のなかで見えてくるもので、動的な相互作用のなかにあるという捉え方をしました。これは、**言語ゲーム**(Sprachspiel)という言い方で説明されますが、遊び(ゲーム)とはそれ自体の内部にある決まりのなかで成立するもので、その外側に成立する根拠があるわけではなく、これはことばのあり方と同じであると捉えたわけです。

いずれにせよ、ことばの研究の本丸であるはずの言語学が、弁解めいた理由を掲げて

★これは linguistic turn の訳で、「言語論的転回」とも言うこともありますが、本書では「論」を入れない言い方を使うことにします。

意味という扱いにくい問題を避けているうちに、哲学のほうが言語、特に、意味の面を避けて問題の解決はないという認識を持つようになり、ことばの問題に取り組み始めたのです。語用論はこういった哲学的アプローチのなかで芽を出しました。

記号論と語用論の関係

語用論を提唱したモリスは、プラグマティズム（pragmatism）という哲学の流れをくんでいます。プラグマティズムは「実用主義」と呼ばれることもありますが、Q１の冒頭で取り上げた語用論（pragmatics）の意味合いと深く関わっています。プラグマティズムとは、観念を観念だけのレベルで考えるのではなく、現実のなかで一つの観念がどういう実際の結果をもたらすかという点から「行為」との関連において捉えていく立場のことで、パース★という哲学者がその創始者とされ、さらにカント★の実践理性にまでさかのぼることができますが、ここではパースに注目します。

パースは、記号を三分類したことで知られています。パースは、どうやら三つに分けることが好きらしく、いろんなものを三種類に分類したり、それぞれをさらに三種類に分けたりしています。そのなかでよく知られているのが、①類似記号（icon）、②指標記号（index）、③象徴記号（symbol）という三つの記号です。言語は、慣習的な決まりに基づく象徴記号に分類されます。記号が成立するプロセスも三つの要素が関わっていると説明されます。

★チャールズ・サンダース・パース（Charles Sanders Pierce, 1839–1914）は、アメリカの哲学者ですが、論理学や数学や記号論などさまざまな領域であまりにも先駆的だったために、生前はあまり理解されず、注目されるようになったのは死後のことでした。

★実は、カントは「実践理性」の原則を、主観的・個人的な原則と客観的な原則とに分け、前者を「格率」と呼ぶのですが、グライスの協調の原則が四つの「格率」から構成されるのは、カントのひそみにならったのだとグライス自身が述べています。

図1　パースによる記号の三分類

記号（sign）	→	解釈者（interpretant）	→	対象（object）
樹皮がはがれている木		鹿が樹皮を食べたという理解		以前鹿がそこにいた

ソシュールと比べてパースの捉え方はユニークです。ソシュールは、記号(シーニュ)は、意味するもの(シニフィアン)と意味されるもの(シニフィエ)からなるとしました。つまり、二つに分けたわけですが、ここでは記号の存在は社会的なものとして認知されていなければなりません。誰がどう解釈するかという面はパロールに含まれ、ラングには取り込まれないので、パースの言う「解釈者」は想定されないことになります。パースの「記号」をシニフィアンに、「対象」をシニフィエに置き換えて捉えるのはかなり乱暴な見方でもありますが、単純化して違いを際だたせるのには悪くないでしょう★。つまり、パースは「解釈者」という要素を重視し、前面に出すことにより、記号は「解釈者」の介在によって成立すると考えたと言えるのです。

森に入って奥へと進んでいったら、樹皮のはがれた木があったとします。私なら「樹皮がはがれている」ことに気づいても、それ以上は考えたり、推理したりしないでしょう。それは私が★昼行灯《ひるあんどん》だからですが、その場合に私は「解釈者」ではありません。「樹皮がはがれている」ことは認識しているものの、それを「記号」と捉えておらず、それが表すこと(=対象)を推理したり、解釈したり、理解したりしていないからです。

★ソシュールに始まる記号論では、また、広く行われている記号論的な理解においても、発信者と受信者がその形式と意味内容について同じ理解をしていることを前提として記号の存在を考えます。社会のなかにおける記号を考えるなら、記号が伝達に用いられるものである以上、ごく自然な立場だと言えるでしょう。これに対して、パースの記号論は個人(特に受信者)の行為として記号を考えるので、同じ記号論でも切口が違うのです。

★昼間にともした行灯(あんどん)のようにぼーっとしているということです。

でも、家に帰ったらかけたはずの鍵が開いていて、床に家族のものではない靴あとが残っていたとしたら、いくら鈍い私でも「誰かが侵入した」と思うでしょう。このとき「(かけたはずなのに)開いている鍵と室内の靴あと」(=記号)が、「第三者の侵入」(=対象)を意味すると私は解釈します。つまり、解釈者が介在することになり、《記号→解釈者→対象》という記号過程が成立します。

鹿は自分の存在を知らせるために樹皮をはがして食べたのではないでしょうし、泥棒もわざと侵入痕を残したのではないでしょう。このことは「記号は発信者の意図とは関係なく成立する」ことを示しています。場合によっては、発信者が存在しないこともあるかもしれません。靴あとは泥棒が意図的に残したメッセージか、意図せず不用意につけたものかに関係なく、解釈者が解釈すれば記号になるのです。逆に誰かが私の研究室をノックしても、私が聞き逃せば「来客だ」と解釈されることはありません。つまり、発信者がいて意図があっても、記号として成立しないこともあるわけです。総じて、パースの記号論では、「解釈者」が記号の成立を左右していると言えるのです。

例えば、友人に何か言ったらその友人が「そうだね」と言いながら悲しい表情をしたとします。悲しい表情を無意識のうちにつくったのだとしても、私たちは「何か言うべきじゃないことを言ってしまったかな」「友人は傷ついたのかな」と考えるかもしれません。このとき、解釈する人が記号を読み解けば、そこには記号があることになるのです。

メッセージとは何か

パースの記号論の「記号・解釈・対象」という三つの要素、とりわけ「解釈」によって「記号」が「対象」を意味するようになるという捉え方は、我々に一つのことを教えてくれます。「記号」が「対象」を意味するというプロセスを「伝達」に置き換えてみると、解釈されることで何かが伝わり、解釈されなければ何も伝わらないということがわかります。

例えば、次のような図は記号論でも言語学でもコミュニケーション論でも、いろんな概説書に出てきます。図2のような捉え方は、一見すると発信者の送った「メッセージ」がそのまま受信者に受け取られるかのごとき誤解を与えかねません。AさんがBさんにリンゴを手渡したとしたら、リンゴはAさんからBさんに移動したことになりますが、このときリンゴそのものは実質的に全く同じです。同じイメージでメッセージのやりとりを考えると、発信者の出したメッセージと受信者が受け取ったメッセージが全く同一であるかのように思いがちですが、必ずしもそうである保証はありません。メッセージの伝達はものの移動とは違うのです。

図2　伝達の流れ

私が何か言いたいことがあって、それをメッセージにするとします。そのメッセージ化の作業が**符号化**です。この符号化とは encodingの訳語に当たりますから、いわば「コード化」です。ことばも社会慣習上の伝達記号体系という点で、一種のコード(符号)なので言語化することがコード化に当たります。しかし、言語という抽象的な記号以外の要素も符号化には入り込んできます。同じ町に住んでいる友人に「今日は寒いね」と電話で言っても通じるでしょうが、真夏のブラジルから真冬の日本に国際電話をかけて「今日は暑いね」と言われても返答に困るでしょう。私がどこかの街角から知人に携帯電話をかけて、目の前に見える大きいビルを指さしながら「これ、何ていうビル?」と聞いても、音声的な情報だけは相手も答えようがありません。しかし、同じ場所にいて同じ方向を見ている相手になら「これ、何ていうビル?」と聞いても通じるし、「暑い」とか「乾燥している」といった天候の話も通じるでしょう。つまり、その場で知覚していること(五感を通じて捉えられること)が、符号化の際に取り込まれていることがあるわけです。

メッセージを受け取った人が行う**復号化**は符号化の逆の作業です。これもdecodingという英語の訳語に当たり、コード化された状態から伝達内容の状態に復元する作業をイメージして単純に「解読」と言うこともあります。メッセージから内容を読み取るとき、私たちは、コード化されていることだけではすべてを読み取れないかもしれません。「駅前の喫茶店に七時に来て」というメッセージは、どんなに日本語というコードをよく知っていても完全に理解できるわけではありません。「駅前の喫茶店」と聞いて場所を特定できるだけの知識がなければメッセージは役に立つレベルまで解読できないでしょう。「七時」が午前七時と午後七時のどちらを指しているかは、常識で判断できそうですが、それ以外の知識(メッセージの発信時点や待ち合わせの喫茶店の営業時間)も関わってきます。また「駅前の喫茶店」と言われて、「よく使う喫茶店が二つあるけど、どっちかな」と迷うこともありえます。つまり、メッセージの発信者が行う符号化と受信者が行う復号化は、完全に対称的なのが理想ですが、発信者が持っている知識を受信者が持たなかったり利用できなかったりすることもあり、その結果メッセージの趣旨がわかるレベルまで解読できないこともあるのです。実際には**メッセージの発信と受信は対称的でない**と考えるべきでしょう。

しかも、相手の言うことが聞き取れたり、手紙の文字が読み取れたりして物理的にメッセージが受信できても、それをうまく復号化できないこともあります。また、復号化も「できる」か「できない」かに単純に二分できると決めつけられません。「駅前の喫茶店」と言われても、どの駅の駅前かわからなければ復号化できたことになりません。「駅はわかるが思い当たる喫茶店が三つある」という場合は完全な復号化ではないですが、最終的に相手に会えたのならメッセージは当初の目的を果たしたことになります。逆に、符号化する側から見れば、理解してもらえる(=復号化に成功する)だけのメッセージになっていないこともありえますし、②符号化と④復号化のプロセスはともに「するかしないか」というデジタルなものでなく、連続的に捉えるべきなのです。その意味で、先に掲げた図は、簡略化されすぎており、これまで多くの誤解を与えてきたと言えます。

白か黒かに分けられないメッセージ

　もしも発信者の意図や受信者の知識が関わらないのなら、白黒はっきりした内容を示すことができるでしょう。例えば、コンピュータのプログラム言語はコードを参照すれば伝達内容が明確に決まるようにつくられており、書き手の意図や受信者の知識に左右されないようになっています。★しかし、私たちのメッセージのやりとりはそれほど厳密で機械的なものではありません。こういうと人間のコミュニケーションはいい加減なようですが、これは「不完全であっても伝わる」「受信者の解釈の自由度が高い」という点でメッセージとして柔軟だとも言えます。例えば「駅前の喫茶店」と言われて場所が特定できたとしても、行ってみたらその喫茶店がなくなっていたということがあるかもしれません。そのとき私だったら友人の顔を思い浮かべて、「この店が満員なら、あっちの喫茶店に行ったものだっけ」と思い出し、別の喫茶店を探してみるかもしれません。「駅前の喫茶店」が最もなじみのある店で、それが使えないなら次になじみのある店に行くだろうと、メッセージを解釈し直したわけです。★厳密に指定されたメッセージならそういう再解釈はできません。明確かつ厳密で一義的に解釈されるメッセージは符号化に失敗すればそれで終わりで、発展や拡張や修正の余地はありませんが、解釈に幅のあるメッセージは不明確なようでいて、再解釈や補足的な解釈を交える余地があり、

★とはいえ、どういう流れのなかのコマンドかということは重要ですから、「文脈」は関わっています。また、あるまとまった作業を、どういう順序で、どういうふうに場合分けして処理するかは、プログラムの書き手の考え方によるので、思うほど無味乾燥ではないかもしれません。ただ、ちゃんと機能するプログラムには、矛盾したり、判断できなかったりするようなメッセージは含まれていないと言っていいと思います。

★再解釈や修正を行えば、最初のメッセージの内容そのままとは異なるものになるので、厳密には最初の「メッセージ」とは違うものになってしまいますが。

予測どおりにいかない場合にも対応策を講じうる可能性を持っています。いわば安全装置がついているようなもので、それと引き替えに曖昧さや不明確さがあるのです。

パースの記号論では、「記号過程」と呼ばれる一連のプロセスで記号を成立させるのは「解釈」ですから、先の図の③④⑤しかないようなものです。つまり、発信されたかどうかと関係なく「解釈」さえあれば記号は成立する、メッセージと思う人がいればメッセージになるという考え方です。このような考え方を**解釈中心主義**と呼んでおきます。この解釈中心主義的な捉え方は決して突飛なものではありません。木枯らしに散りそうな一枚の病葉《わくらば》を見て、病の床にある人が自分の余命のつきるのが間近いと思えば、それも一つの記号であり、メッセージになります。このメッセージに発信者はいません★。

一方、記号論の源流にある哲学や論理学では、メッセージを「真」か「偽」かという観点から捉える傾向が強いのです。これは、発信者や受信者よりもメッセージそのものが客観的に絶対固有の価値を持つという捉え方だと言えます。このときメッセージは真偽の判断の対象になる(平叙)文の形をしており、一般に**命題**(proposition)と呼ばれるので、こういう考え方を**命題中心主義**と呼んでおきます。ごく単純に整理すると、先ほどの図2の④と⑤から見ているのが解釈中心主義で、③から見ているのが命題中心主義ですから、①と②に視点を置いた捉え方もありそうです。これを**発話中心主義**★と呼ぶことにしておきます。パースのような捉え方は、ことばの意味を考える際には重要な

★信心深い人が神様のメッセージだと思う場合を除きます。

★よく語用論や言語学では、何かを伝えるメッセージを「発話」(utterance)と言いますが、これも実は無色透明で中立的な言い方ではありません。これは、発する人(発話者・発信者)から見た表現です。パースのように解釈中心主義をとっていれば、こういう言い方はしないでしょう。「発話」という言い方自体が、何かを伝えることばが「出てくる」ことに着目した言い方なわけです。英語の utterance も utter という動詞の派生語ですが、これも本来の意味は「外に出す」(outer)ということと関係があるようです。

のですが、哲学的なアプローチのなかから語用論が出てきた時期においては命題中心主義的な立場が強かったので、あまり影響力がありませんでした。命題中心主義が当初強力であったといっても、日常のやりとりのなかで文の真偽は常に決められるものなのでしょうか。この疑問から、次で紹介する新しい展開が生じるのです。

Q3 文は必ず真か偽と決められますか?

古くから人間は「ことば」で真理を語ることに価値を置いてきました。ギリシア語の「ロゴス」は「ことば」の意ですが、「論理」や「秩序」や「理性」や「真理」という意味合いを広く含みます。真理を語るためのことば(ロゴス)は、西欧のキリスト教的な世界観のなかでは、いわば論理的で正しい「神のことば」として位置づけられてきたわけです。このロゴスが思想的根幹をなし、西欧社会を文化的・思想的に支配してきたと見て、ジャック・デリダ★という哲学者は、これをロゴス中心主義と呼びました★。

論理のことばと日常のことば

論理学とは、このロゴスによる論証の方法としくみを体系的に捉え直した学問です。論理学での論証とは命題の積み重ねによるもので、命題は一つの真偽判断を表すものでした。つまり、論理学では「命題」と呼ばれる文を重ね合わせていくことで論証し

★デリダはフランスの哲学者ですが、ロゴス中心主義を批判し、解体していくことを主張しました。これは、西欧的な知の枠組みを再構築(ディコンストラクション)する作業の一つに位置づけられています。

★例えば有名な三段論法も命題の組み合わせによる論証です。「犬はほ乳類だ」(大前提)、「ポチは犬だ」(小前提)、「ポチはほ乳類だ」(結論)は三つの命題からできており、これらはいずれも真の命題なのです。

たのであり、命題は真か偽かが決められるものだ、ということです。要は「ことばはある事実を言い表しており、それは、真あるいは偽のいずれかである」という立場だったことが重要なのです。身近なところに引き寄せて考えてみましょう。私たちが日常用いることばは、「なんらかの事実を表す」ものでしかないのでしょうか。また、私たちの使うことばは、文の形式であれば、常に真か偽かが決められるのでしょうか。

(1) 真理子は自転車を三台持っている。

(2) 雨が降っている。

(3) オーストラリアの首都はシドニーだ。

(1)は、真理子が自転車を三台所有していれば真です。古くなった一台を処分したとしたら二台しか持っていないことになりますが、この場合は偽でしょうか。(2)の文を口に出して言っているあいだに気温が下がって雨が雪に変わったら、この文は真から偽になるのでしょうか。そうだとしたら、(1)(2)の真偽は現実世界との対応関係で真偽が決まることになってしまい、真か偽かではなく、現実と「合致している」か「合致していない」かと言うべきなのではないでしょうか。

(3)の文は、一見すると誤りの文です。現時点でオーストラリアの首都はキャンベラであってシドニーではないからですが、これもある意味では「現実世界との同一性」という条件を満たしていないと説明できます。もしもオーストラリアが首都を移転させることがあれば(3)は真になりますし、また空想小説や作り話のなかなら(3)が真であってもいいわけです。

もちろん、論理学者は論理命題で用いる文が現実世界や認識のあり方で真偽を容易に変えるとは考えませんでした。むしろ、個々の命題の真偽よりも命題を重ね合わせて得られる推論の手順や論理の構造のほうに関心があったのです。

(4) 真理子は自転車を三台持っている。そのうちの一台を妹に与えれば、真理子は自転車を二台所有することになる。

例えば、厳密に考えていく限り(4)の論理は、「三台のうち一台を譲渡すれば、二台残る」という単純な引き算であり、現実世界と対応するかとか、架空のお話のなかならばどうか、といった問題は生じません。★これは論理的に正しい推論の筋道になっています。(4)は命題の論理関係の構造については真なのです。

しかし、私たちの日常生活のなかでは、ある文が真偽を持っているということを考えてことばが用いられているわけでは必ずしもありません。

(5)「あなたに自転車を一台あげます」

真理子が妹の恵美子に(5)のように言ったら、これは真ですか。「実際に自転車をあげたあとなら真で、その前は偽」、それとも、「あげたあとは真、あげる前は真偽の判断不

★もちろん、論理に背くことが考えられないわけではありません。ルイス・キャロルの『不思議の国のアリス』などは論理が成立しない世界を描いていると言えるでしょう。

能」ですか。(5)はあげる「約束」ともあげる「宣言」とも解釈できますが、真偽の根拠になる現実は未来にあります。そもそもこういう文について真偽が判断できるという前提に立つこと自体がおかしいと考えることができます。このことを初めて明確に指摘したのが、言語行為論の創始者である、オースティンです。

もしも真理子が自転車を一台も持っていないのに(5)の文を口にしたら、どうでしょう。こういうケースをオースティンは、「真偽」で考えるのではなく、「適切かどうか」で考えるべきだとしました。つまり、「持っていないものをあげる(所有権のないものについて所有権の譲渡を宣言する)」のは、「偽」はなく「不適切」だとしたわけです。

オースティンの言語行為論

オースティン★は、日常の言語使用は、真か偽かという真理値を前提にして考えていく方法では捉えられないと考えました★。日常の言語のなかに、また、その延長線上に、言語哲学の重要な問題があるという認識を持ってオースティンに従った人々を**日常言語学派**★と呼んでいます。

オースティンは、「陳述文とは、なんらかの事態の記述するもの、あるいはなんらかの事実を述べるもので、真理値を担う役割を果たす」という従来の考えを**記述主義的誤謬**★と呼んで退けました。そして、我々はことばを発することである種の《行為》をしていることを指摘したのです。

★ジョン・L・オースティン(John Langshaw Austin, 1911–1960)は、オックスフォード大学の代表的な哲学者です。

★真理値を想定する流れも消えたわけではなく、バル・ヒレル(Bar-Hillel)からモンタギュー(Montague)の意味研究に至る流れは、言語行為論とは異なる方向性を持って厳然と存在していたのです。

★なお、これは「日常言語の学派」であって、日常言語学の派閥や、日常的に言語学をやっているグループではありません。オースティンのほかには、主に一九六〇年代にオックスフォード大学を中心に集まったG・ライル、H・L・A・ハート、P・F・ストローソン、F・ワイスマンを指すことが多いようです。

★これは、オースティンの *How to do things with words* という代表的な著作(と言っても、ハーバード大学の記念講義を死後編集したものですが)の冒頭に出てきます。これは「ことばを用いてどのようにことを行うか」という意味ですが、日本では『言語と行為』(坂本百大訳、大修館書店)というわかりやすいタイトルで翻訳が出ています。

(6) 私は全財産を妻に遺贈する。
(7) 私はこの犬をショコラと名づける。
(8) 被告人を懲役二年六ヶ月に処す。

これらは、それまでの言語哲学が陳述文として扱ってきたものとは違い、何かを陳述・記述する文ではありませんから、論証を構成する命題には不向きです。しかし、どういう行為をする発話なのかという点から考えてみると、(6)なら《約束》や《宣言》という行為をしたことになるでしょうし、(7)なら《命名》行為でしょう。(8)は裁判官が被告人に向かって言うなら判決を述べていることになりますが、《命令》に分類できるでしょう。

音声と意味の結合した形式に過ぎないことばを通じて、私たちは要求したり、命令したり、約束したり、宣言したりします。この要求や約束や宣言という「ことばのはたらき」は、人間と人間の関係のなかで《力》を持つものです。人は「明日朝七時にここに来ます」と誰かに約束したら、そのとおりにしようと努力するでしょう。ことばで自分の未来の行動を縛るなんて人間とは不思議なことをする生き物だと思ってしまいますが、人間が人と人との関係のなかで生きていく上では、未来ができるだけ予測可能で、次に取るべき行動が明確なほうが効率的で危険が少ないという事情もあるでしょう。この結果、ことばには**社会性**が生じます。嘘をついたり、人をことばで傷つけたりすると犯罪になることもありますが、これはことばに社会性があるからにほかなりません。

ことばを発する動作は、物理的には空気振動を起こすだけのことですが、コミュニケーション上はある種の《力》を持つわけです。ことばを発する行為が、単に真偽の判定の対象になる文を提示する行為でなく、それぞれになんらかの意味と力を与えられた《行為》なのだと考えるのが、オースティンの言語行為論★の心髄だと言えます。何かの行為を成し遂げるはたらきを持っているという意味で、この種の文は**行為遂行的**(performative)な文と呼びます。

発話が社会的な機能を持つ行為であるという考えはわかったが、単に事態を述べているだけの陳述文・記述文だってあるのではないか、と疑問に思う人もあるでしょう。なにしろ先ほど挙げた(1)(2)(3)はまさに陳述文ですし、「真理子は自転車を三台持っている」と口に出して言っても、命令にも依頼にも約束にもならないのではないか、と思うのは人情というものです。このような文をオースティンは、**事実確認的**(constative)★な文と呼んで、行為遂行的なものとひとまず区別しました。事実確認的な文とは、なんらかの事実や事態を述べている、真偽の判定可能な文と言えますが、オースティンはすべての文がこの二種類の文に分けられると言っているわけではありません。

この区別の話は、オースティンの代表的な著作『言語と行為』の冒頭に出てくるので、オースティンは文を二つに分類することを意図していると誤解されがちですが、実はそうではないのです。この本を最後まで読むと、実は行為遂行的な文と事実確認的な

★「言語行為」はspeech actという英語の訳語として用いているもので、「発話行為」と訳すこともあります。本書では、このあとで出てくるlocutionary actを「発話行為」と訳すので、混乱を避けるため「言語行為」という表現で統一します。

★この表現はconstateという動詞からの派生形だと思われますが、そもそも英語にconstateという動詞はなく、オースティンがフランス語のconstater「確認する」かドイツ語のkonstatieren「確認する」をもとにつくった(というか、移植したというべきかもしれませんが)ものだと考えられています。

文は完全に区別できず、むしろ、行為遂行的な機能が潜在的にすべての文に存在しうるというのがオースティンの真意だとわかります。これは、かなり戦略的な論法です。いきなり「陳述文という考えを完全に廃棄する」と言うとおそらく受け入れてもらえないでしょう。そこで、それまでの陳述文に相当するものとして事実確認的な文を認めておき、「これ以外に行為遂行的な文があるんだよ。それで、いろいろ考えていくと事実確認文と行為遂行文は完全に区別できない。これは、一見事実確認文(陳述文)に見えるものでも、行為遂行的な機能を持ちうるからなんだ。ということはね、基本的にすべての文に行為遂行的な働きがあると考えなければいけないということなんだよ」と展開していくと、受け入れやすくなります。結局は、陳述文という考えを不要だとすることができるわけです。

発話が秘めている力

オースティンは、言語行為は三つの面から捉えられるとしました。一つは、ことばを発するという行為そのものとしてみるもので、これを**発話行為**★ (locutionary act) と言います。二つめは、ことばを発するという行為が内在させている機能という観点から捉え、発話することが命令とか依頼とか宣言といった行為としての機能を有すると見るもので、これを**発話内行為** (illocutionary act) と呼びます。英語には「中」を意味する in- という接頭辞があります。infusion「注入」などの in- がそうですが、これが l で始

★「発語行為」とする訳語もありますが、あとで出てくるサールの用語と区別するために、本書では一貫してこれに「発話行為」という訳語を用います。

まる単語の前に置かれると同化して、il- となります。in + locutionary が illocutionary になっているわけです。

とはいえ、発話「内」行為と言われても、何が外で何が内なのかぴんときません。この場合、発話行為と発話内行為の関係が外部と内部に相当し、発話行為はことばを発するという行為の《形式・現象》を捉えたもの、発話内行為はことばを発するという行為の《実質・本質》を捉えたものと見ることができます。正体や本性は最初から外側にさらけ出したりはしないでしょう。中身が本質で、実体で、本性だと考えればいいわけです。「この辞書、借りられますか?」は疑問文の形をとっていますが、正体は「希望の表明」ないしは「依頼」です。発話行為のなかにどういう行為が内在しているかと考えて、「Xと言うことにおいてYという動作をする」と説明してもいいでしょう。例えば、「がんばれ」と言うことにおいて、「はげます」という動作をしていると説明すれば、「がんばれ」は命令の形式をとっていても、実質的には激励という《発話内行為》だと言えます。

三つめは、ことばを発することによってどんな効果が生じるかという観点から捉えたもので、**発話媒介行為**(perlocutionary act)と呼ばれます。per- という接頭辞は by「～によって」に相当するので、こういう訳語がついています。発話行為がどういう行為の手段・方法・様態になったかと考えることで位置づけるのが、発話媒介行為です。オースティンは、さらにこれらを下位区分しているので、表にして整理しておきます。

表3　オースチンによる発話媒介行為の下位区分

発話行為（ことばを発するという行為を行うことの形式的な面）	音声行為（言語の音声を用いること）
	語形使用行為（言語の形態を用いること）
	意味行為（言語の意味を用いること）
発話内行為（発話が内在的に持つ実質的な機能の面）	
発話媒介行為（発話を行うことによって生じる効果）	発話媒介目標（実現を意図する効果）
	発話媒介結果（結果的に生じた効果）

次の発話の文をもとに考えてみましょう。

(9)【先生が学生に】「次の小テストで八十点以上とらないと、単位はもらえません」

先生が学生に向かって(9)のせりふを言うことが発話行為ですが、そこでは、日本語の音声が用いられ、日本語の単語などの形態が用いられ、日本語として構成された意味を提示することになります。それぞれをオースティンは音声行為・語形使用行為・意味行為と呼びますが、これは現在の言語研究のレベルから見ると、もっと厳密に分けることが可能です。この区分はあとでオースティンの後継者と言ってよいサールが修正を提案していることもありますし、あまり考えなくてもいいでしょう。

(9)の発話行為は、教師が受講者に小テストの得点を成績評価の際にどう扱うかについての決まりを提示し、そのように処理することを公的に述べることによって《警告》

をしているとも言えます。オースティンは、発話内行為は発話の場面によって影響を受け、慣習的に決まるものだと考えました。つまり、こういう場面でこういう発話行為を行うと、こういった発話内行為になるというように、経験的に判断できるというのです。このとき、発話内行為は聞き手にはたらきかける作用を持っていますが、このはたらきかける力は**発話内力**★と呼ばれます。

先生は(9)を言うことで受講者が復習に取り組むよう促しているのかもしれません。このように発話行為がどういう行為の手段・方法・様態と位置づけられるかという捉え方が発話媒介行為を判断する根拠になります。ただ、(9)を聞いて「八割もとるのは大変だから、試験は受けないで勉強もしないでおこう」と学生が思えば、先生のもくろみははずれてしまいます。このとき、先生のもくろみは発話者が発話によって実現しようと意図したことに当たりますから**発話媒介目標**であり、一方実際に結果として生じた効果は**発話媒介結果**ですが、この二つは一致しないこともあるわけです。

オースティンの考えを発展的に継承したのは、サール★でした。サールは、オースティンの発話行為部分を二つに分け、ことばを発することと意味が伝達されることを区別すべきだと考え、前者を発語行為★(utterance act)、後者を命題行為 (propositional act) と呼ぶことを提案したのです。オースティンの三分類は、サールでは次の四分類になります。

★illocutionary force の訳語で、「発話内の力」「発話内的(な)力」などと言うこともありますが、本書では単純に「発話内力」とします。

★ジョン・R・サール (John R. Searle, 1932-) は、アメリカ出身の哲学者で、オックスフォードで学んだあと、カリフォルニア大学バークレー校で教鞭を執りました。

★「発語行為」というのは耳慣れない言い方ですが、ここでは、オースティンの locutionary act「発話行為」と区別するために、こう表現しておきます。

表4　サールとオースチンの分類の違い

サールの分類（その定義）		オースティンでの対応概念
発語行為	語・形態素・文を発する行為	（発話行為のなかの） 音声行為と語形使用行為
命題行為	指示と同定 言及の行為 叙述の行為	（発話行為のなかの） 意味行為
発話内行為	陳述・質疑・命令・約束などを行うこと	発話内行為
発話媒介行為	発話内行為が聞き手の行動・思考・信念などにある種の帰結や結果を生じせしめること	発話媒介行為

基本的に発話内行為と発話媒介行為はオースティンとサールで同じで、サールの枠組みでは、発話行為のうちの音声や語形といった形式的な面から意味に関わる部分を切り離した点が大きく違うだけです。この点は二つの観点から考える必要があります。

一つは、サールはオースティンの枠組みをより厳密にしたという点です。三つが四つになってるんだから当たり前じゃないか、と思われるかもしれません。オースティンの発話行為は言語としての要素をすべて含み、発話内行為はことばを発した行為がどういうはたらきを持ち、コミュニケーション上どういう価値づけを与えられるかという点から捉えたものです。やや乱暴なまとめ方をすると、発話行為はソシュールの言うラングとして見ることのできるもので、発話内行為はラング外のものというと言えるでしょう。これに対して、サールは、コミュニケーション上の機能である発話内行為はことばの意味と切り離せないと考えました。そこで、①ことばの形式→②ことばの意味→③ことばのはたらき、という三段階に分けて捉えたわけです。これは、①発語行為→②命題行為→③発話内行為、と書き換えることができます。確かに、ことばの意味はコミュニケーション上の機能に不可避的に関わるので、サールの考え方には説得力があります。しかし、ことばの形式的な側面が発話内行為に関わらないわけではなく、上昇調のイントネーションを利用して疑問文に相当する発話をつくることもあります。こう考えると、①と②を切り離さずに発話行為としてまとめておくオースティンの枠組みがそれほど不適切だとは言えないでしょう。

注目すべきもう一つの点は、サールが命題行為をさらに指示と同定に分けていることです。指示は、現在の語用論でも重要なテーマです。これは、「XはYだ」という文の変数に当たる部分の記述と説明することができます。

(10) 私の車は赤いセダンだ。
(11) 赤いセダンは私の車だ。

この二文は同じ内容を表しているように見えますが、(10)の「私の車」は特定の車であり、(11)はそうではありません。(11)の「赤いセダン」は「あの」などをつけられることからもわかるように、特定の一台を表していますが、(10)の場合は、属性を表していると解釈されるでしょう。★ これは指示がいかに行われるかという問題です。

★もちろん、目の前に何台かの車があって「私の車は(その)赤いセダンだ」のように言う場合は、「赤いセダン」は特定の一台を指すことになります。しかし、自分の車について説明をしているような場面での(10)では「赤いセダン」は特定の一台にはなりませんね。

同定とは、ごく単純に言うと「XはYだ」といった判断を指しますが、これもXがYというカテゴリーに所属するという判断なのか（「鯨はほ乳類だ」など）、XがそのままYというものと同一だという判断なのか（「あの人は山本課長だ」など）でも違いがあります。つきつめていくと、同一という判断はどう下されるのかという問題にぶつかります。例えば、「今日の一郎は、いつもの一郎じゃない」のように固有名詞についても非同一性を想定する文が可能なのです。さらに、同定判断に「XをYするとZになる」のような関係性の判断も含めるとそのカバーする範囲は広がりますし、断言するのではなく可能性や確実さに関わる判断も考えると、モダリティという問題に直結することになります★。

指示と判断という二つの問題は、現在の語用論のなかでも重要なテーマです。その点でもサールの枠組みは再評価の必要があります。

発話内行為の種類

「はさみを貸してもらえますか?」という発話は疑問文の形式ですが、発話内行為としては依頼と見ることができます。では、発話内行為にはどんな種類があるのでしょうか。発話内行為という概念の提唱者であるオースティンは、発話内行為にはこういった種類があるということを明示してはいません。その代わりに**遂行動詞**（performative verb）を分類することで発話内行為が分類できるとして、遂行動詞の分類を示しています。遂

★このことはQ13でも論じます。

行文のなかで遂行行為の内容を動詞が明示する場合がありますが、このときに用いた動詞が遂行動詞です。遂行動詞は、おおまかに発話内行為の内容も表します。

⑿　城東支社への転勤を命じる。

⒀　城東支社に転勤しなさい。

⑿は「命じる」という動詞を使うことで「命じる」行為、つまり、命令をしていることがはっきりします。⒀は⑿と実質的に同じ意味ですが、どういう行為をしているかは⒀の文のなかには出てきません。使っている動詞は「転勤する」という動詞でそれが命令形になっているだけです。★⑿の「命じる」や、「君の合格を祝福する」「この猫をミケと名づける」などの動詞は遂行動詞で、遂行動詞を用いて作った遂行文を**明示的遂行発話**（explicit performative utterance）、遂行動詞を用いずに作った遂行文を**基本的遂行発話**（primary performative utterance）と呼び、オースティンは区別します。★

明示的遂行文は、①能動の肯定文、②「ここにおいて」「ここで」という表現を追加可能、③主語は一人称単数、④目的語は二人称、⑤遂行動詞は現在時制、といった特徴を持つとされ、遂行動詞を以下の五つに分けることが提案されています。

★活用の形態が遂行動詞の代わりに発話内行為を表すと考えてはいけません。ごく単純に命令形が命令という発話内行為になっていることもありますが、そうでないこともあります。例えば、「ごめんなさい」はもともと命令形ですが、誰も命令だとは考えないでしょう。それに、命令形や命令法以外では、形態が発話内行為に直結していないことのほうが多いのです。

★前者は「顕在的な遂行発言」という訳語もあり、後者は「原初的遂行発話」と訳されるほかに、primitive performative utterance「原始的遂行発話」とも呼ばれています。

表5　遂行動詞の分類

遂行動詞のタイプ	主な例
言明解説型（expositives）	肯定する、否定する、強調する、説明する、解答する、報告する
行為拘束型（commissives）	約束する、挨拶する、誓約する、契約する、保証する、誓う
権限行使型（exercives）	指名する、指定する、解雇する、拒否する、宣告する、警告する
判定宣告型（verdictives）	（無罪）放免する、評決する、計算する、描写する、分析する、評価する、見積もる
態度表明型（behabitives）	謝罪する、感謝する、嘆く、祝福する

この分類は、発話内行為の特性をある程度明確にするものですが、実際のところそのまま発話内行為の分類になるものではありません。謝罪と感謝に共通点はあるにしても、コミュニケーション上の位置づけとしては相当に異なる点もあるわけです。オースティンは、英語の遂行動詞を分類していけば、普遍的な分類ができると考えていたようですが、現実はそれほど単純ではありません。「失言する」とか「言い含める」のような日本語はすべての外国語に対応する遂行動詞があるとは考えられませんし、「いちゃもんをつける」というのも一種の遂行行為ですが、「*いちゃもんする」のような動詞形はありません。★

これに対して、サールは遂行動詞の分類が発話内行為の分類になるという考えを捨て、発話内行為はその発話の目的によって五つのタイプに分けられるとしました。

★ほかにも問題点があります。久保進（二〇〇一）「言語行為」（小泉保編『入門　語用論研究』第五章、研究社）92－93ページには、関連することを六項目にわたって指摘しています。

表6　発話内行為の分類

発話内行為の種類	発話目的
断定・断言型（assertives）	何かについてそれが事実であること、真実であることを話し手に表明させる。
行為拘束型（commissives）	話し手が将来何かすることを約束させる。
行為指示型（directives）	話し手が聞き手に何かをさせる。
感情表現・表明型（expressives）	命題内容について感情や考えを表現する。
宣言型（declaratives）	宣言することにより新しい事態をもたらす。

　サールは、発話と現実世界についてどちらをどちらに合わせるかという観点で捉えることができると考えました。例えば、約束・命令・依頼という行為は、「ことばに現実世界を合わせる」ことです。例えば「明日は七時に出社します」という約束や「明日は七時に出社しろ」という命令は、ことばで表現したとおりになるように現実を作る（＝行動する）ことです。一方、陳述は逆に現実世界をことばで切り取ることになりますから、「現実世界にことばを合わせる」と見ることができます。また、「四月一日をもって社名を変更します」という宣言は、現実がことばに、ことばが現実に適合する双方向の適合性を持つと言えるでしょう。

　しかし、いずれも分類も実際の発話内行為の分析や分類にはそのまま使いにくい面があります。もっと細かな分類と基準がなければ、実際の分析には使えないでしょう。しかも、これらの発話内行為は、排他的な関係とは限らない、つまり、いくつか機能が重複することがありうるのです。(9)の例文「次の小テストで八十点以上とらないと、単位はもらえません」は、「勉強しておかないと単位が取れないよ」という《警告》と見ることもできますし、「こういう場合にはこうしますよ」という《約束》と見ることもできます。あるいは、八十点以上得点することを《要求》するのに等しいと言えるかもしれません。

また、《命令》と《依頼》と《要望》は似ていますが、全く同じではありません。これまでのおおまかな枠組みでは、これらの区分は明確になりません。聞き手にどの程度《拒否する余地》が与えられているかという観点を導入することである程度の区分は可能ですが、《実現性》も考える必要があるでしょう。「空を飛べ」と命じられても私にその能力はないので、実質的に命令は成立しなくなります。つまり、《命令》が成立する前提的な条件として、動作者の能力や可能にする状況が必要になるわけです。

発話の条件と目的

オースティンは行為遂行的な発話の場合には、真偽よりも適切性のほうが重要だとしたのですが、ここで「適切さ」ということを少し考えておきましょう。

(14) 私は本日をもってこの男と離婚します。

この発話は、離婚の《宣言》ととれますが、法的な手続きをしなければ、現実は《宣

★『発語内行為の意味ネットワーク』(久保進編著、二〇〇二年、晃洋書房)の第一章に詳しい議論があります。

言》どおりにならず、結果的に有効な《宣言》にはなりません。私が「火星は僕のものだ」と宣言しても誰も認めなければ、それは無効な宣言に過ぎません。オースティンは、このように慣習的な規則や手続きに合致しないために不適切になる発話を**誤発動**(misinvocation)と呼びました。また、⒁は未婚の女性が言ったり、「この男」が配偶者でなかったりすれば、やはり成立しません。前提的な状況が不成立であるために発話が不適切になるものを**誤適用**(misapplication)と呼びます。また、⒁の宣言をしても、相手が同意しなかったり、公的な機関が認めなかったりすれば、やはり不適切な発話になります。これは、成立を妨げる要因や問題が生じたために成立しないケースで、**誤執行**(misexecution)と呼ばれます。以上の三種類は、状況に不適切さがあるものでまとめて不発(misfire)と呼びます。

⒂ その件は善処したいと思います。

実際には何もできないのにこう言うことがあるでしょう。★ これは、状況が不適切なのではなく、発話者の誠実さに問題があるとオースティンは考え、誠実性に不適切さがあるこういうケースを濫用★(abuse)と呼びました。できない約束をする、嘘をつく、といったことは、単に「偽」なのでなく、誠実性条件に違反すると考えるのです。

サールは、オースティンの考えをさらに発展させ、九つの適切性条件を提案しています。ただ、そのなかで重要な条件は四つだとし、発話の命題内容を適切なものにするた

★一九七〇年の日米首脳会談で、佐藤栄作首相は繊維輸出の自主規制を求めたニクソン大統領に「善処します」と答え、それが、"I'll do my best." あるいは "I will take care of it." と訳されたと言います。これを聞いて、アメリカ側は「自主規制は実現可能なことなので、やってくれるだろう」と思ったところ、結果的に自主規制に応じず、非難されることになったそうです。この話は、『歴史をかえた誤訳』(鳥飼玖美子、二〇〇一年、新潮社)などで紹介されています。

★あまりいい訳語とは言えないかもしれません。abuse は逸脱していてやりすぎの、不適切で間違った使用、望ましい使用ではなく害悪をもたらすものという意味合いなので「悪用」「乱用」「誤用」「裏切り」などの意味合いがとけ込んでいます。幼児虐待 (child abuse) を意味するのもそういう意味合いがあるからです。

めの条件（①**命題内容条件**）、会話の参加者や状況に関する条件（②**事前条件**）、発話者の意図の誠実さに関する条件（③**誠実性条件**）、発話によって生じる結果に関する条件（④**本質条件**）を掲げました。この四つの条件は、発話内行為ごとに従うべき規則になるとしてサールはいくつか例示を与えています。

　例えば、《警告》という発話内行為の場合は、「命題は未来の出来事か状態」という命題内容規則、「話し手はその事態が生じると思っており、それが聞き手にとっては望ましくないと考えている」という事前規則、「話し手はその事態が聞き手にとって最大の利益でないと信じている」という誠実性規則があり、《警告》することによって「聞き手は、その事態は自分にとって最大の利益でないという話し手の考えを認めることになる」という本質規則があると説明されるのです。サールは、《約束》と《警告》以外に、《依頼》《主張・陳述・肯定》《質問》《感謝》《助言》《挨拶》《祝福》などについても、四つの規則の説明を試みています★。

　サールは、「啓一は家を出たか」「啓一は家を出たはずだ」などの「か」「はずだ」は、命題には含まれず、どういう発話内行為になるかを指定する要素だと考えました。このような発話内行為としての性質を決める要素を**発話内力指定部**★と呼び、発話文は、《命題》+《発話内力指定部》からなるとしたわけです。この発話内力指定部の要素は、現在の統語論ではモダリティとして扱われます。

　発話内力という観点から日常のやりとりを見ると、一つの発話行為が直接的に持って

★詳しくは、Searle, *Speech Acts*, CPU, 1969（『言語行為』勁草書房）の第三章を見てください。また、林宅男（二〇〇二）「発話行為理論」（勁草書房『プラグマティックスの新展開』高原脩・林宅男・林礼子編、第三章一節に収録）も参考になるでしょう。

★これは illocutionary force indicating device という英語の訳なので、IFID と略記されることもあります。

いる発話内力では説明できない機能を持つ発話があります。例えば、次のようなやりとりがあったとしましょう。

(16) A「これから飲みに行かないか」　B「明日の音声学の試験勉強しなくちゃ」

Aは《勧誘》しているわけですが、Bは自分の《義務》について述べています。形式上は、誘いに対する返事になっていません。しかし、Bの発話は《拒絶》という発話内行為として解釈されるので、このやりとりは成立します。ただ、《拒絶》を意味する発話内力をBの発話が直接持つのではなく、Bの発話から「試験勉強があるから、飲みに行く余裕はない」という解釈が引き出され、それによって得られる発話内力が生じるのです。あいだに一つ解釈のクッションをはさみ、間接的に得られた発話内力であり、その発話行為自体の直接の発話内力ではなく別の発話内力を持つと解釈される、このような発話行為を**間接発話行為**(indirect speech act)とサールは呼びました。

これは、次に見るグライスの語用論では、会話の推意によって説明されるのですが、サールの捉え方は、発話自体がどういう機能を持つかという点に重点があり、間接的に解釈を補う形で得られた発話内力が使われていると考えるわけです。これに対して、グライスは、「補う解釈」そのものに重点があり、これを「推意」として捉えるところから展開していくのです。

章末問題

問1　「窓が開いているよ」の発話意味が文脈によって異なる例を三つ挙げてください。そして、それぞれについてどういう種類の文脈が作用しているかを分析してください。また、この発話意味について、「窓を閉めるべきだ」という判断が含まれると一般化することの妥当性を論じてください。

問2　次の二つの事態をパース的な記号論の立場から分析してください。

①　おじいさんとおばあさんが朝になって戸を開けると、家の前に米や味噌や酒やたくさんのごちそうが置かれていました。

②　電車のなかで立っているのが辛そうなおばあさんを見かけた男子学生が席を立った。

問3　次の発話を、①発話行為、②発話内行為、③発話媒介行為の三点から捉えるとどのようになるか説明してください。

父親　「お前の部屋、ずいぶん、散らかってるなあ」

息子　「僕の部屋はこれが普通だよ」

第二章

語用論の展開

Q4 会話になにか原則はあるのですか？

語用論の話をするとき、グライスの理論を避けて通ることはできません。短い語用論の歴史を振り返るときでさえ「グライス以前」と「グライス以後」に分けて考えるくらいですし、支持か否定かの立場は様々あるにせよ、グライスの影響はいまだ大きいと言えます。グライスは、会話の協調原理を提案したのです。

グライス★は、日常言語学派の流れをくむ哲学者です。彼は、会話のやりとりでは参加者が協調的な態度で相互に協力しあうことで会話を構築すると考えました。ここでいう「会話の参加者」とは、話し手と聞き手の双方を含みます。グライスは、会話の参加者は「会話のそれぞれの段階で、そのときの会話の目的ないし方向から要求されるように、貢献せよ」という**協調の原則**（cooperative principle）に従うとし、この原則は四つの格率からなるとしたのです。「格率★」とは、行動に際して従うべき規範的な原則のことです。

格率は、①量、②質、③関連性、④方法の四つに分けられ、さらにそれらに細かな規則が設けられています。

[A] 量の格率（Maxims of Quantity）

(1) 必要な量の情報を発話に盛り込め。（Make your contribution as informative as is required.）

★ポール・グライス（Paul H. Grice, 1913–88）の協調原理が知られるようになったのは、一九六七年にハーバード大学で行った記念講演でした。この講演の内容は一九七五年に *Logic and Conversation* という論文にまとめられ、のちに *Studies in the Way of Words* という論文集（邦訳『論理と会話』清塚邦彦訳、一九九八年、勁草書房）に収められて出版されています。

★グライスは四つの maxim を挙げています。maxim は「原則・規範・格言」などと訳すこともありますが、先にQ2の注で述べたように、グライスはカントの用語からこれを借りてきたと言っています。「公理」という訳語もあるのですが、これは axiom に当て、本書では「格率」とします。また「格律」という表記も見られます。

(2) 必要以上の情報を発話に盛り込むな。(Do not make your contribution more informative than is required.)

[B] 質の格率 (Maxims of Quality)

(1) 間違っていると思うことを言うな。(Do not say what you believe to be false.)

(2) 十分な証拠のないことを言うな。(Do not say that for which you lack adequate evidence.)

[C] 関連性の格率 (Maxims of Relation)

(1) 関連のあることを話せ。(Be relevant.)

[D] 方法の格率 (Maxims of Manner)

(1) はっきりしない表現は避けよ。(Avoid obscurity of expression.)

(2) 解釈が分かれるような言い方をするな。(Avoid ambiguity.)

(3) 簡潔に話せ。(Be brief *or* avoid unnecessary prolixity.)

(4) 順序よく話せ。(Be orderly.)

この原則は、一見すると上手に会話をするための「心得」のようですが、そういうものではなく、あるべき会話の運用を実現するために従わなければならない規則と位置づけられています。グライスは四つの格率を挙げていますが、この四つの格率はカントに従ったのだと、みずから述べています。英語の maxim は、別にコーヒーの銘柄ではなく、「原則・規則・格言」の意ですが、カントの倫理学で使う Maxime (ドイツ語) は「格率」と訳すのが一般的なので、これで統一します。カント哲学では、客観的で普遍的な道徳法則に対して、主観的で個別的な行為の規則を「格率」と言うのですが、グライスの「格率」も、会話において各個人がそれぞれの主観的行為として従う決まりのことを指している、と言えます。この点は、のちに生じるグライスへの批判との関係で重要な点でもあります。

量の格率

量の格率は、情報の量について「足りないのはだめ」と「多すぎるのはだめ」という二つの規則に分かれていますが、要は《過不足なく適切な量の情報を提供せよ》ということです。問題は、「適切な量」がどう決まるかでしょう。

(1) A「講演会はいつになったら始まるのかな」 B「一時半に始まるって聞いたよ」

このやりとりで、Aは講演会の開始時刻を知りませんが、講演会が行われることとじきに始まることは知っているようです。Bは開始時刻が一時半だと伝えています。これでAは「講演会は一時半に始まる」ことがわかりましたから、必要な量の情報を受け取ったと言えるでしょう。BはAにとって必要な情報を与えたことになります。つまり、Bの発話は、聞き手であるAが必要とする量の情報を提供するものですから、適切な量とは「聞き手にとって適切な量」だと考えられます。

問題は、聞き手が必要とする情報量を話し手がどうやって知るかです。多くの場合、私たちは会話のやりとりのなかから、聞き手が持っている情報量を推測し、必要なら相手が持っている情報量について尋ねることもあります。よく「…のこと聞いた?」とか「…はご存じですか?」と尋ねますが、これは相手の持っている情報量を知るためです。

(1)のAにとって必要な情報は「一時半」ということだけですが、Bが「一時半」とだけ答えると、ちょっとぶっきらぼうに感じられます。感じは悪いですが、それは情報量の適切さには関係がありません。一方、Bは「講演会は一時半に始まるようですよ」と答えてもいいのですが、「講演会が始まる」という情報はすでにAは知っており、繰り返すのは無駄です。しかし、重複に伴う冗長さも必要以上の情報とは見なしません。必要としていない情報ではあっても、必要とされる以上の情報とは見なされないのです。もし、(1)でBが「一時半だそうですよ。明日のセミナーは二時開始だそうですが」とか、「一時半の開始ですが、終了時間は未定だそうです」と答えれば、形式上Aが求めていない情報を含んでいることになります。これは一般的には必要以上の情報ですが、グライスの「格率」は個別に判断される、なすべき行為についての決まりなので、絶対にAが必要とする以上の情報だとは決めつけられないのです。

グライスの格率は、二人での会話のやりとりをモデルにしているので、それからはずれる場合にはうまく説明が成り立たないこともあります。例えば、聞き手が複数いると、情報量の多い人も少ない人もいますから、誰かに合わせると他の人にとっては情報量の過不足が生じます。例えば、学校の先生が生徒に説明をするときには、よく勉強していてわかっている生徒もいればそうでない生徒もいます。個々の生徒の知識量が違う以上、誰を基準にしてもどこかで情報の過不足が生じます。これは、一対多のやりとりでは、程度の差こそあれ、常に生じる問題です。

一対一のやりとりでも、聞き手の知識を話し手がすべて把握してはいませんから、相手の発話やこれまでの経験や一般常識などをもとに推測することになります。つまり、話し手が聞き手とは違う人格である以上、「聞き手にとっての適切な量」とは話し手が推測して実現するしかなく、間違っている可能性もあるわけです。

相手が自分の知識状態をどう把握しているかを考えると混乱しそうになります。例えば、《【『僕の好物があんパンであること』を相手が知っているということ】を相手が知っているということ》を僕が…という具合に際限なく続けられるのです。つまり、知識の共有状態を考えると、互いの知識の状態について無限に参照し続けることになり、《相互知識の無限参照》と呼ばれるパラドクスに陥ってしまいます。もともと共有知識（shared knowledge）は、それについて相手が知っていて、そのことを自分が知っていて…というように相互知識（mutual knowledge）になりうる論理的な可能性を持っています。これは、シファー★という学者が提出した共有知識に関するパラドクスです。もちろん、直感的にわかることですが、私たちは相互知識を無限に参照してはいませんし、実際にそんなことをしていたら会話している余裕はないで

★Schiffer S R, *Meaning*, 1972, Oxford: Clarendon Press

しょう。このパラドクスは、メタ的に自己言及することにより無限循環★をつくっているもので、逆説の回避法を論理学的に探求することも可能ですが、別に難しく考える必要はありません。単純に相手の知識状態のなかにある情報を特に色分けしなければいいのです。誰それの知識状態に関する誰々の認識といった情報は、情報のタグ★とでも言うべきメタ情報で、これを情報本体と無理に混同する方策をとる必要はなく、実際に私たちもそんな無理で無駄なことはしないのです。

質の格率

質の格率は、二つに分かれています。一つは、「間違っていると思うことを言わない」ですが、これは「間違っていることを言わない」ではなく、「と思う」ことを言わないという点がみそです。間違えるのは人間の常ですから、結果的に間違えてしまうのは仕方ないのですが、「間違っているとわかっていることをわざと正しいことであるとして述べる」のは、簡単に言えば「嘘をつく」ことです。つまり、一つめの規則は簡単に言えば「嘘をついてはいけない」と言い換えてもいいでしょう。

二つめは、「十分な根拠のないことを言ってはいけない」ですが、これは、よくわからないことやあやふやなことを口にしないということですから、裏返して言えば、正しいと確信していること、十分に根拠があることだけを言いなさいということです。根拠のない不確かなことを言われても、確かに、どう受け取って解釈すればいいのか困って

★有名なところでは、エピメニデスによる「『クレタ島人は嘘つきだ』とあるクレタ島人が言った」というパラドクスがあり、B・ラッセルが思いついた「セビリアの理髪師は自分でひげを剃らない人のひげを剃る」というのがあります。

★「情報のタグ」という考え方は、Q12で扱います。

しまいます。

この質の格率は扱いが難しく、賛否両論があります。当たり前すぎて言うまでもなく格率として扱う必要がない、という考えでは、嘘を言わず根拠のないでたらめを言わないのは、人間として最低限のコミュニケーション上のモラルなので、会話の協調原則以前のことだと見なします。確かに嘘はいけないことですし、嘘つきは信用されません。また、ことの「真偽」は、認識状態であっても簡単には決められない、という批判もあります。すべての事柄が真か偽かに明確に分かれる保証はないのです。

(2) A「昨日は競馬で負けたらしいね。いくら損したの？」 B「一万円」

この会話でBが損した額がちょうど一万円であれば真実に相違ないわけですが、一万四百円だったら、あるいは一万二十円だったらどうでしょう。まごうかたなき「真実」ではないでしょうが、「嘘」とまで言っていいでしょうか。私たちは、認識したことをすべてありのままに情報化することはできません。今日の出来事をどんなに詳細に日記に書いても抜け落ちる情報はかなりあるわけです。「昨夜六時に富山駅に到着しました」と言うことはあっても、「昨夜五時五四分三二秒に富山駅に到着しました」★と言うことはまれでしょう。情報は正確で詳細であればあるほど扱いにくく（加工しにくく、保持する負担が大きく）なるものです。ここには正確さを期すと逆に正確さが損なわれやすくなるというジレンマがあります。そこで「情報の角をとり、丸めていく」わけで、

★子供のころ、私も「いつそんなこと言ったって言うんだよ？　何年何月何日何時何分何秒だよ？」なんて言い争いをしたことはありますけどねえ…。

★おおまかな(扱いやすい形に近似化した)情報を使うことになります。つまり、情報は真か偽かに二分してデジタルな扱い方はできないものだと言えます。

もうひとつ、グライス理論の一つ先の問題でもあるのですが、私たちは意図的に嘘をつくことがあります。自分の利益のための嘘も、相手のための嘘もあるでしょう。嘘のなかには言いようとその結果生じた事態によっては、犯罪になるものもあります。グライスは考えていなかったでしょうが、少なくとも「真実を伝える」ことよりも優先されるものがないとは言えないのです。聞き手の名誉を尊重したり、気持ちを忖度《そんたく》したりして、好ましくない事実を緩和して言うのは、あとで取り上げるポライトネス(丁寧さ)とも関わります。また、嘘はたいてい事実とは両立せず、情報の「一貫性」を破壊しかねません。嘘がばれないようにまた嘘をつくというのは、まさに一貫性の崩壊をくい止める作業ですが、これには終わりがありません。質の格率は結構奥が深いのです。

質の格率の二番目の規則に関しても考えるべきことがあります。私たちは、よく不明確な情報を口にしているということです。しかし、グライスの規定は、「根拠が不十分なことを言うな」ということなので、厳密には単に不確定なことを言うのとは少し違います。これは、何の根拠も理由もなく「来年の夏は冷夏だ」と言うようなケースが該当します。しかし、「明日は雨が降りそうな感じだけど、降らないかもしれないな」といった、不確定であやふやな言い方をするのは、「根拠のないことを言う」のとは少し違います。可能性が低いことであっても、そう述べるだけの理由があれば、質の格率の

★これは、言語の《粗略性》という性質によるものです。Q14を参照してください。

第二規則には違反しないのです。これはモダリティの問題と深く関わるのですが、これまで十分に検討されてきたとは言えない状況にあります。★サールの《発話内力指定装置》もモダリティ要素を含むものですが、モダリティは語用論のなかで十分に議論されたとは言い難いのです。

関連性の格率

三つめの格率は“Be relevant”という素っ気ない規則一つだけです。これは、文字どおりの意味では「直接的な関連性のあること、重要な意味を持つことを語れ」ということですが、グライス自身がこの格率は難しいと考えていたようです。そもそも「関連性がある」とはどういうことなのか、関連の有無の判断基準は何かという問題があり、話題を転換するときには《関連性》の格率は守られないのかなど考えるべきことが多くあります。こういったことにすでにグライスは気づいていましたが、明確な定義は与えられないままでした。

あとで扱う関連性理論は、この関連性の格率を特に重視して理論の中核に据えたものです。そこでは新たに関連性に明確な定義を与えていますが、グライスが考えていた「関連性」は文字どおりの意味合いで、いわば「話がつながっていく」ことがイメージの基底にあるのですが、関連性理論で言う関連性はそういう原始的なものではありません。また、グライスの言う関連性の格率は、会話における協調原則ですから、「相手が

★理由はいくつかあります。グライスが哲学者であったように、語用論の研究では哲学者が様々な提言をしてきたのですが、哲学者は多くの場合、モダリティといったきわめて言語学的なテーマをあまり中心的なものとは考えなかったのです。また、言語学者は、モダリティを文法的な問題と見て、統語論と意味論に関わっても、語用論まで引っ張り出す必要はないと思っていたのです。どっちもどっちという気がしますが、まずモダリティの問題は、このような哲学と言語学の「はざま」に放置されている状況を解決することから始めるべきではないでしょうか。

言ったことに関連することを言わなければならない」という規則としての性質が強いのです。

(3) A「明日、海に泳ぎに行かないか」 B「明日は雨らしいよ」

このやりとりでBは、Aの誘いに対する諾否の回答はしていませんが、内容的には関係のあることを言っています。「明日は雨だから泳ぎに行くのには適当でない」と再考を促している点で関連のある発話だと言えるわけです。では、次のやりとりはどうでしょうか。

(4) A「明日、海に泳ぎに行かないか」 B「悪いけど、僕、今忙しいんだ」

Bは A の誘いに対して形式的にも実質的にも回答していません。ただ回答しない理由と解釈できる発話をしています。回答しない理由だけを述べる発話は「関連性がある」のでしょうか。(3)のように内容的に関係があることではありませんが、全く無関係とも言えないでしょう。Bが「僕はうどんよりそばが好きなんだ」と答えたのなら、全く無関係なことを言っているように思えますが、この場合でも相手の誘いを「無視する」ための発話と理解すると、むしろ関連性があるとすべきなのかもしれません。以上のことは、関連性の判断基準が不明確だと判定が恣意的になりがちなこと、判断基準にも複数のレベルや種類がありうることを示しています。

また、「ところで」や by the way など話題の転換を行う接続詞★があることは、関連性の格率が成立しない可能性を示していると考えてよさそうですが、話題の転換が関連性のないことを導入することと等しいとは限りません。また、関連性の格率があるからこそ、関連の薄いことを言うときには、目印★が必要になると言うこともできます。総じて、関連性という概念をどう定義するにせよ、それは「あるかないか」という不連続★な性質のものではなく「どの程度関連性があるか」と見るべきでしょう。皮肉を交えて「解釈次第ですべてのやりとりは関連があると見ることができる」と言う人もいますが、これもあながち誇張とは言えないのです。

方法の格率

方法の格率は、様態の格率と言うこともありますが、要は「どのように」言うかということに関する決まりです。グライスは、まず「明瞭に話せ」(Be perspicuous.)という大格率を示し、その下に「不明瞭さを避けよ」「多義性を避けよ」「冗長さを避けよ」「順序よくやれ」という四つの規則を置きましたが、いずれも発話の趣旨を正確に理解してもらう上で妨げとなる要素を排除するように求めるものです。方法の格率は、言わんとしていることを間違えずに理解してもらうための規則だと考えれば、誰だって自分の考えを正確に理解してほしいわけですから、至極当然のものです。「明確な発話にする」という趣旨が直接反映するのは、「はっきりしない表現は避けよ」と「解釈が分かれる

★By the way は、文法的な意味での「接続詞」ではありません。接続に関わりますが、これ自体が節と節を接続する機能を持っていないので、文法的には副詞句に分類されます。まあ、その意味と機能を重視して、「接続副詞」と言ったりしますが。
★この目印は、あとで談話標識として扱うものにだいたい相当します。
★先ほどは、「デジタルな性質」などと言いましたが、同じことです。言語学では、「離散的」(discrete)と言うことがありますが、考え方は同じです。

ような言い方をするな」の二つの規則です。三つめは、無駄にくどくど言うなという簡潔性を求める規則ですが、簡潔に短く言うと情報が簡略化されるので、曖昧さや多義性が増す可能性があります。

(5) A「十二月に横浜アリーナにミスチルのコンサートを聞きに行かないか」
B「うん、行こう」

(6) A「十二月に横浜アリーナにミスチルのコンサートを聞きに行かないか」
B「うん、十二月に横浜アリーナにミスチルのコンサートを聞きに行こう」

この二つのやりとりでは、Aの発話は全く同じです。Bの発話も趣旨は同じですが、(6)はオウム返しの繰り返しを含みます。相手をからかうような特別なケースをのぞけば、普通(6)のようには答えません。(6)のBの発話は「無駄にくどくて冗長」ですが、(5)のBよりは明確な発話です。つまり、(5)のBは省略されている部分がAの発話にある情報と同一という条件下では明確ですが、この条件が成立しなければ不明確になってしまいます。方法の格率は四つの規則が同じような方向性を持っているものではなく、矛盾したり打ち消し合ったり拮抗したりする規則なのです。

グライスの考えは、これらの拮抗しあう規則の《均衡点》を見つけながら発話せよ、ということであり、混乱をよしとするものではありません。解釈に一点の紛れもないことを追求すると多言を費やして結果的にくどくなり、逆に無駄なことを一切言わず必要最低限の情報だけ言うと少し聞き逃しただけでわからなくなり、誤解も生じやすくなります。正確さと簡潔さという、逆向きの特性をうまく調整しなければこの格率はうまく生かせないのです。

四つめの規則は順序よく言うことを求めるものです。いくつかの情報を伝えるときは、情報の提示の順番しだいでわかりにくくなることもあります。わかりやすく解釈が確定する順番で情報を出すという単純な原則だと考えれば十分です。

(7)【支店長が言う】「明日支店長会議があるんだが、重要な取引があるので、山田支店長代理が行けるようなら、私は出席しないつもりだ」

これは四つの情報を含みますが、論理関係を損なわないように入れ替えないと意味が通じなくなったり、多義的になったりします。例えば、「明日重要な取引がある。支店長会議もある。山田支店長代理が行けるようなら、私は出席しないつもりだ」とすると、会議と取引のどっちに出席しないつもりなのかわからなくなります★。また、料理や機械の操作など手順が決まっているものは、それに合わせた順序で述べなければならないのは言うまでもないでしょう。

情報の提示順序については考えるべき問題がいくつかありますが、ここでは二つだけ指摘しておきます。一つめは、発話全体の和が同じでも発話の効果や聞き手の解釈に違いが出るケースがあるということです。

★実は、論理関係を表す要素が一部消えていることもわかりにくくなっている要因です。(7)だって、「明日支店長会議がある。重要な取引もある。山田支店長代理が行けるようなら、私は出席しない」とすれば、やはりわかりにくいわけです。順序が変わるということは、単に情報の出現の順序の問題にとどまらないことが多いのです。

(8)【教員が学生たちに向かって言う】「今回の試験は、二名をのぞいて全員合格とします」

これを次のように言っても発話全体の和は同じですが、聞き手の理解も同じです。

(9)「今回の試験は、全員合格とします。ただし、二名は例外です」

(9)のように言われたら、安心したあとに急に不安になるのではないでしょうか。私が学生なら、(9)のように言う先生はずいぶん人の悪い先生だなあと思うでしょう。(8)は、先に例外があることを述べた上で「全員」と言っているので、実質的には「全員」でないことが聞き手にもわかります。しかし、(9)は「今回の試験は、全員合格とします」と言った時点では、実際に不合格者はいないと聞き手は思い、試験を受けた自分も当然合格したと判断するわけです。もちろん私たちは、情報にあとから留保条件や修正が追加されうると知っています。とはいえ、最初から例外を考えて情報を受け取ることはあまりしないでしょう。これは単純に言えば、「無駄に憶測をしすぎないようにする」ことであり、「効率よく解釈し、理解しようとする」ことでもあります。また、意味内容や情報も時間軸上に順次出現するもので、《線条性の制約》を受けるということでもあります。ソシュールの言う線条性は、シニフィアン(つまり音声的な要素)にのみ適用されるもので、意味には線条性があるともないとも言われていませんが、情報の配列という点では《線条性の制約》が生じるとすべきでしょう。もちろん情報は、それぞれの論理関係を示す要素を使って《線条性の制約》をまぬがれることも可能ですが、情報の提示の順序という点では《線条性の制約》は避けて通れないものだと言えます。

二つめの問題は、私たちがどのように発話を理解するかということです。私たちは、相手の発話が全部終わってからそれをまとめて解釈し始めるのではなく、発話の途中で解釈し始めます。文を聞きながら解釈していくプロセスは、主に心理言語学で扱われるテーマで「文理解の方略」などと呼ばれており、いくつか仮説も出されています。★ 単語や句のレベルまで分割して発話理解を扱う必要は語用論ではないのですが、少なくとも発話の理解は、ある程度の情報のまとまりごとに解釈をし、場合によってはその解釈が修正されることもあるという点に注意すべきです。(9)は「今回の試験は、全員合格とします」と話し手が言い終わった時点で、聞き手は「全員合格→私も合格」と考えます。そのあとで「ただし、二名は例外です」と言われて「私が合格でない可能性がある」と考え直すわけです。判断をいったん下した内容について直後に「そうとも言えない」という解釈の変更、つまり《再解釈》を行っているわけです。これは、重要な判断が大きく変わる可能性があり、知的処理の面でもかなりの負担です。一方、(8)の場合は、「二名が不合格で、残りが合格」と最初から解釈するので、解釈の変更(つまり、再解釈)はしません。

なお、ここでは解釈と言っていますが、実は、聞き手が「私は合格だ」と判断するとしても、それは文字どおりの意味ではありません。これは、厳密に言えば、与えられた

★再分析にはおおまかに三つのやり方が考えられており、間違いに気づいた時点で、①文頭に戻り解釈し直す、②気づいた時点から一語ずつさかのぼって解釈していく、③間違いの原因になった箇所に戻って解釈し直す、といったやり方があるとされています。それぞれの仮説を、①前方再分析、②後方再分析、③選択的再分析などと呼びます。

発話の内容をもとに、いわば「考えたこと」です。この点についても、グライスは用語を含めて整理をしており、Q５で見るように、それらは現在の語用論において重要な基礎用語になっています。

Q５ 「会話の推意」って何ですか？

グライスの重要な成果は、会話の協調原則として四つの格率を提案したことよりも、用語の整理をしたことだと言っていいのではないかと私は考えています。英語の imply という動詞は、「①ほのめかす、暗示する、②含む、意味する」といった意味ですが、グライスは、この日常よく用いられる動詞とおおよそ重なる意味を持つ implicate「含みを持つ、結果として含む、意味する」を専門用語として使うことを提案し、さらにこの単語から implicature という新しい名詞をつくったのです。この単語は、大きめの辞書や新しい辞書には収録されていますが、載せていない辞書もあります。imply という動詞の名詞形としては implication「含蓄、包含、ほのめかし、暗示するもの」もあるのですが、これは一般的に用いられているごく普通の名詞です。その意味を限定して専門的な用語として用いるためにあえて implicature という名詞を導入したわけです。科学的かつ専門的な意味として「含み★を持つこと、含み、含意、推意」などと訳されます。

★実は、ほかにも内容としての意味に重点がある名詞 implicatum「含みの内容・含意された内容・推意内容」という語もグライスはつくっているのですが、今ではあまり使われることがありません。

「含む」とはどういうことか

せっかく、専門用語として導入したのですから、その意味を正確に理解しておかないと十分役に立ちません。「含む」という動詞を、例えば「この料金は消費税を含む」「この食品は合成保存料を含む」「六の約数の集合は二を含む」のように使う場合、「XはYを含む」という形になっていて、YはXを構成する要素や部分になっているわけですが、意味の関係について用いた場合は、少し違うのです。

(1) 私は先月アメリカに滞在しました。
(2) 私は先月車を買いました。

文はそれだけが伝える意味のほかに、そこから別の意味や情報を引き出すことができるのが普通です。(1)と(2)はいずれも「私」が「先月」行ったことを意味する文ですが、これらの文からいろいろ考えて情報を引き出していくことができます。これは、(1)と(2)の文を事実として受け入れてそれをもとに考えていくということであり、《推論》という作業を我々はしていくのです。

さて、(1)を見ると、アメリカに滞在したわけですから、そのあいだ「私は日本にいなかった」ことがわかります。(2)を見ると、先月自動車を購入したわけですから、「私はその車を今現在所有している」のでしょう。こんなふうに推論していくことができるわけですが、推論によって引き出された内容(情報)とそのもとになった文の内容の関係を表すのが「含む」という表現だと理解すればいいでしょう。少しおおざっぱな言い方になりますが、「私が先月アメリカに滞在した」ということは「私はそのあいだ日本にいなかった」ということを意味的に含んでいて、「私が先月車を買った」ということは「私は今現在その車を所有している」ということを意味的に含んでいる、と考えてください。深く考えなければ、この二つの例は同じように一方が他方を意味的に含む関係で、同じようなものに思えるかもしれません。しかし、大きく違うのです。

(1)に関する例は、「含む」という論理関係が必ず成立します。「私は先月アメリカに滞在していた」けれども、そのあいだ「私は日本にいた」ということはありません。人間が物理的な存在である以上は同時に存在できる場所は一つだけで、二つ(以上)の場所に同時に存在することはできません。だから、「アメリカにいた」以上は、「そのあいだ日本にいなかった」ということが絶対に成立します。

しかし、(2)は絶対に成立する論理関係ではないのです。例えば、「私は先月車を買った」けれども、「その直後に売り払った」ということはありうるわけですし、その場合には「私は今現在その車を所有していない」ことになります。車でもなんでも購入してすぐに売り払うということは普通しないでしょうが、絶対ないとは言い切れない、つまりは、可能性は高くないけれども「ありうる」わけです。

(1)は「絶対に成立する論理関係」で、(2)は「普通は成立する論理関係」だけれども「絶対に成立するわけではない」ということです。(1)は「すべての場合に成立する」けれども、(2)は「多くの場合に成立」するだけで「すべての場合ではない」と言ってもいいでしょう。前者は、絶対的な論理関係が決まっていてそれをくずすことができないのですから、誰が推論しようとそのときの状況がどうであろうと別段変わりがありません。しかし、後者は言ってみれば、常識的な判断が求められるので、推論を行う人によって違う判断が下されるかもしれないし、細かな状況によっても推論や結果は違ってくるでしょう。グライスが造語したimplicatureは、この後者の推論を指すことばなのです。

それでは、前者は何というのか、ということになりますが、英語ではentailmentと言っています。例えば、X entails Yという関係、「XがYをエンテイルする」という関係は「XがYを(絶対に)含む」という意味になります。困るのは、implicatureとentailmentのどちらも日本語では「含み」とか「包含」とか「含意」といった訳語で訳さざるをえないことです。これまでの研究や翻訳書では、もとの英語を示した上で訳語を与えているのですが、研究者や翻訳書によってばらつきがあり、一定していません。「含意」という訳語はいずれにも用いられています。「インプリカチュア」と「エンテイルメント」ではぴんとこないのでだめですね。implicatureはニュアンスをくんで「含み」「暗意」とすることもありますし、entailmentは論理学の用語として「伴立」「内含」「含立」などと訳すこともあります。しかし、現在ではimplicatureを「推意」とする訳語が定着してきたので、entailmentを「含意」★として、本書では一貫して明確に使い分け

★実は、その後implicatureをもとに対になる概念を表すためにexplicatureという語が造語されました。これは、今では「表意」という訳が定着しつつありますが、「暗意」と対にして「明意」とすることもあります。

ることにします。たかが用語の訳と思われるかもしれませんが、ここで混乱してしまうと先々きちんと理解できなくなってしまうのです。なお、「推意」は専門用語以外で使うことはないと思いますが、「含意」はここで定義するような用語の意味以外に、一般的な文章などで使うこともあります。「含む」「意味的に含む」といった意味合いですが、きちんと区別して混乱しないようにすることが重要です。

簡単に整理しておきましょう。

> 「含★意」（entailment）…論理的に含まれる情報で、常に成立する論理関係をなす。
> 「推意」（implicature）…慣習的に含まれる情報で、成立することが経験的に見こまれるが、必ず成立するわけではない。

この二つの違いを、以下で具体的な例とともに確認しておくことにします。

含意とは？

二★つの文があるとします。ここでは、それぞれを文Ｐと文Ｑと呼ぶことにしましょう。例として、次の(3)をＰとし、(4)をＱとして考えてみることにします。

(3) 優子は今ヨーロッパを旅行している。 …文Ｐ

★これに合わせて動詞も、entail を「含意する」、implicate を「推意する」と訳すことにしましょう。ただ、implicate は「推意する」では必ずしも適切な訳語にならないこともあります。というのも、「推意する」と聞くと「推測する」や「推論する」の類義語だと思ってしまいかねないからですが、「慣習上、推意によって包含する」のようにするとくどい訳になりますし、頭の痛いところです。

★ここで「文」と言っているものは、正確には《命題》と呼ばれるものに当たります。《命題》とは、真か偽かが判定できる形式になっている陳述文で、厳密には「AはBである」という形か、そういう形式に置き換えられる内容であるものを指すのですが、真偽の判定ができる形の単純な文をおおまかに命題に含めてしまうことも多いのです。

(4) 優子は今ヨーロッパにいる。　…文Q

この場合は、「PであればQである」という関係が成立します。このとき、「PはQを含意している」ことになり、文Qは文Pの《含意》である、ということになります。これは、少し難しい言い方をすると「命題Pが真のとき命題Qが必ず真である場合に、PはQを含意する」ということなのですが、「PならQという関係が常に成立するならPはQを含意している」と理解すれば十分でしょう。

(5) 犬養毅首相は海軍将校らに暗殺された。
(6) 犬養毅首相は亡くなった。

同じように(5)をP、(6)をQとすれば、(5)は(6)を含意しています。Pが真ならQも必ず真になる関係だからです。

含意に関して注意すべきことが二つあります。

一つは、一方が他方を含むという関係であることから両者の関係に方向性があるということです。例えば、上の例ではPが真のときQは必ず真になりますから、PがQを「含む」(この場合は「含意する」)関係になっています。この関係はたいてい一方的な関係で、逆向きの関係は成り立ちません。例えば、(4)が真だからといって(3)が真になるとは限らないことがあります。もしも、「優子がヨーロッパのどこかの国に居住している」

のであれば⑷は成立しますが、旅行ではなく単に住んでいるだけなら⑶は成立しません。同じように「亡くなった」からといって「暗殺された」とは限りません。

含意は多くの場合にこのような一方向の関係なのですが、双方向の関係がないわけではありません。双方向の関係とは、「ＰであればＱであり、かつ、ＱであればＰである」というような関係です。勘のいい人はわかると思いますが、これは実質的に同義であるような関係です。例えば、⑺であれば⑻は必ず成立していますが、逆に⑻であれば⑺も必ず成立します。

⑺　剛史には配偶者がいる。

⑻　剛史は結婚している。

要するに「配偶者を有する」ことと「結婚している」「既婚である」こととは、言い方は異なるものの、実質的に同じ事態を意味しているわけです。これは、つまり《相互含意》の関係なわけですが、このとき「ＰはＱを含意し、ＱはＰを含意する」のであり、ＰとＱは相互に他方を含意し、また他方に含意される関係だと言い換えることができます。早い話が、一種の同義表現なのですが、このような含意を《意味的含意》と呼んで、一方向だけの含意とは区別しています。一方向だけの含意は、《論理的含意》などと呼ばれます。

「雄一は麻美に子犬をあげた」と「麻美は雄一から子犬をもらった」は相互に含意し

合う意味的含意ですし、「泰三は源太に自転車を売った」と「源太は泰三から自転車を買った」も同じ関係です。「あげる」と「もらう」、「売る」と「買う」はよく対義語★の一種として取り上げられますが、一方が成立すると他方が必ず成立する関係にあり、一つの現象を対称的な方向性で捉えたものだと言えます。

含意について注意すべきもう一つの点は、文脈の影響を受けないということです。例えば(3)と(4)は、「優子はヨーロッパが大好きなのだ」とか、「優子は実はフランス語が少し話せるだけで、ほかの外国語はほとんどできない」とか、「ゆくゆくは永住するつもりだ」とか、なんらかの情報を付加していって文脈をつくったり変えたりしてみても、(3)が(4)を含意するという関係が変わることはないわけです。

PがQを含意している場合に、Qが成立しない(Qが偽である)ときPも成立しなくなる(Pが偽である)という関係が成り立つのであれば、これを《強い含意》と呼びます。例えば、(5)と(6)の関係がこれに当たります。もしQが成立しない(Qが偽である)のであれば、Pは真でありえないのです。もし、「犬養首相が亡くならなかった」のであれば、暗殺を試みたとしても「暗殺した」ことにはならないわけです。(3)と(4)についても、(4)が偽なら(3)も成立しません。「今ヨーロッパにいない」以上、「今ヨーロッパを旅行している」こともありえないわけです。

★私は「関係論的な対義」と呼んでいますが、国広哲弥(二〇〇二)「語義の構造」(斉藤倫明編『朝倉日本語講座4 語彙・意味』)では「逆義関係」と呼ばれています。

推意とは?

推意は含意と違い、必ず成立するものではありません。PがQを推意する(もう少しこなれた日本語で言うなら「推意として包含する」とでも言いましょうか)場合、普通はQが成立する(か、成立しうる)わけですが、成立しない可能性もあります。

(9) A「コーヒーでも飲まない?」 B「私、コーヒーは苦手なんだ」

このやりとりでは、Bはコーヒーを勧めるAの誘いに対して、「コーヒーは飲まない」と断っているように見えます。つまり、普通は、Bは誘いを断ったと考えられるわけです。このとき、「私、コーヒーは苦手なんだ」という発話Pについて「私はコーヒーは飲まない」という推意Qが得られたことになります。これをグライスは**会話の推意**★(conversational implicature)と呼びました。

推意と含意の違いは、「推意はたいてい成り立つが、成り立たないこともある」という点につきます。このことは、Aの「コーヒーでも飲まない?」という誘いに対して、Bが(10)のように言っても許されることから確認できます。

(10)「私、コーヒーは苦手なんだ。でも、今日は飲んでみようかな」

このような性質は《推意の取り消し可能性》と呼ぶべきものです。推意が取り消せることは、裏返して言えば、それだけ推意は容易に得られるものだということでもありま

★この用語もこれまで「会話の含意」「会話の含み」と訳されることがありました。「含意」とするとentailmentと混乱しそうですね。本書では、一貫して「推意」を用いるので、「会話の推意」とします。

す。推意がわかりにくく、得られにくいものであれば、取り消しやすくはないでしょう。誰にでも推論可能なので「取り消す」という行為が成り立つのです。取り消す対象が不明確なら「取り消す」という行為も受け入れにくいでしょう。⑽の「でも」という接続詞は「コーヒーが苦手だ」という命題から得られる「コーヒーを飲まない」という推意を取り消し、「(今回は)飲んでみる」と言っていると説明できます。

推意が含意と異なる重要な性質のもう一つは、推意は文脈の影響を受けるということです。含意は論理的に決まる関係なので文脈の影響は受けませんが、推意の場合、文脈次第で、得られる推意の内容そのものが変わってくるのです。⑼のBの「私、コーヒーは苦手なんだ」というせりふは、次のような文脈に置くと引き出される推意が⑼とは違うものになります。

⑾ A「お客様に何をお出ししましょうか。紅茶かコーヒーか日本茶か…」

B「紅茶なら上手にいれられるけど、私、コーヒーは苦手なんだ」

この場合は「コーヒーをいれるのはいやだ」という推意が引き出されます。⑽は「飲むのが苦手」で、⑾は「いれるのが苦手」ですが、少しことばを補えば違いははっきりします。

⑿「あっ、窓が開いてる！」

突如として⑿のように言われたら、どう理解しますか。このあとに「せっかく暖房いれてるのにもったいないよ」と続けば、「窓を閉めるべきだ」という推意が得られます。「涼しい風が入ってきて気持ちいいね」と続けば、「窓は開けておいてよい」という推意を引き出すことになります。では⑿のように言ったきりで続く発話がなかったら、どう対処しますか。追加される発話があれば、それをもとに適切な推意を引き出す（推意の修正も含みます）ことをします。しかし、ほかの発話がなければ新たに推意は引き出せず、そこで行き詰まってしまいますか。私ならきっと室温が高いか低いかなど発話状況を考えるでしょう。外で急に土砂降りの雨が降り出したのなら「雨が入らないように窓を閉めるべきだ」という推意を引き出すわけです。

ここから考えるべきことが二つあります。一つは、推意を引き出すために発話状況や世界知識を使うということです。もう一つは、聞き手によって引き出された推意が適切な推意である保証はないということです。

どのように推意が得られるのかは、実のところブラックボックスの中なのですが、人間が行うことばに関する活動（認知から思考、発話と言語行為といったコミュニケーション全般）の基盤に関わる根本的課題でもあります。グライスは、「推意は慣習的に得られる」と説明しており、会話の協調原則に基づいて会話の推意も引き出されるとしています。「慣習的に得られる」とは、私たちが生きていくうちに経験を積み重ねることで会話の推意が引き出せるようになるということでしょう。確かに、含意のような論理的関係とは違い、推意のなかには経験的な知識ぬきではうまく引き出せないものもあります。とすれば、人間なら誰でも自然に習得できる能力はなく、後天的に習い覚えていくもので、人間の知能や言語能力にア・プリオリ★に組み込まれていないと考えることになります。チョムスキーは人間の言語能力を生得的に組み込まれているとしていますが、もしも語用論に関わる能力が完全に後天的に獲得されるものなら、チョムスキーが言う意味での言語能力とは明確に分離していることになります★。

前提とは?

推論に関連するものとして**前提**(presupposition)があります。普通は「この奨学金に応募するには、すべて『良』以上の成績であることが前提だ」などと使いますが、これは「あらかじめ満たすべき条件」のことです。ここでいう《前提》はこれとは違います。

(13) 彼女は来春大学を卒業する予定だ。
(14) 彼女は現在大学に在学している。

厳密な意味での前提とは論理的関係として理解されるものです。論理的には、(14)が(13)の前提に当たります。「命題Pが成立するために必ず真であることが必要な命題Qがあるとき、QはPの前提」なのですが、簡単に言えば、「そのことが成り立つ(真である)のなら、このこともあらかじめ成り立っている(真である)のじゃないとおかしい」とい

★「ア・プリオリに」はここでは「あらかじめ」ほどの意味に理解してもらえば結構です。かっこつけて難しい言い方をしてみたということもありますが、この種の議論をするときにはよく使われる表現なのでちょっと混ぜてみたのです。これは、「先天的、先験的」といった意味で使うラテン語です(英語では「エイ・プライオライ」なんて発音していますが)。
★関連することはQ14で取り上げます。

うときの「このこと」が前提だと考えればいいでしょう。「来春大学を卒業する」というのであれば「現在大学に在学している」はずです。つまり、⒀が成立するのであれば、それ以前に⒁が成立している、つまり、真である必要があるわけです。

もしも前提が成立しないのなら、その前提に対する命題も成立しなくなります。「前提Qが偽なら、それに対する命題Pも偽となる」ということです。もし「現在大学に在学中でない」なら「卒業予定だ」はありえなくなります。前提と含意は紛らわしいと感じるかもしれません。また、前提は「その前に成立している」もので、含意は「命題から引き出す」以上「そのあとで成立する」ものだから簡単に見分けられると考える人もいるでしょう。ここでの「前」と「後」は論理関係の成立を考える場合のことで、たいてい時間軸上の前後に対応していますが、それほど単純でない場合もあります。見分けるのには、否定文を使います。

⒂ 敏夫は二人の息子をアメリカンスクールに入学させた。

⒃ 敏夫には息子がいる。

⒂が成立するのであれば⒃は成立していなければなりません。当然息子がいなければどの学校に入れようにも「息子を学校に入れる」ことができません。したがって、⒃は⒂の前提です。では、次の⒄は⒂に対してどういう位置づけになるでしょうか。

⒄　敏夫の二人の息子はアメリカンスクールに入学した。

⒂が真なら⒄も真です。入学させる前から息子はいるから⒃は前提だけど、入学させたあとで「入学した」ので⒄は含意だ、いやいやあとじゃなくて同時か、「入学させた」ときに「入学した」のかと悩む人もいそうです。確かに⒄は⒂の含意ですが、同時かあとかと考えると混乱してしまいます。これは《命題の否定文に対しても前提は真であるが、含意は偽である》という原則で見分けます。命題⒂を否定文にします。

⒅　敏夫は二人の息子をアメリカンスクールに入学させなかった。　⒂の否定文

⒅に対しても⒃は成立します。二人の息子を「入学させ」ても「入学させな」くても「二人の息子がいる」ことになるからです。ほかにも息子がいる可能性はありますが、ともかく「二人の息子」の存在は⒂に対しても⒅に対しても前提として成立していなければなりません。

これに対して、含意である⒄は⒅に対しては成立しなくなります。「入学させなかった」以上「入学した」ということにはならないからです。肯定文のままである⒂に対して含意⒄は真ですが、否定文⒅に対しては偽になるわけです。このように、命題の否定文に対する真理値の違い（真か偽か）によって、含意か前提かを見分けることができます。

二つの前提

前提は命題の肯定か否定かにかかわらず常に成立するものだけではありません。

⒆　聡子は、子どもにピアノを習わせた。
⒇　聡子には、子どもがいる。
(21)　聡子は、子どもにピアノを習わせなかった。　（⒇の否定文）

一般的に考えれば、⒇は⒆の前提です。(21)に対しても⒇は成立します。しかし、どんなケースでも百％成立する論理的な関係とは言えないのです。次の文を見てください。

(22)　聡子は、子どもにピアノを習わせなかった。なにしろ、聡子には子どもがなかったので、習わせようにも習わせることができなかったのだ。

この例文は一見ちょっと強引な話のようですが、「聡子は、子どもができたらピアノを習わせるつもりだった。しかし、結局…」のあとに(22)を続けてみると、ありえない話ではありません。(21)だけを見れば⒇が前提として必ず成立すると普通考えます。しかし、文脈によっては前提を取り消すことがありうるわけです。ただし、(21)に対しては明確に前提の取り消しがわかるようにしない限り前提は保持されます。(21)だけを見て「聡子には子どもがいない」と判断することはできません。つまり、取り消し可能でも、何もしなければ取り消されないのです。これは《デフォルトの解釈》★などと言われます

★言語学的に言う《無標の解釈》と基本的に同じです。

が、解釈の変更を行わない限り保持されます。

一方、(21)に対する前提(20)は、取り消しできません。「聡子は、子どもにピアノを習わせた」が、「子どもはいなかった」ということはありえないからです。
(21)については、強力ではあるが絶対ではない前提(20)があり、場合によっては前提を取り消しできるため結果的に二つの解釈が可能なのです。これは、文法的には、何が否定されるかという否定の対象と範囲が変えられるからだと説明できます。(21)は通常「ピアノを習わせる」、特に、「ピアノ」を否定する解釈をします。だから、「ピアノを習わせなかった。代わりに、バイオリンを習わせた」は自然に成立します。(21)について「子どもにピアノを習わせる」全体が否定されれば「そもそも子どもがいなかったから」という理由説明とうまく合致します。しかし、(21)はこれだけ具体的に述べている以上、何の理由もなく(22)のようには考えられません。無駄なことをする以上、それだけの理由や根拠がいるのです。
これと似てはいて本質的に違うものとして、経験的な世界知識に基づいて得られる前提的推論があります。この前提的推論は、論理関係として成立するのではなく、一般常識に基づいて「そういうことなら、普通はこうであるはずだ」という推論です。これは含意に対する推意の関係に似ていて、容易に取り消し可能です。

(23) A「浩太郎は車で通勤してるよ」 B「じゃ、彼は車を持ってるんだね」

普通は、自家用車で通勤するなら車を所有し、自分で運転すると考えるでしょう。したがって、(23)のBのように推論するのは自然です。「車を持っている」という前提が偽なら「車で通勤する」ことも成立しないと考えるのは人情というものです。もし「通勤に使える車がない」なら「車で通勤する」ことは無理でしょうが、現実には通勤に使う車を「所有する」ことや「自分で運転する」ことは必ずしも必要ないわけです。(23)のBの発話に続けてAが次のように言うことは可能です。

(24) A「いいや、あいつは持ってないよ。妹さんが送り迎えをしているだけなんだ。なにしろ、運転免許だって持ってないんだから」

「車で通勤をする」ことに対して「車を所有する」ことが論理関係上絶対に真でなければならないとは限らないのです。これは、単に慣習上「車で通勤する」場合には「自分の所有する車で通勤する」のが普通だと推論できるだけなのです。もしも「浩太郎」が大企業のトップなら、専用の公用車を専属の運転手が運転すると推測するかもしれません。(23)でBが引き出した前提的推論は、(21)ほど強く結びつきませんが、結びつける人が多いという点では比較的強い推論です。しかし、それほど強く結びつかない例もあります。

(25) A「僕はよく納豆を食べるんだよ」 B「納豆が好きなのね」

「納豆をよく食べる」から「納豆が好きなのだ」という前提的推論を引き出したわけです。「納豆が好き」なら「よく食べる」し、「納豆が好き」でないなら「納豆をよく食べる」こともない（前提的推論が偽なら命題も偽となる）と、Bは思ったのでしょう。これは、「何かをするのはそれがしたいからである」という一般的な世界知識の応用ですが、実は強い論理関係があるわけではありません。例えば「好きではないが健康のためによく食べる」ことや、「好きではないがほかにおかずがないからよく食べ（ざるをえない状況にあ）る」こともあるでしょう。

以上見たように、前提には、「命題と論理的な関係を結んで成立する前提」と「慣習的に成立することが推論される前提」の二種類があると考えられます。ここでは、前者を**論理的前提**（logical presupposition）、後者を**慣習的前提**（conventional presupposition）と呼んで区別することにします。論理的前提は、例外なく論理的な関係が保持される前提と、例外的な事態を想定すれば論理的な関係を一時的にはずして成立しないことがありうるものに分けられます。慣習的前提は引き出しやすさにいくつかの段階があり、多くの人がすぐに引き出せる強いものから、そう簡単には引き出せないような弱いものまでさまざまです。

(26)
A「新しい車を買ったんだ。ほら、すごい車だろ」
B「すごいなあ。乗せてくれよ。ついでに僕んちまで送ってくれると助かるよ」

A「でも、免許は持ってないんだ」
(27) A「大変だ。俺の携帯がない！」
B「お前、もとから携帯なんか持ってないじゃないか！」

語用論的にジョークや笑いを分析することがありますが、ジョークには、聞き手が確実に引き出すであろう前提を合理的にキャンセルすることによって、おかしさが出てくるものがあります。(26)は「車を買った」ということから「運転できる」「免許を持っている」という慣習的な前提を引き出したわけです。これは、多くの人がすぐに引き出す強い慣習的前提ですが、慣習的な前提ですから取り消しが可能です。(27)は「俺の携帯」と言っていることから当然「携帯電話を所有している」ことを前提にしていると考えるでしょう。これは論理的前提と考えていいのですが、合理的な根拠があれば成立しないケースが許されます。普通は最初から持っていないなら「ない」と言って騒ぎはしないわけですが、前提をキャンセルすることで「ない」ことのつじつまが合うわけです。

また、日常の会話では、前提が成立することを確認しないままに発話をすることがあります。

(28) A「ねえ、『リング』って映画、面白かった?」　B「見てないんだ」

このやりとりでAはBがこの映画を見たという前提が真である(成立している)として

質問しています。しかし、Bはこの映画を見ておらず、前提が成立しないので、Aの質問は無効になってしまい、期待する回答は得られなかったわけです。

なお、論理的前提と慣習的前提は単純な例では区分可能ですが、複雑なケースでは簡単に判断できないこともあります。

Q6 グライスの考えはどう継承されましたか?

グライスの会話の協調原則は、「会話」を中心に据えたという点で画期的でした。オースティンやサールも会話を重視しましたが、会話を動的なやりとりとして分析する新しい段階に入ったという意味でも、グライスは非常に画期的です。グライス以前は、哲学者や論理学者が研究をリードしてきましたが、グライス以後は言語研究者が多く研究に加わったという点でも大きな転回点になりました。

グライス派か反グライス派か

グライス理論の出現以後、グライスをどう位置づけるかが語用論において非常に重要な意味を持つようになりました。それが研究の立場をおおまかに表すことになるからです。グライス理論を否定する動きもあります。これを《反グライス派》と呼ぶことにすると、これ以外は程度の違いこそあれ、おおむね《グライス派》だと言えるでしょう。

グライス派といっても考え方は一様ではありません。グライスの格率を削ったりせずおおよそそのまま活かしていく方向性もありますが、それでも新しい考えが加えられていきますから、そのまま完全に継承するわけではないわけです。グライス理論の一部だけを特に取り入れる《縮小グライス派》もあります。逆に、グライスの理論に格率を追加して拡張路線をとる方向性も考えられますが、この拡張グライス派として目立った動きはないようです。

関連性理論は、グライスの挙げた四つの格率のうち、特に関連性の格率に絞って理論を構築しているので、分類上は《縮小グライス派》★だと言えるでしょう。縮小グライス派は、グライスの格率の一部を有効な原理として使うわけですが、減らして終わるわけではないので必然的に原理や原則の位置づけを変え、さらに発展させて修正していくことになります。縮小グライス派は、必然的に修正グライス派でもあるわけです。

ホーン（L. Horn）という学者は、グライスの格率のうち、必要なのは量の格率と関連性の格率だけだとして、「Q原則」と「R原則」の二つの原則で説明することを考えました。Q原則はグライスの量の格率の⑴に相当しますが、R原則は量の格率の⑵、関連性の格率、方法の格率を広く含みます。なんだか質の格率だけが捨てられているようですが、ホーンの考えでは、特に信頼を失うことを目的とするなど会話のシステムを壊すつもりがない限り、質の格率は守るのが当然なので、ほかの格率と同じように立てる必要がないのです。つまり、捨てたのではなく、当たり前なので立てなかったのです。★

★現に、レビンソンは関連性理論を縮小主義（reductionism）として批判しています。

★これは結局グライスの枠組みをおおよそ継承する方向性を持つと言えます。レビンソンも同様の方向性を持っているとみていいでしょう。

現状をおおまかに分けると、①グライスの枠組みを使わない、あるいは否定するところから始める《反グライス派》、②グライスの枠組みをできるだけ活かす形で理論を構築する《グライス派》、③グライスの枠組みの一部を活かす、あるいはグライス理論を自分たちの枠組みの素材の一つとして扱う《縮小グライス派》、に分けられます。②と③はグライスを活かし、参考にするという点では同じですが、どの程度グライスを重視するかが違うわけです。②の立場からすると、③の立場はグライスを正確に理解せず偏った理解と利用をしていると思えるでしょう。②はネオ・グライス派（Neo-Gricean）と呼ばれることもありますが、③の立場からは、グライスを古典化して精密に理解することよりも、もっと別に取り組むべきテーマがあり、それを解明することが優先されるので、②の考え方や②による③への批判も的はずれに見えるでしょう。関連性理論は③に分類できますが、グライスの格率の関連性に重点を置くところから理論を構築したのは、別段グライスを過小評価するためでも、四つの原則を縮小するためでもありません。人間の認知のシステムと関連づけて発話を解明するという立場から理論を構築していったら、結果的に関連性以外の原則を中心的なものとして扱わなくなったと見るべきでしょう。★

関連性理論の基本的な考え方

関連性理論★（Relevance Theory）は、ダン・スペルベル★（Dan Sperber）と★ディアドリ・

★関連性理論で定義する「関連性」(relevance)は、グライスの考える「関係性」(relevance)とは違います。日本語では訳語を変えることで対処できますが、英語では同じ単語で表しています。しかし、違うとは言っても、グライスの原則を出発点にして発展していった考え方ですから、無関係というわけでもありません。英米では、父親や祖父と同じ名前の子どもがいますが、血はつながっていて名前は同じだけど人格は別、私は、レリバンス(relevance)と聞くと、そういうことを連想してしまいます。

★略してRTということもあります。

★英語風に読むとスパーバーですが、Sperberはフランス人なのでフランス語風に読むことが多いようです。

★より原音に近く、「ディアドラ」また「ウィルスン」と表記する例も見られます。

ウィルソン（Deirdre Wilson）が創始したものです。スペルベルはフランス出身で人類学を専攻し、ウィルソンはイギリス出身で哲学を当初専攻しており、二人はオックスフォード大学（のナフィールドカレッジ）で出会ったそうです。残念なことに、新しい語用論は言語学の内部からは生まれないというジンクスはここでも生きていました。二人が共有する関心から、グライスの提案した「推意」という考え方を取り入れ、発話が解釈されるプロセスで推論がどう機能しているかを解明することを目指したのが関連性理論の基本的方向性だと言えるでしょう。その理論的枠組みは*Relevance*、つまり、『関連性』★というタイトルの本で示されています。

関連性理論は発話解釈に重点を置きますが、発話が適切に解釈されたかどうかは、もちろん話者の意図と照らしあわせる必要があるので、話し手の意図を無視するわけではありません。むしろ、話し手は発話が適切に解釈されるように発し、適切に解釈できないような発話は成立しないという前提に立てば、成立する発話をどう解釈すべきかのほうが重要だとも言えます。関連性理論以前の語用論が、実際の分析は別にして、話し手の意図を解明するものとして語用論を見る傾向が強かったことを考えると、関連性理論はある意味で大きく視点を転換しているわけです。

関連性理論では、「人間の認知は関連性を最大にするように調整される傾向がある」（Human cognition tends to be geared to the maximization of relevance.）を一つめの原理として掲げています。意味をくんで言い換えてしまえば、「★人間は、より深く広い理解を、よ

★邦訳は『関連性理論』というタイトルで、現在第二版の翻訳が出ています（内田聖二ほか訳、一九九九年、研究社）。「伝達と認知」という副題がついています。

★今井邦彦氏は、「人間は、知りたがり屋であり、教えたがり屋である」と表現しています（今井邦彦（二〇〇一）「スペルベルとウィルソン」『月刊言語別冊 言語の20世紀101人』大修館書店、200-202ページ）。

り効率的なやり方で行おうとするようにできている」ということですが、この場合の「理解」は、自分が理解することも相手に理解してもらうことも両方含みます。普通に考えれば、「より深く(正確に精密に)、より広く理解する」にはかなりの手間がかかるので「効率よく」やるのは、大変そうです。関連性理論の基本的な人間観は、必要最小限の負担で最大の結果を得られるような、コスト・パフォーマンスの高い知的処理を行うのが人間だ、という見方と言えます。

例えば、百の情報を相手に伝えようとする場合、何時間かかろうが百の情報をそのまま言うのが確実なように思えます。しかし、百のうち半分はこれから伝える情報をもとに自分で容易に推測できる情報かもしれません。また、部分的に情報を言うだけで相手が残りを全部復元して理解してくれる情報も相当あるでしょう。また、百の情報をそのまま言うと聞き手の負担は大きくなり、混乱や誤解の可能性も高まります。もしも十五％の情報を言うだけで、あとは聞き手が常識から推論して情報を復元し、さらに推論を重ねて最終的に百の情報を持てるのなら、そのほうがいいでしょう。少なくとも十五言えばわかるのに、百の情報を全部言うのは、話し手にも聞き手にも望ましくありません。この《効率》という考え方が関連性理論では、基本にあるわけです。

自分の住んでいる世界について「理解を深める」ことは、生き物としての原始的なレベルでは重要な意味を持ちます。知識があれば、危険を回避したり、望むものを入手したりできる可能性は高まりますから、人間が自分を取り巻くあらゆるものについて理解を深めようとするのは至極当然で自然なことです★。関連性理論では、話し手がすでに知っていたり、知りえたり、考えることで推測できたりする情報の全体、「話し手が持っていて使える、使える可能性のある情報の総体」を**認知環境**(cognitive environment)と呼んでいます。この認知環境は、推測で得られる考えや周囲に物理的にある見聞きの対象も含みます。もちろんなかには誤解や不完全な知識が含まれていることでしょう。

人が自分の周囲の世界をより深くより広くより正しく知ることは、この認知環境に含まれる情報や知識が増え、訂正されて正しくなったり、あやふやなことが明確ではっきりした知識になったりすることだと言えるでしょう。世の中について、いや、自分の周囲の狭い世界に限ってみても、不足や誤りなく完璧に理解している人間は誰一人としていないはずです。少しでも、不足を補い、誤りを正し、不明確なものを確かなものにしたい、これは人情というものです。つまり、認知環境を少しでもすぐれたものにしたいという確固たる方向性があるわけです。

「情報」や「知識」と表現しましたが、関連性理論では「想定」ということばを使います。これは、assumption の訳語ですが、「こうじゃないだろうか」とか「きっとこういうことだろう」という推測を含み、情報や知識などという確固たるもの以外に、そのレベルに達していない《単なる考え》のようなものもすべて指します。なかには不確実な「想定★」や誤った「想定」もあるでしょう。知識は客観的に認められるものを指すはずですが、時代が変われば正しいとされる知識も変わりますし、情報も時と場合によっ

★まあ、人間は、知ることで苦しんだり傷ついたりすることもありますが、それは高次の感情のレベルのことですね。

★英語の assume の名詞形である assumption は、絶対的な根拠がないままに推測したことも、仮にこういうことにしておこうと思っただけことも、思いこみや憶測も、含みうるのです。

て成り立たないものがあるでしょう。その意味では、確実に真理と思われているようなものも、単なる個人的な思いこみも、それ自体の情報形態には明確な境界線がなく、「想定」としてまとめられるわけです。情報や知識も、命題も、広い意味ではみな「想定」の一種なのです。

　想定は、誰かの発話によってもたらされることも、何★かを見たり聞いたりして得られることもあるでしょうし、さらにそこから自分の頭のなかで考えて推測した結果得られることもあるでしょう。関連性理論で《文脈》と呼ぶものは、発話が行われた時点で話し手や聞き手が持っている想定、特に発話の解釈に関わる想定すべてを含みます。そ★れ以前の発話も言ってみれば「想定」の集合ですし、発話の現場にあって認知可能なことも、そこから推測できることも、いずれも「想定」の一種です。ある特定の発話の解釈に関わる想定の集合全体が《文脈》となります。これには、自分が知っていること、思っていること、例えば、専門知識や、思想や信仰に基づく考え、個人の経験に基づく考えなど、種々雑多な想定が含まれます。関連性理論は、先にQ1で文脈を構成するとしたものをすべて「想定」と見ていると考えておけば十分でしょう。なお、発話解釈に使える想定の集合は《文脈想定》と呼ばれます。

「関連性」とは?

「関連性」は、日常的な意味で「関★連があるということ」とは違います。関連性理論

★直接目撃したり耳で聞いたりしたことは、「かなり確かな想定」でしょうが、場合によっては、見間違いや聞き違い、あるいは、空耳や幻想・幻視もないとは言えませんから、その意味でも、恣意的な区別をしないで「想定」と呼ぶのがかえって適切だと言えるでしょう。

★Q1では「言語的文脈」と呼びましたね。

★英語の relevant は relevant to X「Xに関連がある」と用いる形容詞ですが、「話題にする価値がある」「重要性や意義がある」といった意味合いを含むことがあります。自分に関わりのあることは無視できないことで、当人にとっては重要ですね。本来の語も、《客観的な関係性》ではなく、《相対的な関係性の評価》に傾いています。

では、「関連性」は次のように定義されます★。

(1) 文脈において想定が関連性を持つのは、その想定がその文脈でなんらかの文脈効果を持つ場合だけである。(An assumption is relevant in a context if and only if it has some contextual effect in that context.)

ポイントは《文脈効果》という用語でしょう。なにしろ「想定が文脈効果を持つ」ことと「想定が関連性を持つ」ことが等価だという定義です。「文脈効果」は、『ある想定が、文脈想定との関わりのなかで、人が知識として持っている想定集合をなんらかの形で更新するはたらき』と説明できます。要は、聞き手である私が話し手であるあなたの発話に含まれている新しい情報(ある想定)を聞き、自分が知っていることやそれまで二人で話したこと(言語的文脈)や周囲にあって認知できる情報(発話状況)と関連づけて理解するうち、「世の中についてわかっていること」(知識に相当する想定集合)でなんらかの進歩か改善があれば「新しい情報は文脈効果を持っている」ということなのです★。早い話が、新しい情報を得て自分の知識に照らし合わせ、少しでも「よりよくわかった状態」になれば、文脈効果あり、です。つまり、少しでも理解が進むのなら、その情報は《関連性》を持っているわけです。

逆に、「関連性がない」というのはなにか情報を聞いても「よりよくわかった状態にならない」ことになります。例えば、もうすでに知っていることやわかりきっているこ

★Sperber & Wilson (1995²: 122)、邦訳書 p. 147。ただし、(1)は加藤による試訳です。

★ここで「ある想定」「言語的な先行文脈」「発話状況に関する共有知識という文脈」と言っている三つのものがおおむね「文脈想定」に相当します。

とを情報として提供されても、「よりよくわかった状態」にはなりませんし、少しも賢くなりません。「地球は丸いんだよ」と今さら言われても、すでに知っていれば自分が持っている知識(想定集合)をいじる必要はありません。結局、《文脈効果》は生じず、「地球は丸いんだよ」という発話に含まれる想定は《関連性》を持ちません。

(2) A「加藤さんは独身だったんですね」 B「ええ、そうですよ」

Bから見ると、Aの発話にある「B(=加藤さん)は独身だ」ということは、すでに知っていて、新たにわかったことは全然ないように見えます。しかし、「…だったんですね」という形式から、「Aがこの情報を最近まで知らなかった」ことがわかります。それほど重大な情報ではないでしょうが、Bにしてみれば、Aの知識状態の変化について、少しだけですが「よりよくわかった状態」になったと言えるわけです。Aにとっては、Bの発話で新たに情報が追加されてはいませんが、本人に直接確認してもらって確信を強めることができたはずです。このように確信が強まることも、「よりよくわかった状態」になったと言えるので、《文脈効果》があることになります。結局、(2)のやりとりはAにとってのBの発話も、BにとってのAの発話も《関連性》を持つ想定を含んでいるのです。

(3) A「伊藤さんは独身なんですね」 B「いいえ。彼は独身じゃありませんよ」

では、(3)のように、Aが思っていたこと(=「伊藤さんは独身だ」という想定)が否定されるケースではどうでしょう。否定されて想定を失ったのだから関連性はないと思う人もいるでしょうが、否定されることで間違っていた想定が訂正されたと考えれば、不適切な情報が更新されて「よりよくわかった状態」になったと言えます。単に知らなかった情報を追加する場合はもちろん、このように確信を強めたり、誤り★を訂正したりする場合も、関連性を持つのです。

関連性は、離散的な概念ではありません。つまり、関連性は「度合い」で計られるもので、有無を0か1かで判断するものではありません。関連性の程度は、①文脈効果に比例し、②解釈の処理の労力に反比例する、と考えられています。例えば、かなりあやふやだった情報(弱い想定)が、間違いないと強く確信できるもの(かなり強い想定)になれば、多少確信できる情報(やや強い想定)になる場合より、文脈効果は大きいわけです。また、受け取った情報を解釈するのに、あれこれ考えていくつもの文脈想定を使うのに比べれば、一つか二つの文脈想定で解釈できるほうが、処理の手順の上でも労力が少なくてすみます。

(4) a 私は山本とともに部署の代表者である。
b 部署の代表は明日の会議に出席する。
c 私は明日の会議に出席しなければならない。

★これらは、不確実な情報を削除したあと、あるいは、不適切な情報を削除したあと、情報が追加されたと見れば、《追加》の亜種と見ることが可能です。

例えば「私」が(4)のような想定を持っているとします。cは、aとbから引き出された想定です。この三つが文脈想定に含まれている段階で、(5)の発話を聞いたとすれば、「私」は(6)のような想定を引き出すでしょう。

(5)「明日の会議は、うちの部署からは山本課長だけ出席すればいいそうだ」

(6) d 私は明日の会議に出席する必要がない。

しかし、(7)の発話を聞けば、(8)e～gの想定を参照して新しい想定hを引き出すでしょう。

(7)「明日の会議、営業関連の部署以外は、各部署から一人の出席でいいそうだ」

(8) e うちの部署は営業関連の部署ではない。
f うちの部署は明日の会議に一人出席すればよい。
g 会議に出席者が一人の場合は、山本のみが出席するのが通例である。
h 私は明日の会議に出席する必要はないと考えられる。

(5)を聞いてdと考える場合、三つの文脈想定と発話(5)から得た一つの想定の計四つの想定から、比較的強く確信できる想定dを引き出しています。★ (7)を聞いてhと判断する場合は、さらに三つの文脈想定を加え、発話(7)から得た想定の合計七つの想定から、あまり強く確信できない想定hを引き出しています。前者に比べて後者は、結論

★実は、(5)(7)の「そうだ」の伝聞マーカーが気になるところですが、ここでは間接情報であるが、通知文などがあり、確実な情報である、と考えておきましょう。

となる想定を引き出すまでに必要な想定の数が多く処理に手間がかかりますから、効率性の点で劣っています。得られた想定についても、後者のほうが確信できる度合いが低く、文脈効果が弱いと言えます。要するに、後者は、いろいろ考えないと出ない結論なのに、山本課長に「悪いけど明日だけは代わりに出てくれ」と言われると成立しなくなる可能性があり、あまり確実でない結論なのです。文脈効果の点でも、効率性の点でも、前者に比べて後者は格段に関連性が低いというわけです。

推意の精密化と表意

関連性理論は、グライスの「推意」をより科学的な方法で捉えるための手順を提供するという側面もあります。(6)や(8)hで示されているものが推意に相当します。関連性理論では、推意を発話によって伝達されるものの明示的でないものと見て、発話によって伝達される明示的なものと区別します。この「発話によって伝達される明示的なもの」は**表意**★(explicature)と呼ばれますが、これは形式上推意(implicature)と対をなすものだと言っていいでしょう。もちろん、推意はグライスの造語ですが、関連性理論の推意はグライスが使ったのと同じ意味ではありません。★レビンソンは、グライス、スペルベル&ウィルソン、カーストン、レカナティ、レビンソン自身、バークの用語法の違いとして整理していますが、そこではグライスの推意が「発話で示された命題に可能な限り情報を補ったものとさらにそこから引き出される(別の)命題」を指し、それ以外は

★implicatureを「暗意」と訳す場合は、対にしてexplicatureを「明意」と訳すこともあります。

★このことを踏まえて、implicatureをグライスの用語では「含意」、関連性理論では「推意」と訳し分けることもあります。「推意」は関連性理論のimplicatureに当てられた訳語であることを考えれば、訳し分けることは親切だとも言えますが、むしろ、同じ用語でもグライスの定義と関連性理論での定義が違うということを理解して接することが重要だと私は考えています。親切すぎると得てして十分に理解しないこともありますからね。本書では、一貫してimplicatureはすべて「推意」とします。

「言われたこと」(what is said)とされているのに対して、関連性理論の推意は引き出された別の命題だけに限定されるものとされています。関連性理論での推意の意味がグライスの定義より狭くなっているのは、「表意」を導入することによって、グライスが「推意」に含めていたものを「表意」に吸収したからです。★

私たちが日常行う会話では、省略が多く、命題を構成する上で最低限の情報しか表示されないことは珍しくありません。

(9) A「今日は新鮮なイカが入ってるよ」 B「じゃあ、それを四ハイちょうだい」

このやりとりを魚屋さんでの店主とお客の会話だとして、「今日は新鮮なイカが入っている」「それでは、それを四ハイもらうことにする」のように書き直せば、万全の解釈が可能でしょうか。状況がわからなければ、「どこにイカが入ってるのかな」「もらうっていうのは、ただであげちゃうということかな」と考えて結局わからなくなるかもしれません。

(10) a 今日は、新鮮なイカがこの店に入荷している。
b 私はそのイカを四ハイ購入する。

(9)に欠けている要素を(10)のように補えば、状況がよくわからなくても「イカを購入する」やりとりだとわかります。もちろん、鮮魚店の店頭での会話という状況(これも、

★Levinson, S, *Presumptive Meanings*, 2000, MIT Press, p. 195)、また同書の書評論文(田中廣明、『語用論研究』、二〇〇二年、第四号 103–118ページ)の議論も参考になるでしょう。

文脈想定の一つ）を踏まえれば、「入荷した商品を客は購入できる」と考えられますし、「魚屋さんは新鮮でおいしいものを客に勧めるものだ」という知識も動員されるかもしれません。客がお店の人に向かって「ちょうだい」と言うのは、実質的に「購入する」ことの宣言に等しいと判断できます。家族に「キャンディーをひとつちょうだい」と言う場合は、購入ではなく、対価の支払いを伴わない譲渡、つまり、「ただでもらう」の意にとるのが普通です。発話に用いられる命題が最低限の情報しか伴わないのは、少ない情報でより多くの想定が得られるほうがいい（効率性が高ければ関連性も高い）からなのです。

発話で用いられた形式の省略部分を復元し、必要に応じてより適格な意味に解釈できる形式に置き換えていく作業は、**詳細化**★（enrichment）と呼ばれます。また、「これ」や「それ」などの代名詞★や指示詞は、何を指すのかがわからなければ発話が正確に理解されないので、**指示対象の割り当て**（reference assignment）も行わなければなりません。こういった作業によって明確に理解できる形式にした想定を《表意》と呼ぶわけです。

(11)【牛乳の一リットルパックを指さして息子が母に言う】「これ、使ってもいい？」

この(11)のような発話では、「これ」が何を指すのかわからなければ解釈が確定しません。よく牛乳の空きパックを工作に使う息子なら母親は「これ」が容器だけを指していると解釈するかもしれませんし、牛乳を使ってよくお菓子を作る息子なら母親は「こ

★あるいは「富化」ということもあります。

★日本語の「両方」など普通は代名詞と思われないものも含めます。

れ」が中身の牛乳だけを指していると考えるかもしれません。とはいえ、牛乳と容器の両方を使って、何か別のことをする可能性も排除できません。簡単に表意がつくれることもありますが、なかなか容易でない場合もあるのです。

また、⑾で、息子は「これ」で指示するものが使いたいのでその許可を求めている、と解釈できます。例えば、⑿なら話し手の心的態度を補って⒀のようにより精密に表すことができるでしょう。

⑿　早く授業終わらないかなあ。

⒀　発話者は、授業が早く終わることを望んでいる。

話者★の心的態度や言語行為としての位置づけ（発話内行為としての特質）に関わる情報を補った表意を**高次表意**（higher explicature）と言います。区別するために、メタ解釈処理をしていない、普通の表意を基礎表意（basic explicature）と言うこともあります。

表意という考え方は、関連性理論の枠組みを離れても使えるでしょう。ここでは関連性理論の概略を見てきましたが、これはグライスを出発点にして次の段階へと語用論を進めていく理論として位置づけることができます。

ただし、関連性理論は生成文法などの計算主義的な文法研究との親和性を目指す方向性を持っていることは知っておくべきです。スペルベルとウィルソンの『関連性理論』に「認知と伝達」という副題がついていることもあり、関連性理論を含む語用論を「認

★「発話の位置づけに関わるメタ的な解釈を施した表意」と言ってもいいでしょう。

知語用論」と呼ぶこともあるようです。チョムスキーはかつて「言語学は認知心理学の一部門だ」[★]と述べましたが、生成文法は認知言語学と対極的なものと理解されています。認知言語学は、細かに分割した要素を演算処理するプロセスとしてことばを見ず、要素に分割しない全体論的な捉え方に重心を置く考え方と言えるでしょう。「認知語用論」という呼び名は混乱を招くように私には感じられますが、少なくとも、「認知」とあっても「認知言語学」の方向性と同じではない（むしろ、対極の生成文法に近い立場である）ことに注意すべきです。

Q7　ことばに人間関係が反映することはどう捉えますか？

語用論が「ことばの運用」を研究する学問なら社会とはあまり関係がないように思えるかもしれません。しかし、「話し手が何を言おうと意図しているか」を考えると、そこには話し手と聞き手の人間関係がなんらかの形で関わってきます。対等な関係で話ができることもありますが、多くの場合、私たちは相手との関係によって《立場》が変わります。私も、状況により、友人・父親・患者・教師・教え子・利用者・後輩・同僚・先輩・顧客・住民などいろいろな立場になります。弱い立場もあれば強い立場もあり、それぞれに応じてことばの運用が影響を受けるということは十分に考えられます。

★Noam Chomsky (1968, 1972^2) *Language and Mind*, p. 1（『言語と精神』、川本茂雄訳、河出書房新社）

「社会制度的」とは？

「社会」を意味する「ソサイエティ」（society）の形容詞形は普通「ソーシャル」（social）ですが、これには「社会の」という意味はあるものの、「社交上の、つきあいの、親睦的な」という意味が強く感じられることもあります。ソサイエタル（societal）という耳慣れない形容詞で「社会制度に関わる、社会慣習上の、社会活動の」という意味を表し、人間が社会のなかで不可避的に関わらざるをえない問題を広く扱う立場を宣言したのが、**社会制度的《ソサイエタル》語用論**★（societal pragmatics）です。社会制度的語用論を唱えるヤコブ・メイ★（Jacob Mey）は、「グライスの流れをくむ方法では、ことばの運用と意図の伝達という、文化的慣習や社会制度の影響を大きく受けるはずの語用論の研究が十分になされない」と批判しています。社会制度的語用論も含め、メイに代表される立場は、Q6で触れなかった《反グライス派》の語用論に分類できます。

グライスの研究もその後継の研究も、語用論の原理として個々の言語のみに限定されない《普遍性》を重視しています。これは、人間が言語を用いて伝達を行う際に普遍的にはたらく規則や原則があるという考えに基づいています。例えば、意図していてもそのまま言語化されないことがありうるという原理は、すべての言語に見られる普遍的なものでしょう。そこでは《推意》や《表意》という分析装置が有効に機能するはずです。普遍的な原理が追求されるとは言え、これらの広い意味でのグライス系の研究も、文化による差異や社会の影響を考慮しないというわけではありません。ただ、グライス

★ヤコブ・L・メイは、国際的な語用論の学術誌である *Journal of Pragmatics* を創刊し、編集長として発行にも中心的に関わったデンマークの言語学者です。

★これにはネオ・グライス派のほかに関連性理論など修正・縮小グライス派も含みます。

系の研究は普遍性に重点があり、普遍的な原理から明らかにしていくという方向性を持っているので、文化や社会ごとのさまざまなケースについてはそのあとで考えるわけです。個々の文化や社会と言語運用の関係については、優先度が高くないのですが、説明しないとか説明できないということではないのです。

しかし、社会制度的語用論は考え方が違います。まず普遍性を明らかにすることから始めるアプローチでは見えてこない面があり、そこにこそ重要な問題があると考えるのです。メイは、「社会のなかでの言語と言語使用者の関係」を扱うのが語用論だと定義しています。このなかの「言語と言語使用者の関係」★という部分は、モリスの定義を転用していますが、「社会のなかでの」というところが重要なのです。

具体的に、文化によって表現の解釈がどう変わるかを見てみましょう。

(1) A「こういうことをお願いしたいのですが、どうでしょうか」 B「考えておきます」

(2) A「こういうことをお願いしたいのですが」 B「それは、難しいですね」

このやりとりのなかで「考えておきます」や「それは、難しいですね」という応答は、実質的に依頼に対する拒絶を意味することがあります。「引き受けないけど、はっきり拒絶すると角が立つから、検討すると答えるよ」あるいは「簡単に引き受けられないから、断ることにするよ」という意味です。「考えておきます」と言っておきながら、すでに結論は出ており、実際にはもう考える余地はないわけですから、厳密に言えば

★モリスの定義は「記号と解釈者の関係」ということなので、「記号」を「言語」におおよそ置き換えたと言えるでしょう。まあ、「解釈者」は「使用者」でもあるとここでは考えておきましょう。

「嘘をついている」ことになります。また、「難しい」も、遂行の難易を述べているのではなく、単に「面倒くさい、やりたくない」と話し手が思っているだけかもしれません★。伝達の正確さと効率だけを考える伝達なら、この種の発話は多義的★で真意を引き出す労力もかかるので適切な発話ではなくなります。

それでは、曖昧さを完全に除去できない(1)(2)のBの発話は現実的に不適切でしょうか。日本語のやりとりでは、この種の受け答えはよく使われますから現実には不適切とも誤りとも言えないでしょう。曖昧な言い方はよくないという考え方はありえますが、それはまた別の話です。(2)Bで「難しいですね」と答えているのは、「難しいならお願いするわけにいかない」とAが依頼を自発的に取り下げるほうが望ましいと思っているからでしょう。そうすれば、Bは拒否したことにならず、相手が自発的に断念したことになり、責任を負わなくてすみますし、はっきり拒否することで相手を心理的に傷つけることも避けられます。Aにとって依頼の断念は望まぬことですが、結果的にBの意向を尊重したと解釈できます。Aが自発的に依頼を断念すれば双方にとって最も角が立たないわけです。《丁寧さ《ポライトネス》》の観点から見れば、これが最も双方のメンツを傷つけない方策だと言えます。

これは日本語の共同体での考え方ですが、断るならはっきり断るほうが聞き手の負担が小さく、明確な理由さえあれば拒否しても失礼とも無配慮とも思われない社会があってもいいわけです。日本語★を母語として話す人たちは相手の発言の真意を深く読み取ろ

★もしかしたら「謝礼ははずみますよ」と言ったら、相手は「難しいけど、何とかなるかな」と答えるかもしれませんね。謝礼の多寡は、遂行の難易には直接的にそれほど影響しないはずです。まあ、心構えというかやる気には影響するかもしれませんが。

★関連性理論では、発話を表意にしていく過程でいくつかの意味から一つの意味に絞ることによる《曖昧さの除去》(disambiguation)を行うことがありますが、(2)の「難しい」などは、発話者の考えがそもそも「やりたくないけど、条件次第では引き受けないわけではない」という曖昧なものであれば、表意の段階でも曖昧さは除去されないのです。

★D・C・バーンランド『日本人の表現構造』(西山千・佐野雅子訳、一九七九年、サイマル出版会、Dean Barnlund, *Public and Private Self in Japan and the United States*, 1979, The Simul Press)は、少し古い本ですが、このほかにも興味深い指摘があります。

うとするため傷つきやすいと言われますが、日本語の社会では頼みごとをする側もされる側も明確に拒絶して相手を傷つけることを回避するよう配慮するので、結果的に曖昧な発話も許容されるのです。あるいは、相手に対する精神的なダメージや負担を回避することが優先され、この目的のためなら多義的で曖昧な発話を解釈することの負担は進んで引き受ける共同体だとも説明できます。これは、日本という《社会》の特性を踏まえた理解ですから、文化や社会の違いを考えずに一律に処理しようとすると出てこない考え方でしょう。

社会制度的語用論は、言語使用者と言語の関係や、言語の運用のおおまかな原理には、《普遍的性質》があるにしても、言語使用者とその言語運用に最も影響を与えるのはその言語が用いられる共同体(社会)だと考えます。したがって、社会制度や社会構造の及ぼす作用の解明がまず重要なのです。《普遍的原理》こそが重要で、その解明が最優先とするのがグライス系の研究であるなら、明確でかつ直接的な作用と影響を及ぼす社会と言語使用者の関係こそが重要であり、その解明を最優先とするのが社会制度的語用論だと言えます。この二つは、方向性が逆で方法論も異なるので協力しあう関係にはなりにくいのですが、いたずらに対立して批判しあうのが得策だとも思えません。社会という存在を話し手は強く意識するので言語使用者の視点を強く意識する社会制度的語用論は有効な枠組みだと言えるのですが、だからと言って普遍的原理を重視しなくていいわけではありませんし、分析からきちんと一般化をしていかなければ社会制度的語用論はケース・スタディの寄せ集めで終わってしまうおそれもあります。一方、グライス系の研究も社会的現実としての言語運用に目を向けなければ空理空論に終わる可能性を持っていると言えるでしょう。

ことばの社会化

私たちは、社会のなかで暮らしていく上で特定のことばが持つ社会的効果も習得しなければなりません。文法的に正しければ問題なく受け入れられるわけではないからです。文法的に全く誤りがなくても不適切だと思われることがあるのです。

(3)　面接官「自己アピールをしてください」

受験者「私は、国語・英語の成績は非常によく、外国語の習得の才能があります。数学の成績もよく、クラスで最も数学的センスも計算力も優れています。グラフの読み取りと分析の能力も高く、暗記力も優秀なので地理は得意科目です。また、私は頭の回転が速いだけではなく、進んで学ぼうという意欲も高く、臨機応変に判断する力もあり、加えて、生活態度についても非の打ちどころがありません」

たとえ事実でもこの受験者のように自分のことを語る人は、日本ではあまりいないでしょう。実際の評価とは別の次元で「自慢と思われるようなことを言うべきでない」という暗黙の了解が日本語の社会にあるからです。優れた点や有能さは他人に認められることに意味があり、自分から「私は優秀だ」「私は頭がいい」と語ることは、たとえ事実でも聞き手を不快にさせるので不適切な言語行動と見なされるわけです★。自己評価を含む発言をするときは《分をわきまえる》のが日本語の社会では重要で、能力に関する評価は本人以外が行うという言語行動上の決まりがあるのです。これは一種の文化的なコードです。⑶は、この《謙抑》という文化的なコードを大きく逸脱しているのです。

他の言語の社会では⑶の受験者のような物言いが許容されることもありますし、むしろ望ましいとされるところもあります★。では、謙抑を至上の美徳とするなら自慢めいたことが一切言えないのかというと、そうでもありません。親しい仲なら多少は許容されるでしょうし、自分の優れた点を強く述べても自慢と思われない方法をとることもできます。例えば、旅館で出された食事に次の⑷と⑸のように書かれた小さなカードが添えてあったら読み手はどう感じるでしょうか。

⑷ 本日召し上がっていただくお食事は、当旅館で一番の板前である私が調理いたしました。大変おいしいお料理でございます。どうぞご賞味くださいませ。

⑸ 本日召し上がっていただくお食事は、当旅館が自信を持っておすすめできるお料理でございます。お客様方からもこれまで大変おいしいとのご評価をいただいております。どうぞご賞味くださいませ。

⑷のメッセージには違和感や不快感を覚える人が多いでしょう。これは、「おいしい」

★あるいは、「本当に優秀なら見るだけでわかる」ので、自分から「私は優秀だ」と言う人は逆に信用できないとする考えがあるとも言えるかもしれません。

★そういう社会では、「自分で自分を評価できないくらいだから本当に無能なのだ」などと見なされてしまうのです。自己主張が重要な社会では、まず自分が自分を評価していることを他人に伝えなければなりません。

という、食べた人が主観的に下すべき評価について、断定的に「おいしいお料理」と述べている点が問題です。みんなおいしいと言うのだから間違いないと思っても、(4)では、食事をする客の意見を無視して「おいしい」と決めつける印象を与え、客が個々に感想を持つことまで抑えつける出すぎた言い方と受け取られるでしょう。(5)なら、ほかの客の評価を紹介しているだけで、これから食べる客が違う感想を持ってもいいわけです。たとえ実際に「当旅館で一番の板前」でも、評価は自分で下さず、客に預けるのが望ましい謙抑の態度と考えられるので、(4)はその点でも不適切です。また「△○□ホテルのレストランで長く料理長を務めたシェフが腕をふるうお料理です」のような言い方もよく見られますが、これも事実を伝えているだけなので《謙抑》の制約に引っかからないわけです。★ それに、(5)の「自信を持っている」ということは、他の人がどう評価しようと自信を持っていてもいいわけで、客といえども踏みこめない領域です。したがって、(5)のように言うほうが日本語の社会では望ましいと言えるわけです。

私たちは、自分の思いや考えを伝える際に、特に相手を不愉快にさせようとはあまり思いませんし、「理由なく相手を不愉快にさせることは避けるべきで、そうすることが最終的には自分にとっても利益になる」と考えます。五歳の子どもなら「わたし、ひらがながすごく上手なんだよ」と言っても許容されるでしょうが、大の大人が「私は、字がすごく上手なんですよ」と言うのを聞けば、自慢だと感じて不快になる人もいるでしょう。これは、「子どもは社会のなかで望ましいとされる表現を十分に身につけてい

★むしろ、経歴を聞いて「すごいシェフなんだな」と聞き手が評価を推意として引き出してくれることを狙っているのでしょう。

ないが、大人は表現の効果や影響を知なければならず、不快に思われない言い方ができるはずだ」と見なされるからです。つまり、より受容されやすく、より反発を覚えさせない言語行動を、私たちは社会のなかで身につけていくと考えられます。これをメイは**ワーディング**（wording）と呼びますが、ここでは、《表現能力の社会化》と暫定的に言い換えておくことにします。

雨の日にある集まりに出たら司会の方が参加者に「本日はお足元の悪いなか、わざわざ足をお運びくださりありがとうございます」と切り出しました。荒天でも場所によっては影響を受けませんし、車で行けば足元を気にしないでしょうが、それでも特定の場面で気遣いのことばを発する場合には、決まった言い方が日本語の社会のなかにあるのです。★また、目上の人には上座に座ってもらうといった習慣と「上座」「下座」ということばは結びつけて習得されるものかもしれません。これは、「私はフランス語がかなり上手です」が日本では不適切な言い方で、「私は、フランス語には結構自信があるんですよ」のほうが受容されやすいことを学ぶのと同じように、成長するにつれて身につけることなのでしょう。こういうことも《表現能力《ワーディング》の社会化》には含まれます。★

社会的要因を取り入れる難しさ

ことばの意味には、ラング★のレベルの意味以外に、それがどう用いられるか、また、それがどういった効果を持つかも無関係ではありません。★表現上の特性や効果は、母語

★『オトナ語の謎』（糸井重里編、第二版・二〇〇三年、東京糸井重里事務所）を読むと、ビジネスの世界での言語慣習が独自の発達をしたり、実質とかけはなれるほどに形式化が進んでいることがわかります。

★「加藤先生、話があります」と指導学生に言われたのでけんかでも売られるのかと思っていたら、卒業研究の相談だったということがありました。「話がある」が一般に相手に落ち度があって生じた問題に決着をつける意向を持つ場合に使われることを知ることも、表現能力の社会化に含まれます。もちろん、微妙なニュアンスのほうに重点を置きすぎて言語的に表現したことを軽視すると、いろいろと問題が出てくるわけですが…。

★おおよそ辞書の記述を思い浮かべておけばいいのですが、もちろん、辞書の記述は意味の記述としては不適切な場合もあります。

★おおまかに、前者を《言内の意味》と、後者を《言外の意味》と呼ぶことがありますが、これはあまり科学的な区分とは言えません。単純に二つの段階に分ける根拠もありませんし、区分の基準が明確でなければ分類にも使えないでしょう。感覚的にはわかりやすいんですが。

であれば自然に身につくでしょうが、外国語ではそうはいきません。しかし、このことは外国語を深く理解する上で重要な場合があります。例えば、日本語の「うそ」という語に対応する概念は英語では lie が最も近いのですが、これを「うそ＝lie」としてしまうと、ラングの次元ではおおよそ重なっても、表現効果の違いが見えなくなります。日本語では、にわかに信じがたいことを耳にしたときに、「えっ？　うそ！」と応じたり、冗談で相手に「嘘つきなんだから」と言ったりすることがあるでしょう。しかし、英語の liar は「常習的に嘘をつく人であり、多くの場合、信用ならない」という人格的な批判を含んでいることが多く、lie も使い方によっては露骨な言い方になり、相手の人格を疑うという表現上の効果を持ちえるのです。★

日本語では「嘘も方便」と言い、嘘もことばの上のことと許容する文化があるのでしょうが、英米の社会では言語的に明確に表現された契約という概念がいろいろな取り決めの基盤にあり、ことばで誠実に表現しない者は共同体の一員として失格だという考えがあるのかもしれません。言語とそれが用いられる共同体の文化や思想の関係については、ある程度説明ができるのですが、それでも「日本は嘘を許容する文化だ」とか「アメリカでは嘘は人格的欠陥と見なされる」と過度に一般化するのは科学的と言えません。

先ほど日本では《謙抑》という文化的なコードがあると述べましたが、これもそれほど単純ではありません。

★かつては lie ということばを使うのは決闘をするときだったそうです。この種の情報は、現在では多くの英和辞典が載せています。

(6)何もありませんが、どうぞご自由に召し上がってください。

「何もない」なら「食べる」のは無理ですが、「とりたてておいしいものは何もありませんが」のように意味を補えばいいので、直訳できない日本語だと目くじらを立てるようなものではありません。しかし、意味を補う際には文化や社会に関する知識が関わります。(6)を有効な発話と解釈するには文化的知識が必要ですが、その知識はどの言語共同体でも使える普遍的なものではありません。このことは、関連性理論の表意復元★という作業にも文化的・社会的な知識が必要であることを示しています。

(6)は謙抑という原則で説明がつきそうですが、日本語の社会ですべての言語行動がこれで説明できるわけではありません。子どものころよく近所の人に「どこに行くの?」と声をかけられました。今でも近所の人が「どちらまで?」と声をかけてくることがあります。これは行き先を尋ねる発話なので外国語に訳すのは可能です。ところが、日本に住み始めたばかりの外国人のなかには、このように声をかけられると「なぜ近所に住んでいるだけで個人的なことまで尋ねてくるのか」と不快に思う人もあるそうです。確かに行き先を尋ねることは考えようによってはプライバシーの侵害でしょうし、謙抑や謙譲の美徳も感じられないかもしれません。

外国語の習熟は、表現能力の社会性を習得する面も含みます。英語の社会で、What's new? とか How are you? とか What's up with you? と言ったからといって、別段相手に自

★省略された言語形式を補い、指示対象を確定するなどの作業を通じて、論理や意味に不足のない形にすることを表意復元とここでは言っています。厳密な復元では必ずしもないのですが、本来あるべき姿にするという趣旨でこう称しているのです。表意については98–100ページを参照してください。

分の置かれた現状をきちんと説明するよう求めているわけではないでしょう。日本語の社会でも「どちらまで?」に対して「ちょっとそこまで」と応じることが可能です。挨拶や儀礼的な表現のなかには交感機能★に重点があり、文字どおりの意味で解釈されないものも少なくありません。この種の表現はどういう場面でどの使うのかも知る必要がありますが、その習得も《表現能力の社会化《ワーディング》》に含まれるでしょう。

挨拶は簡単なようで難しいものです。十人ほど参加した会議で話し合いが終わり、みんな帰り支度を始めたとき、最初に会議室を出ていった外国人の先生がみんなに「さようなら」と言いました。その先生は日本語がよくできる人だったのですが、日本で暮らし始めたばかりでした。日本語の社会では、この場面なら「お先に(失礼します)」とでも言うところです。★この程度なら問題ないでしょうが、場合によっては軋轢や摩擦を生み、人間関係を悪化させることがないとは言えません。生活のなかでことばを運用することに重点を置く社会制度的語用論は、このような問題も重要な課題だと考えます。

社会制度的語用論の先にあるもの

社会制度的語用論は、共同体の人たちの共有する考え方が言語表現に強く反映する可能性を前提としています。これは、エスノメソドロジー★などアメリカの社会学研究と連携できる可能性を示しています。またメイは、言語表現や言語運用には権力からの介入や支配者階層からの抑圧が見られると主張し、権力階層から非権力階層への介入や抑圧

★交感機能(phatic communion)は、イギリスの言語学者ファースが人類学者のマリノフスキーに刺激されて導入した概念です。情報内容の伝達よりも、安定的にやりとりできる状況をつくったり保持したりすることに重点のある言語行動が持っている作用を指します。交感機能が強い典型的な例は挨拶です。

★礼儀正しいと言われる日本人にだってちゃんと挨拶をしない人もいますから、挨拶をするだけましだとも言えるわけです。例えば、路上で外国人に「ここに立ち止まれ。私、道がわからない。お前が道教えろ」と言われたとしましょう。意味はわかりますし、まだ日本語が未熟なのでしょうが、そうわかってはいても不快に思う人は少なくないでしょう。ワーディングの問題は、口の利き方の問題でもあるわけですが、場合によっては、重大な不利益を被る可能性だってあるのです。

★エスノメソドロジー(ethnomethodology)は、ガーフィンケル(Garfinkel)の提唱した社会学の研究手法で、市井の人々の日常生活における行為に常識的な知識や認識(そのなかに集団の社会構造に関わる意識も含まれる)が強く関わり、反映するとする考え方をとります。

が発話や言語行動に現れるケースを**言語圧迫**（linguistic repression）と呼んでいます。かつて★バスク地方では学校でバスク語を一切使ってはならず、バスク語を使った生徒には見せしめのために「バスクの杖」と呼ばれる杖を持たせ、いったんバスクの杖を持たされると次にその杖を持たねばならない生徒が現れるまでずっと持たされたそうです★。日本でかつて見られた「★方言札」も同じようなものでしょう。少数民族の言語が抑圧され、弱体化していくプロセスも、言語圧迫の一つと見ることができます。これは、近年、環境《エコ》言語学などと呼ばれている研究と問題意識を共有することになります。

　言語圧迫が典型的に見られるのは、マスメディアによる報道の領域と、医療現場です。学校などの教育現場のほかに、企業など一般の職場でも、もちろん見られるでしょう。上下関係が全くなく完全に平等で、人間関係に力関係が全く影響を及ぼさない集団や組織は、現実世界にはありません。どのような場でも、権力や権威によって、あるべき言語的な表現がゆがめられる可能性があるのです。ある種の判断が個人の利害に結びつく場合、そこには★説明責任が生じます。例えば、医療現場で医師の判断は患者の利害にじかに関わるので説明が必要です。もちろん、急を要する場合で説明よりも治療が優先されることもあるかもしれませんが、しばしば取り上げられるように、★患者に必要とされる十分な説明が行われないことも珍しくありません。医師は、専門家でない患者が理解できることばで説明する義務があるのですが、それを十分に果たさないケースがあるわけです。しかし、患者との関係において医師は権威者であり同時に権力者でもあり

★スペインとフランスにまたがる、ピレネー山脈西麓の地域で、バスク語はヨーロッパにありながら、周囲の言語と系統が異なる孤立語だとされています。

★Mey, *Pragmatics*, 1993, London: Blackwell（メイ『ことばは世界とどうかかわるか』、澤田治美・高司正夫訳、一九九六年、ひつじ書房）で紹介されている例です。

★本書と同じシリーズの『日本語学のしくみ』（加藤重広著、二〇〇一年、研究社）27ページを参照してください。

★最近は、「アカウンタビィリティ」という外来語も浸透してきました。

★いわゆるインフォームド・コンセントも含みます。

え、患者は命を預ける弱い立場です。「ちゃんと説明してくれ」と批判してみずからの不利益を招くことがあると思えば、思いとどまるかもしれません。言語圧迫が発生しやすい土壌があるのです。

　マスコミは、公明正大で偏向のない客観報道をし、人権にも十分に配慮する義務があります。しかし、真の意味での客観性が保証されているかと言えば、必ずしもそうではありません。そもそも情報を提供する側の主観や意向を完全に排除はできません。また、情報を解釈し、言語表現化する時点で、伝える人の主観が影響します。多くの人が目を通すことで主観は最大公約数に近づきますが、真の客観と最大公約数化された主観とは、実は似て非なるものです。これは報道だけでなく、私たちの日常のやりとりにも当てはまるでしょう。毎日ありとあらゆる事件や事故が報道されていますが、何を報道し、何を報道しないかには、もちろんある程度判断基準となる尺度が必要です。時に、人命が失われた事故よりも芸能人の結婚・離婚のほうが大きく報道されたりしますが、何が大きく扱われるかには、世間の関心と結びつく商業的価値が大きく影響しています。出来事の価値はそう簡単に決められませんが、決められたとしても報道上の価値(ニュースバリュー)とは全く異なるのです。

　あるとき女性が深夜ジョギング中に路上で見知らぬ男に刃物で刺される事件が起こりました。いわゆる通り魔事件ですが、被害者の女性について新聞社や放送局ごとに「主婦」「会社員」「ＯＬ」など説明がまちまちだったのです。被害者の女性は、二十代前半、既婚で正社員として勤務していました。既婚の女性なので「主婦」と言えるのかもしれませんし、「会社員」であることは事実です。二十代前半の女性会社員を「ＯＬ」という和製英語で表現することは日常的に行われていますから、これも間違いとは言えません。しかし、どれも一面的な理解でしかありません。とはいえ、被害者の女性のプライバシーに関わることまで事細かに伝えるわけにはいきません。報道にはこの種の問題が根本的にまとわりついています。また、情報が事実であっても、他の情報が追加されれば解釈は異なってきます。「ＡはＢを一発殴った」という情報を見れば、Ａは悪いやつだと思うかもしれません。しかし、「Ｂに五分間にわたって暴行を受け、逃げだそうとしたＡはＢを一発殴った」とすると、Ａの行為はとがめ立てするほどではないと考え直す人もいるはずです。

報道を受け取る側には、このような本質的な問題点を踏まえながら、無批判に情報を受け入れずに、より適切な方向に修正を行いながら理解する《メディア・リテラシー》が求められます。また、報道の表現によって言語圧迫が生じる余地もあります。社会制度的語用論は、《言語圧迫》を分析して明らかにするところから、ことばに関わる現実を改善していくことをその射程に含んでいるのです。

ポライトネスという考え方

ポライトネス（politeness）は「丁寧さ」と訳すこともありますが、ここではあえて用語としての性質に重点を置いて「ポライトネス★」と表記します。ポライトネスの原理は、リーチ★（G. Leech）によって一九八三年に提唱されました。これは簡略化して示すと以下のような六つの格率★からなります。

（I）気配りの格率…他者への負担を最小に、他者への利益を最大に
（II）寛大さの格率…自分への利益を最小に、自己への負担を最大に
（III）是認の格率…他者への非難を最小に、他者への賞賛を最大に
（IV）謙遜の格率…自分への賞賛を最小に、自分への非難を最大に
（V）同意の格率…意見の不一致を最小に、意見の一致を最大限に
（VI）共感の格率…反感を最小に、共感を最大に

丁寧に表現するとは、言ってみれば会話の上で「気配り」や「配慮」をすることであり、他者との衝突を避けることが基本的な目的だと言えます。これは、会話を参加者が協力して遂行するものとするグライスの協調原則と合致していますが、本来グライスの原理を補足的に支える性質が強かったのです。

日本の言語文化における《謙抑》のコードは「謙遜の格率」と合致します。ほかの格率も私たちが会話を行う上で気をつけることばかりなので感覚的に理解しやすいでしょう。とはいえ、これらは会話の相手との衝突を避けることが目的なので、けんかのとき

★日本語の「ていねい」は、観察や行為における「細かさと注意深さ」に重点があり、英語の polite は「配慮があって礼儀にかなっている」ことに重点があり、当然のことながら意味が完全に重なるわけではありません（「丁寧な仕事をする」という場合には careful は使えても polite は適切ではないでしょう）。polite はもともとラテン語の「磨く」の過去分詞に由来するため「磨かれた、洗練された、上品な」ということが意味に含まれているのでしょう。

★Leech (1983) *Principles of Pragmatics*, London: Longman

★Leech (1983: 117ff)。ここでは各格率の趣旨を要約して示します。日本語で読めるものとしては、井上逸平（二〇〇一）「丁寧さ」（『入門 語用論研究』第七章、小泉保編、研究社）があります。

には守られないのが普通ですが、それはむしろ当然でしょう。

この原理は「相手にとって望ましいことを最大に、望ましくないことを最小に」ということですが、グライスの原理と競合することもないわけではありません。例えば、相手を一切非難せず賞賛しようとすると、曖昧な表現が多くなり、真実と思わないことまで口にして、方法の格率や質の格率に違反するかもしれません。リーチは「他の条件が変わらない場合は」という制約を設けていますが、実際にはグライスの協調原則よりもポライトネスの原理のほうが優先されることもあるでしょう。また、日常生活では、「別に責めているわけじゃないよ。事実を言っているだけなんだ」と言うことがありますが、単なる事実の提示であれば「非難」(dispraise) ではないのか、どこからが「非難」なのかという問題もあります。この場合、「相手をおとしめる」という話者の意図や「相手が不快に感じる」という結果的な作用が定義に関わるので、科学的な判定基準をつくるのは難しいのです。

もう一つ、「面子《めんつ》」という点に着目したブラウンとレビンソンの研究を見ておきましょう。「メンツ」ということばは一般に使われているような意味と大差ないのですが、これを共同体における行為の分析に使い始めたのは、社会学者のE・ゴフマンです。ゴフマンは、「メンツ★とは、承認された社会的属性という形で描かれた自己イメージだ」と説明しています。例えば、Aさんは「物知り」という自己イメージを持っているとします。Aさんのその自己イメージが会話の他の参加者によって支持され、会話のなか

★Goffman, Erving (1967) *Interaction Ritual*, New York: Doubleday and Company (『儀礼としての相互行為』、広瀬英彦・安江孝司訳、一九八六年、法政大学出版会)

で出される発話がそのイメージと矛盾せず、そのイメージを強めたり確認する上で役に立ったりするのであれば、Ａさんの**面子**（face）は保たれたことになります。もちろん、このときの自己イメージは「美男子」でも「運動神経抜群」でも「語学堪能」でも「気配り上手」でも何でもいいのです。

ブラウンとレビンソンは、面目《フェイス》（面子）を《正の面目》（positive face）と《負の面目》（negative face）に分けました。前者は「よく思われたい」という願望であり、後者は「押しつけや妨げを避けたい」という願望と説明すればいいでしょう。前者は連帯・友好・結束を求めるので干渉する方向に働きますが、後者は独立・自由・自立を求めるので干渉を避ける方向に働きます。つまり、面目《フェイス》には相反する方向性が内在していると見るわけです。《面目《フェイス》を脅かす行為》は当然好ましくないのですが、場合によっては必要な場合もあります。この《面目《フェイス》を脅かす行為》（Face Threatening Act）を略してＦＴＡと呼ぶのですが、発話にはＦＴＡになりうるものがあるのでＦＴＡにならないように私たちは気遣いをするのです。

例えば、命令をする場合は話し手が聞き手の《負の面目》を脅かすことになりかねませんし、反論を行う場合などは聞き手の《正の面目》を脅かすことになります。また、謝罪をする場合話し手は自分の《正の面目》を脅かすことが考えられます。ほめられたときに謙遜しなければならない場合、話し手は自分の《負の面目》を脅かす可能性があるわけです。

Q8 語用論は会話のやりとりしか分析しないのですか?

語用論は、本来ことばの実際の運用を研究する分野として出発しました。ことばの実際の運用を分析するには、話し手と聞き手の知識状態や発話状況や先行発話などの《文脈》が重要になります。とすれば、語用論は会話のやりとりだけを分析し、他のデータは扱わないのでしょうか。また、社会制度的語用論など言語運用や言語行動の社会における位置づけを扱う領域があるにしても、ことばの歴史や、ことばと心理の関係や、単語の意味用法を研究したりはしないのでしょうか。

会話の分析だけではない

結論から先に言うと、語用論は会話のやりとりだけを分析する学問ではありません。ことばはまず音声言語の形をとり、文字言語はそのあとに続くものです。固有の文字も書きことばも持たない民族はかつて珍しくなかったのですが、それでも話しことばを持たないケースはありませんでした。★ 音声言語が言語の第一義的な形式というのが言語研究の基本なので、話しことばから分析を始めるのは一般的な研究の手順と一致しています。しかし、話しことばと言っても実は多様で、直接顔を合わせて行う会話、電話での会話、講演や授業、録音されたメッセージなどでは、かなり違いがあります。書きことばには、話しことばと相違する点はありますが、メッセージの発信者と受信者がおり、

★ラテン語のように、実質的に話し手がいなくなり、書きことばだけが残るケースもありますが、これはかなり例外的なものだと言えます。また、ラテン語の後継の言語がイタリア語をはじめとしていろいろと残っているので、話しことばとして完全に消滅してしまったわけではないのですが。

メッセージのやりとりをする状況が特定されている点では基本的に同じです。近年発達したネット上でのチャットなどは話しことばによる会話に近いところもあり、語用論は書かれた言語によるやりとりも対象にしない理由はないと言えます。

とはいえ、本質的な違いもあるので、話しことばのやりとりを**談話**(discourse)、書きことばのやりとりを**テクスト**★(text)と呼んで区別することもあります。日本では、文章論や連文論といった領域で書きことばのテクストを分析することがありましたが、それは語用論の研究として意識されてはいませんでした。文という単位を超えてまとまっているテクストを分析することは、文体★や語彙から作品そのものを分析していく方向性が強く、今の語用論とは関心が異なっていました。

かつて《テクスト言語学》という領域が提唱されたことがありますが、これも文章だけを対象にするわけではなく、それまでの言語研究で扱われる最大の単位が《文》だったことを批判的に捉え、文という単位を超えて分析・考察することを主張するものでした。★文を超えたところには、文と文が連鎖してできあがる一連★の文の流れがあります。これには言語的文脈や発話状況のほか、テクスト★自体の位置づけも関わってきます。ボウグランドとドレスラーは、テクストは伝達のための出来事であり、**テクスト性**(textuality)を備えたものであるとし、テクスト性は以下の七つの基準を満たすとしています。★これらの視点は現在の語用論のテーマとしても重要なものばかりです。

★「テキスト」でもいいのですが、英語の発音に近くなるように「テクスト」と言うことが多いようです。「文章」とすることもあります。本書では、「文脈」のcontextを「コンテクスト」としているので、これと統一するため、「テクスト」という表記を使います。

★したがって、文学研究で多く用いられる手法でもありました。

★R-A de Beaugrande and Wolfgang U. Dressler (1981^{2}) *Einführung in die Textlinguistik*, Tubingen: Max Niemeyer (『テクスト言語学入門』池上嘉彦・三宮郁子・川村三喜男・伊藤たかね共訳、紀伊國屋書店)を参照してください。これは、二十年以上前の本ですが、今読んでもいろいろ得るところのある本です。

★もちろん、書きことばだけでなく、話しことばも、基本的に文の連なりです。

★どういう種類のテクストかという意味で《テクスト・タイプ》などと呼ばれます。

★なお、邦訳書では、cohesionを「結束構造」、coherenceを「結束性」と訳していますが、近年、「コヒージョン」「コヒアランス」とすることが多いので、ここもそれに従います。「結束性」と「首尾一貫性」とすることもありますが、専門用語なので、まぎらわしさ

テクスト性の基準
①コヒージョン（cohesion）　②コヒアランス（coherence）　③意図性
④容認性　⑤情報性（informativeness）　⑥場面性
⑦テクスト間相互関連性（intertextuality）

コヒージョンとは、テクストを形成する言語形式のなかに現れる「つながり」のことで、これまでの文法の研究でも扱われてきたものがその大半を占めています。ハリデーとハッサンは、コヒージョンを、Aことばと外界の事物を結ぶ「指示的関係」、Bことばとことばのあいだに結ばれる「形式的関係」、C文と文との「意味的結合」の三つに分けています。指示詞の問題は「指示的関係」で扱い、省略や連語関係などはBで、接続詞など文の接続の問題はCで扱うことになりますが、これらはいずれも重要な語用論のテーマなのです。

形式的に表示されるつながりとしてのコヒージョンに対して、コヒアランスは意味の合理的な解釈のために作用する「つながり」を指します。形の面でのつながりがコヒージョンで、意味の面でのつながりがコヒアランスだとおおまかに理解しておけばいいでしょう。

(1) 貴子から明日帰ると連絡が入った。早苗は早起きして市場に行き、イチゴをたくさ

とわかりにくさはいずれでもあまり変わりませんね。まあ、英語の知識のある人はカタカナのほうが多少わかりよいかもしれませんが。

ん買ってきた。

この(1)では、第一文と第二文の関係がわかりません。しかし、これに(2)(3)(4)を追加すれば、(1)で「連絡が入った」あとになぜ「イチゴをたくさん買ってきた」のかが推論でき、合理的な意味的つながり（コヒアランス）を見いだせるようになります。

(2) 早苗は貴子の母である。貴子は実家の近隣の都市で一人暮らしをしている。
(3) 貴子は早苗の作るイチゴジャムが好物である。
(4) 貴子は実家に戻るたびに、母の作るイチゴジャムを食べるのを楽しみにしている。

特に(4)があれば、「母親の早苗は娘のために買ってきたイチゴでジャムを作る」ことが推論できるので、意味のつながりはよく見えるようになります。

もう一つ《情報性》についても確認しておきましょう。次の三つのテクストを読み比べてみてください。

(5) ここで地面を掘り返すときは、事前に連絡してください。あとからではできなくなるかもしれません。
(6) ここで地面を掘り返すときは、事前に連絡してください。このあたりの地面は柔らかい土なので、掘り返すのは簡単かもしれませんが、簡単だからといってどんどん掘り返してしまうと困ります。事前に連絡しないと、あとから連絡しようと思っても連絡ができなくなるかもしれません。事前に連絡するようにしてください。

(7) ここで地面を掘り返すときは、事前に連絡してください。この地域では、地面に電話線が埋設されており、しかも、比較的浅いところに埋められている場合もあるため、柔らかい地面を不用意に掘り返すと電話線を切断するおそれがあります。その場合、電話が使えなくなるので、事前に連絡しておく必要があるのです。

最初の(5)は、二文からなる短いテクストで、「地面を掘り返すときに事前に連絡をしないとなぜあとから連絡できない」のか不明です。(6)と(7)は文字数では大差がありませんが、(6)はやはり「なぜあとから連絡できない」のか不明です。情報性という観点で見ると、(6)は「このあたりの地面が柔らかい」ことはわかりますが、それ以外の情報の質と実質量は(5)と変わりありません。しかし、(7)は「事前に連絡する」理由がわかり、地面が柔らかいことが掘り返しやすい分電話線の切断を生じやすいという関係が推測できます。(7)は合理的な意味のつながり(コヒージョン)の確保が容易な情報の質と量を持っているのに対し、(6)は繰り返しが多く、情報度が低いと考えられるのです。

文字言語と音声言語

次に、語用論的な視点から談話《ディスコース》と文章《テクスト》の違いを考えます。通常の一対一の会話では、発信者(話し手)と受信者(聞き手)の入れ替わりが頻繁に生じます。私が何か尋ね、相手が何か説明してくれる場合、相手が話し始めた瞬間に私は発信者から受信者になり、相手は受信者から発信者に変わります。一方、私が友人からの手紙を読む場合には、私は受信者（読み手）で友人は発信者（書き手）でその地位は変わりません。

発信者の立場を**ターン**（turn）と言います。二人で話し合っている場合、相手の話を遮って相手のターンを停止することや、相手が話している最中にこちらが話し始めて相手のターンを奪うことがあります。また、わかり切っていることをくどくど説明されているときに「そんなことはわかってるよ」と言えば、相手は一気に話の核心部分を語り始めるかもしれません。ターンの交替にしても、相手の話す内容や方法に介入する点にしても、会話のやりとりは《動的》です。もちろん、こちらが話す場合に相手がいろいろ要求や介入をしてくることもありえます。互いに相手に働きかけあって、会話の進む先を変えることができる点で、会話は《相互作用》の度合いが高いと言えるでしょう。

これに対して、友人からの手紙を読んでいるときに「これ、どういう意味かな」と独り言を言っても手紙は説明してくれません。改めて手紙を書いて説明を求めることはできますが、返事が来るまでにある程度の時間がかかります。書きことばにも、やりとりはありますが、会話に比べるとずっと《静的》なものです。また、手紙は一つ一つが完結していて、やりとりの進み方をこまめに変えられませんから、《相互作用》の度合いが低いと言えます。

話しことばは、全部言い終わらない（未完成で未完結の）うちに干渉や介入がありえます。しかし、書きことばは多くの場合、一とおり全部言い終わって完結したあとでしか反応を伝えられません。前者を「メッセージが開いている」、後者を「メッセージが閉じている」と表すことにします。閉じていないメッセージは、こちらからはたらきかけて干渉できるわけです。話している段階ではメッセージは開いていますが、書きことばは通常書き終えて閉じたメッセージにしてから相手に渡します。とはいえ、筆談は書きことばを使っていても、話しことばと同様メッセージが閉じない段階で相手が反応するかもしれません。「わかった。あのことだね」と言われれば、筆談のメッセージを途中でやめてもいいわけです。

書きことばも状況は多様です。友人からの手紙には働きかけ（＝返信）が可能ですが、『源氏物語』は受信者（＝読み手）が発信者（＝書き手）に尋ねることはできません。つまり、メッセージは一方的なもので、相互作用は成立しません。

典型的な話しことば（談話）と書きことば（文章）について、次のようにまとめることができます。

表7　談話と文章の比較

種類	媒体	例	発信者と受信者	構成	相互作用	メッセージ
談話	音声言語	二人での会話	一対一	動的	高い	開いている状態で提示
		講演・授業	一対多	やや動的	↕	
文章	文字言語	手紙	一対一	やや静的		閉じた状態で提示
		書籍・文献	一対多	静的	低い	

これは典型的な例を拾っただけの例示なので、現実には無限のバリエーションがありえます。会議や討論では発信者と受信者が多対多になることもありえますし、筆談やネット上のチャットは文字が媒介でありながら即時的に反応が可能な点で会話に近いでしょう。

相互作用は、発信者が発言権を独占すると低くなります。友人同士の会話なら相手の発話を遮って発言権に介入しやすいでしょうが、人間関係の上で相手が強い立場にあるとなかなかそうはいきません。また、話し手は聞き手の表情や反応を見ながら話すので、状況に合わせて詳しく述べたり逆に省略したりもでき、話題の選択や話の流れをその場で調整できます。もちろん、発信者と受信者がやりとりへの関与において対称的であるという保証はありません。

重要なのは、やりとりの可塑性です。可塑的であれば相互作用が生じやすく、やりとりは動的になりやすいでしょう。また、メッセージが開いている状態で提示されるやりとりであれば可塑性が高く、受信者が発信者に変わるまでの時間が短い（反応の即時性がある）場合も可塑性が高くなります。逆に、発信者が不明の場合、発信者が故人であるなどの理由で受信者になれない場合、発信者の権限が強く受信者が発信者に交替しにくい場合には、可塑性は低くなります。可塑性は、相互作用の高さや、やりとりの動的特性に関わります。一般に、文字言語ではやりとりの可塑性が低く、音声言語では可塑性が高いのですが、発信者・受信者の社会的関係ややりとりの形態も関わってきます。音声言語でも録音・録画したものでやりとりする場合には可塑性が低く、むしろ、筆談やチャットのほうが文字言語でも可塑性は高いのです。

語用論における非言語情報

文字言語と音声言語では、《パラ言語的な情報》の取り込みにも違いがあります。パラ言語的な情報とは、ことばで情報を伝達するときに、ことばと同時並行的に伝えられる(言語そのもの以外の)情報のことです。音声言語ならば、話し声の質や高さや大きさや明瞭さ・話す速さ・間の取り方などがパラ言語的な情報です。文字言語なら、文字★の形(書体)や明瞭さ、文字の配列方法が、パラ言語的情報に相当すると言えるでしょう。

一般にことばによる情報は内容に重点があり、話し手はおおよそ意図的で自覚的です。パラ言語的な情報には、意図的で自覚的なものとそうでないものの両方が含まれています。私は、普段話をしていて気づいたら早口になっていたということがよくありますが、話す速さや声の高さは、特に気をつけてコントロールしているとき以外は、自覚的でないことが多いかもしれません。文字言語は自分で確認しながら書くことが可能です。つまり、書きながら自分でモニターしており、思いどおりでなければ一から書き直すことが可能です。

直接対面する会話では、パラ言語的情報以外の非言語行動も伴います。例えば、表情や身振りや視線も、伝達の上では重要な情報です。コミュニケーションにおける発信者

★文字の濃さや太さ、また、文字の色や判読のしやすさなども含めることができます。

の身体的な動きは**身体動作学**（kinetics）で扱いますが、この領域は語用論にも深く関わります。どういうジェスチャを交えるか、どういう表情で語るか、どこを見て話すかは、ある程度自分でコントロールできますが、無意識のうちになんらかの身振りが混じってしまうこともありえます。つまり、自分の意識しない要素が伝達の際に混入しうるのです。

何かを指さして指示する身振りは普遍的なものでしょうが、文化ごとに異なる身振りもかなりあります。肯定の意味で首を縦に振るのは多くの国や地域で共通しているものの、ハンガリーやギリシアでは、これが否定・拒絶の意味になるといいます。

私たちはよく「相づち」を打ちますが、相づちはジェスチャとことばが並行的に重ねられることが多いものです。「ええ」とか「そうですね」と言いながらうなずくと、相づちを打ったことになるでしょう。日米で比較をすると、日本人はアメリカ人に比べて相づちが多いことが知られています。日本人は相手が全くうなずきもしないと「ちゃんと聞いているのかな」と考える傾向がありますが、アメリカ人は相手の目を見て聞いていれば傾聴していると理解するので、相づちが多いと逆に話すのを邪魔されていると感じることもあるようです。日本人はアイ・コンタクトが少なく、その分相づちに依存するのかもしれません。これは電話でも同様で、日本人は相手には見えていないのに「ええ」「はい」「そうそう」と言いながらうなずくことがあるわけです。アメリカ人は黙って聞いていることが多いのですが、日本人は相手が全く相づちを打たずに黙って聞いていると「ちゃんと聞いているのかな。電話を置いてどっか行っちゃったんじゃないだろうな」と不安になるかもしれません。日本人のほうが相づちの頻度が高いことに加えて、「あー」とか「ええ」などの音声を伴うことが明らかに多いのです。★

また、対面するときにどれくらいの距離をとるか、どういう角度や姿勢で相手と向き合うかを研究する**空間近接学**(proxemics)という分野もあります。相手と離れすぎていてはよそよそしい感じがするでしょうし、逆に近すぎると圧迫感を覚えたり、相手を厚かましいと感じたりするかもしれません。

重要なのは、パラ言語的情報、身体動作や空間的距離といった**非言語情報**が、一つのメッセージとして解釈されうることです。非言語情報は、意図的にメッセージとして使われることもありますが、発信者にそのつもりがなくても受信者がメッセージとして解釈してしまうこともあるわけです。歓迎する気持ちがあまりなくてもずっとにこにこ笑っていることで歓迎のメッセージを意図的に伝えることができるかもしれません。一方、こういう逆の例もあります。ハリウッド女優が来日してすぐ取材を受けたのですが、インタビューのあいだ彼女はあくびを連発し、最後はインタビュアーに「退屈な取材だった?」と聞かれてしまいました。単に時差ぼけで眠いのをこらえて取材に応じていただけで、別に退屈だと感じたのではないそうですが、生理現象であるあくびがメッセージとして解釈されてしまった例です。つまり、非言語情報のうちこの種の意図的でない情報は、言語的な差異をそのまま引き継ぐわけではないのです。例えば、つまらな

★メイナード・K・泉子(一九八七)「日米会話におけるあいづち表現」(『月刊言語』16-12)

いと思って「集中できない→眠気を催す→あくびが出る」という関係は身体的なものなので、言語による違いを超えた普遍性があるのでしょう。

電話での会話では、表情や視線、相手との距離は影響しません。文字言語の場合は、作用する要素が異なります。例えば、どんな筆記具でどういう紙に書くか、手紙かはがきかファックスかという媒体が関わるでしょうが、紙と筆記具は発信者が意識的に選択できますから、丁重にお願いしなければならないことを手紙に書くならきちんとした便せんに丁寧な字で書くでしょう。メモ用紙に走り書きでも情報そのものは変わりませんが、丁重なお願いには不向きだという判断があることになります。★

非言語情報は、ことばによる情報の外側にあるものです。ことばで言い表されたことから引き出す推意や含意や前提などの推論も、そのままの形で発話の内側にあるわけではありませんが、基本的には言語的な情報内容にして表せます。しかし、非言語情報は、表情も身振りも声の高さも話す速度も、言語的な情報内容とは異質なものです。逆に見れば、異質なので同時並行的に提供できるのですが、これまで語用論はこの種の非言語情報を正面切って論じることがあまりなかったので、この種の要素の機能は体系的に明らかになっていると言えない状況にあります。人間はことばによる情報よりもことば以外のパラ言語的情報から得た情報を重視して判断を行うという説もあります。確かに、「ありがとうございます」と言ってもらっても、表情や言い方から「あれ、逆に迷惑だったかな」と思うことがないわけではありません。★パラ言語情報に基づく推測は、

★メモ用紙で走り書きでは、「重要でない」「儀礼にかなったお願いをしなくてもいい、あるいは、そういう対応をする価値のない相手だ」というメッセージに受け取られかねないと言えるでしょう。もちろん、相手によっても違うわけですが。

★ことばで嘘をつくよりも表情で嘘をつくほうが難しいからでしょうか。

邪推や見当違いの場合もありますが、相手の嘘を見抜くときなどには重要な役割を果たすこともあります。受信者が発信者の発話を正確に理解する上では、非言語情報を無視できません。ただ非言語情報は、言語と違って離散的単位による記号体系ではなく、言語なみに厳密な内容の伝達はできないので扱いが難しいですが、副次的な要素としてどれくらい解釈に活かされるのかの解明は今後の語用論の課題と言えるでしょう。

語用論で扱う心

次の質問に答えてください。

> 花子はカバンにお菓子を入れて公園に来ました。少しして、太郎は大きな段ボール箱を持って公園に来ました。しばらくして、花子はカバンを公園のベンチに置いたままおもちゃを取りに家に戻りました。それで太郎が花子のカバンを開けてみるとお菓子があったので、そのお菓子を取り出して、自分が持ってきた段ボール箱に隠しておきました。しばらくして、花子が公園に戻ってきました。花子は、お菓子が食べたくなったので、お菓子を食べることにしました。さて、花子はお菓子を出すために、どこを探すでしょうか。

これは、**心の理論**(theory of mind)という考え方でよく用いられる《誤★信念課題》と

★話はわかりやすいように少し私がアレンジしてありますが、実質はよく用いられる課題と全く同じです。なお、心の理論について詳しく知りたければ、Baron-Cohen et al (1993), *Understanding Other Minds*, OUP,『心の理論―自閉症の視点から―』(田原俊司監訳、一九九七年、八千代出版)を参照してください(翻訳は上下二巻あります)。

呼ばれる問題です。答えは、言うまでもなく「(自分の)カバン」ですが、三歳児や四歳児では、「(太郎の)箱」と答えることが多いのです。箱のなかにお菓子があることを太郎は知っており、事実の全体を把握している読み手も知っています。しかし、花子はお菓子が箱のなかに移されたことを知りません。自分がある事実を知っていても、他の人はそのことを知らない場合があると我々はわかっています。この課題を読んで、自分は知っていても花子は知らないと私たちは考えるわけです。四歳くらいまでの子どもがこの課題で正解しないのは、自分以外の人間の心★の状態を推し量る能力が未発達だからだと説明されます。四歳後半から五歳の子が正しく答えられるのは、他人の心の状態が自分と同じとは限らないという前提に立って推測ができるようになるからです。

「時間、わかりますか?」と聞かれて、「そろそろ三時になるところですよ」と答える場合、実は相手の質問に正確に対応する答えを述べているわけではありません。しかし、私たちは相手が時刻を知りたがっていると考えて答えるわけです。つまり、日常の会話を適切に進めるには、他者★の心の状態をある程度理解している必要があるのです。

自閉症児は、五歳を過ぎても誤信念課題の正解率が二割程度であることが知られています。非自閉症児は、言語発達の過程で他者の知識状態を推測する語用能力も発達させていくのですが、自閉症児はこの語用能力が十分に発達しないと考えられるのです。例えば、自閉症児は言われたことばをそのまま繰り返す**反響言語**《エコラリア》が多く見られますが、これはことばの形式のほうに注意を集中して話者の発話意図を理解しようとしないためか

★「心の状態」とは、何を知っていて何を知らず、どういう認識があって、どういう意図を持っているかといったことをおおまかに意味すると考えてください。

★多くは話をする相手ですが、それ以外の人の場合もあります。

もしれません。「あの人はタヌキだからなあ」というのを聞いて私たちは「あの人はずるがしこい、油断ならない人なんだな」と理解するでしょうが、自閉症児はこの種の比喩の理解が苦手です。これは、字句拘泥《じくこうでい》として知られる特性の一つでもあります。日本語の授受★動詞を適切に使うには視点の切り替えが必要ですが、授受動詞の誤用も自閉症児にはよく見られます。

アカデミー賞受賞映画『レインマン』★でD・ホフマンが演じるレイモンドは、知的発達に遅れがないものの、他者理解ができず、他者とのやりとりに質的な障害がある高機能自閉症の典型的症例です。高機能自閉症では、記憶力など特定の能力が非自閉症者より格段に優れていることが多いのですが、音声や文法や語彙を適切に使うという点で言語能力に問題がなくても、現実世界の理解や他者の発話意図の推測、環境の変化への適応などに障害が見られます。このことから、言語能力と語用能力は別の能力だと考える人もいます。特に、生成文法などでは、言語能力というモジュール★を想定し、語用能力と言語能力が分離可能と考えます。

言語能力とは別の能力として語用能力を想定できる可能性はありますが、両者が明確に分離可能なのかはまだ検討の余地があります。もしも言語能力が単語の配列や語形や意味の点で適切な文を作り出す能力のことであって、語用能力から完全に切り離されているのなら、語順や語形に語用論的な理由で干渉が生じないはずです。しかし、多くの言語で語順が情報構造に関わる機能を持っていることが知られています。いろいろ考え

★「あげる」「やる」「くれる」「もらう」といった動詞のことで、やりもらい動詞などとも呼ばれます。「兄が姉にお金をくれた」も「兄が姉にお金をあげた」も、表している事態は同じですが、話し手の視点が異なっているわけです。関心のある方は、『談話の文法』（久野暲著、一九七八年、大修館書店）などを参照してください。

★ダスティン・ホフマンとトム・クルーズが共演し一九八八年第六一回アカデミー賞四部門を受賞しました。

★モジュール（module）は、一般に大きなシステムなどを構成する個々の単位のことを指しますが、ここでは他の部門と切り離すことが可能な、独立した部門と考えてもらえばいいでしょう。人間の知的能力がコンピュータのように、いくつかの部品からできているのであれば、言語処理を担当する回路だけを切り離して取り出すことができる、と考えるわけです。

あわせると、言語能力と語用能力は基盤的には分離できても、実際には相互に補い合い、干渉しあい、入り組んでいる部分があると見たほうがいいと思うのです。もちろん、分けて考えやすい現象や、文法と語用のインターフェイス（橋渡し）がうまく機能している点もあるのですが、両者が溶けあい、絡みあっているところもあると私は考えています★。

語用からラングへの侵入

「玉の輿に乗る」という表現があります。辞書を引くと「貧しく身分の低い女性が、裕福で身分の高い男性と結婚する」という説明があります。しかし、「タマノコシ」そのものを明確に説明できる人は現代では少ないように思います。「玉」が宝石などの飾りを、「輿」が「貴人などを乗せる乗り物」を意味すると知っていれば、「玉の輿」が「（宝石などの飾りのついた）立派な輿」と推測できますが、結婚との関係はわかりにくいままです。実は、単に、かつて身分の高い人のところに嫁入りする際に立派な輿に乗って行ったことを象徴として利用した表現なのですが、貴族は普段から外出時に立派な輿に乗ることがありましたから、「玉の輿に乗る」ことが「貴人の家に嫁入りする」ことと等しくはありません。しかし、普段の生活で輿に乗ることのない階級からすれば、玉の輿に乗るのは貴人との結婚のときくらいに限定されるわけです。「あの娘は今度なにがし殿にところに嫁入りするそうだ」と言うのに「それじゃあ玉の輿が迎えに来るのだ

★『日本語修飾構造の語用論的研究』（加藤重広著、二〇〇三年、ひつじ書房）の冒頭部分と最終章をご参照ください。

な」と応じれば、「玉の輿に乗る」ことが「身分の差のある貴人と結婚する」ことを意味する十分な理由になります。多くの人が理解しやすい比喩★が定型表現化した結果、「玉」や「輿」の意味がわからなくなっても「玉の輿に乗る」の形で残ったのでしょう。これは、よく使っているうちに語用論的な意味特性が固着してできた慣用表現なのです。

今でも、「うちの娘はもうじき花嫁衣装を着るんだが」とか、「妹は来月ウェディングドレスを着るの」とかと言えば、「結婚する」のだと思うでしょう。別段結婚する予定が全くなくても、衣装を着ることは可能です。しかし、「花嫁衣装を着る」「ウェディングドレスを身にまとう」と言えば、普通は「結婚する」と推論できます。この推論は取り消し可能なので《含意》ではなく《推意》です。「玉の輿に乗る」のほかにも、広く使われているうちに、語用論的な意味特性(特に推意)が固着して、推論せずとも自動的に結びつくようになった表現は少なくありません。よく使われていれば《推意の固着》は生じやすくなります。慣用表現には推意の固着の結果生じたものが多くあります。

(8) セーターを編んだから袖を通してみてよ。

(9) 君は、あんな年端もいかない子に手を上げたのか。

例えば(8)のように言われれば単に「袖を通す」だけではなく、セーターそのものを着てみるでしょう。(9)も、「手を上げる」ことの推意として「(上げた手を振り下ろして)

★「玉の輿に乗る」の場合、手段と結果という近接性に基づくので換喩(metonymy)に分類されるでしょう。

殴る・ひっぱたく」という意味が得られ、それが強固に結びついて慣用表現化しています。推意が固着しているので「ああ、手は上げたけど、上げただけで、たたいちゃいないよ」のように推意を取り消せるケースは限られています。★

(10) A「あそこにある自転車、借りられますか」 B「ああ、どうぞ」

(11) A「明日の会議、出席できますか」 B「はい、できます」 A「じゃあ、よろしく」

推意の固着は、語彙的レベルだけでなく、文法的なレベルでも生じます。(10) Aは「借りられますか」と可能かどうかを尋ねていますが、Bは「どうぞ」と貸すことを承諾する返答をしています。厳密には可能かどうか尋ねることと借用の依頼は違いますが、可能かどうか尋ねることが、可能ならば依頼することを推意にしているために、(10) Aは「借りたい」の意に解釈されるのです。(11)では、Aが可能かどうか尋ね、Bが可能である旨の返答をしていますが、そのあとAは「よろしく」とすでに依頼が受け入れられたものとして発話しています。このように「可能かどうかの確認が依頼と解釈される」のは多くの言語で見られる現象ですが、「できるなら(特に合理的に拒否する理由がない限り、デフォルトの判断として)引き受ける」という推意の固着は容易に生じやすいため、普遍的な原理になっているのでしょう。もちろん固着の度合いが強くても本来は推意なので「貸せるけど気が乗らないから貸さないよ」、「出席できますけど、面倒なので出席しませんよ」と取り消し可能ですが、納得できる理由でない限り相手は受け入れにくいもの

★このような発話でも意味は通じますが、ふざけていると思われるか、ことばの細かな違いにこだわりすぎているという印象を与えるでしょう。相手を納得させられうるような合理的な理由がなければ、固着した推意を取り消すと「ふざけていて、不真面目だ」と受け取られかねないのです。

ですし、「ふざけている・からかっている」という印象を与えることでしょう。

文法と語用の境目

文が正しいかどうかの判断は、文法的な基準と語用論的な基準がはっきり分かれているように見えますが、なかなか難しいところもあります。

(12) あの人は、私の先輩なんです。

(13) *なんです人あのは、先輩私の。

(13)が日本語として誤りであることは誰でもわかります。一方、(12)の文は誤りではありませんが、これは文法的に間違っていないだけで、もし「あの人」★で指し示せる人物がいなければ、語用論的には不適切になります。(12)(13)のようなケースでは、文法的誤りか語用論的誤りかが明確に区別できますが、私たちは自分の母語であっても普通「これは文法的におかしい」「こっちは語用論的におかしい」と区別してはいません。また、適格性の判断や意味の解釈には、いくつかの基準が混じりあってしまうこともあります。次の文を発話したとしましょう。

(14) 男は妻だ。

これを見て「全く問題ない」と思う人は皆無でしょう。「なぜ男が妻なんだ?」と疑

★指示詞については、Q９とQ10で扱いますが、ここではその場に存在する者を指す「あの」の用法(現場指示用法)だと仮定して考えてください。

問に思ったり、「何が省略されているのか」あるいは「成立★する解釈にするにはどうすればいいかな」などと考えたりするかもしれません。この発話の適格性を直観的に判断してもらってもたいていは結果にばらつきが出てしまいます。話者の直観的な判断が常に正しいと考えるわけにいかないゆえんです。★「⒁はおかしい。間違っている」と言う人でも、⒂ならそう判断しないでしょう。

⒂ A「女は結婚相手で人生が変わるよねえ。人生、旦那次第よねえ」 B「そうでもないわよ。ダメ夫でもがんばってる人はいるし、旦那は旦那、私は私よ」 A「そうねえ。むしろ、男のほうが奥さん次第なのかな。男が成功するかどうかは妻で決まるものね」 B「そもそも、女は夫だ、男は妻だ、と決めつけるのがよくないわよ」

ここでは、「男イコール妻」の意でなく「男は、人生において重要なのが妻だ」の趣旨で「男は妻だ」が使われているわけです。⑺だけを単独で見ると変だと思うのが普通ですが、文脈さえあつらえてやれば成立するわけです。日本語では、「AはBだ」という構文について「Aに関して重要なものはBだ」という解釈をすることがあり、最初からそう考えれば⑺も「ウナギはえさだ」も「世の中は金だ」も同じように成立します。とはいえ、最初から理屈にあった解釈が思いつくとは限りません。こうなると適格性の判断基準をどう決めればいいのかという問題が生じ、文法的な適格性だけを取り出して判断できるとは限らないことになります。

★聞き手は、発信されたメッセージは有効であり、成立する解釈が存在するはずだという前提に立ってやりとりをすると見ることができます。詳しくはQ14で論じます。

★関心ある向きは、Smith & Wilson, *Modern Linguistics*, 1979, London: Penguin Books（『現代言語学』、今井邦彦監訳、一九九六年、新曜社）の第二章をお読みください。ちなみに、著者のWilsonは、関連性理論の創始者の一人です。

例えば「ウナギはえさだ」という文も、「おいしいウナギになるかどうかはえさで決まる」の解釈以外に、「ウナギを育てるのにネックになるのはえさ代だ」という解釈もありうるでしょう。これは、話し手が意図する解釈を聞き手に引き出させるためには、それなりに誘導して手間をかけなければならないということです。さらに手間をかければ多少おかしな文でも必要な解釈を引き出せる可能性があることも考えるべきでしょう。これは、ことば★がルーズにできていることを前提にした議論ですが、簡単に言うと、コストのかかる解釈とコストのかからない解釈があり、ただでやってもらえる解釈なら何もしなくていいけれども、手間をかけないとしてもらえない解釈なら、文脈のなかで情報を与えるなどコストの負担が必要だ、ということです★。

文法だけで説明しつくせない現象は、どの言語にも見られます。ただ、その傾向には言語ごとのくせや特性が反映していて、他の言語であれば無視するような要素を必ず表示するシステムを持っていることも珍しくありません。そして、それに語用論的な要素が関わっていることもよくあることなのです。

(16) 太郎君が電車に乗って{きた／いった}よ。

(16)は「乗ってきた」でも「乗っていった」でも、文法的に正しい日本語です。しかし、ある場面(発話状況)では、たいてい一方しか使えません。話し手がすでに電車のなかにいるなら「乗ってきたよ」で、話し手がホームで見ているだけなら「乗っていった

★これをことばの《粗略性》と呼びます。詳しくはQ14で扱います。

★これは《解釈のコスト》という考え方で、加藤重広(二〇〇三)『日本語修飾構造の語用論的研究』第三章で重要な概念として論じています。

よ」となります。つまり、これらの「…ていく」「…てくる」には、《話者の視点》の存在が前提になっており、その★視点からの動きを捉えていずれかが選択されるわけです。この種の《視点》に関するしくみは、授受動詞も含めて《談話文法》として研究されてきました★。これは、語用論と文法論の境界の領域でもあり、これから語用論の知見を活かしたアプローチが期待されるところです。

(17) 彼女は十八歳で青森から東京に出た。

語彙の意味でも、例えば「出る」では、(17)のようには言えても「*東京から青森に出る」とは言えません。これは、「○×村から△□市に出た」でも同じです。つまり、「出る」先の場所のほうが都市としての規模が大きいなど「より都会である」ということなのです★。また、「出る」は、道路を車で走っていて「東京から埼玉に出る」と言うことは可能ですが、これは都市の規模で考えているわけではありません。「AからBに出る」全般に言えることは、AよりもBのほうが「先にある次の展開で、開けた空間であるなど、より認知しやすくより制約が少ない場所だ」という認識があることです★。

こういった文法や語彙に関わる領域は、なかば抽象的なラングを対象とする文法論であり、なかば個別の具体的な文脈を踏まえて考える語用論ということになるでしょう。この領域は、これまでの記述に不十分なところもあり、外国語を学ぶ上での重要性を考えると、取り組むべきテーマがたくさん眠っている宝の山だと言えそうです。

★話し手に近づく方向の行為は「…てくる」、話し手から離れる方向の行為は「…ていく」を選びます。

★談話文法に関する先駆的な研究は『談話の文法』（久野暲著、一九七八年、大修館書店）などがあります。この本は、今読んでも得るところがいろいろあると思います。

★青森県の方は気分が悪いかもしれませんが、私の生まれたところでもあるので、同郷のよしみで勘弁してください。

★これは「出る先は《外》なのだ」と単純化することもできますが、ちょっと感覚的な説明になってしまいます。

章末問題

問1　次のBの発話をグライスの四つの格率の点から評価してください。

A「ねえ、今度の日曜日、僕の引っ越しの手伝いしてくれないか？」

B「日曜日は映画を見に行くつもりだったんだけどなあ」

問2　次の①に対して②③④⑤⑥は、「推意」「含意」「前提」「いずれでもない」のどれにあたりますか。理由とともに答えてください。

①　弘は離婚した妻を車で実家まで送った。

②　弘は結婚していたことがある。③　弘は車を持っている。

④　弘は男性である。⑤　弘は車を運転したことがある。

⑥　弘は優しい人である。

問3　次のAの発話に対するBとCとDの発話から、BとCとDのいずれにとってAの発話の関連性が高いと判断できますか。

A「安田君が奨学金の試験に合格したんだって」

B「そのことは昨日安田君から聞いたよ」

C「へえ。それは初耳だね。あの試験は難しいんだろ？」

D「そうか。安田君は努力家だから受かるだろうと思ってたけどね」

問4　次の三つの発話は「～から、必ず…してください」という形をしている点では同じですが、ポライトネスの観点からは異なる性質を持つと考えられます。リーチの六つの格率の観点から分析してください。

A「うちのご飯はおいしいから、必ず三杯は食べてください」

B「君は勉強が足りないから、必ず毎日三時間は勉強してください」

C「君のプランは詰めが甘いから、必ずみんなに納得してもらってから出してください」

問5 次の①②の傍線部は、語用論的に固着した慣用表現と見てよいか論じてください。

① 【高校野球の結果を伝えるニュース】K高校は、一点差に涙しました。

② その映画を見終えた和子は、真っ赤な目をしていた。

第三章

日本語への応用

Q9 日本語の指示詞は、距離と領域で使い分けるのですか？

指示詞は、一般に「コソアドことば」★と言われるものにほぼ対応しますが、指示詞という品詞があるわけではなく、指示に関わる機能を持つ語をまとめてこう呼ぶのです。品詞的には名詞・連体詞・副詞にまたがっています。「ここ」以外に「ここら」「ここいら」という形もあり、「こなた」などの古めかしい形もあります。「この」も「このような」という形を持ち、「こんな」から「こんなの」「こんなような」「こんなふうな」「こんなふうに」と派生できます★。副詞の「こう」に動詞の「する」や「いう」をつけて「こうした」「こういった」などの連体詞相当表現もつくれます。

指示とは何か

日本語の指示詞は、これ・それ・あれと三系列になっています。ここでは、品詞や形の異なるものをまとめて、それぞれ《コ系列》《ソ系列》《ア系列》のように呼ぶことにします。指示詞の機能は「指示する」ことですが、実はその定義も簡単ではないので す。

表8　指示詞の具体例

名詞					連体詞		副詞
これ	ここ	こっち	こちら	こいつ	この	こんな	こう

★ただし、ド系列の「どこ」「だれ」「どれ」「なに」「どう」「どんな」「どっち」などは含めないで、コソアの系列だけを指示詞というのが普通です。

★「こんなようなふうに」という言い方を使う人もいますが、こういう派生的な複合語も含めると指示詞はかなり数が増えます。

(1) 昨夜、家内と食事に出かけた。レストランは、薄い緑を基調にした、落ち着いた内装で雰囲気はよかったが、料理はあまり僕好みの味でなかった。

この例文の「レストラン」は「発話者が妻と食事をしたレストラン」のことなので、特定のレストランを指しており、「そのレストラン」と言い換えられます。指示詞をつけて「そのレストラン」とすれば、この名詞句が指示のはたらきをしているとわかりますが、指示詞がなくても意味の上で変わりがないと考えられるのです。実質的に「レストラン」でも「そのレストラン」でも同じ機能を持っているなら、(1)の「レストラン」は指示の機能を持つことになります。この現象にはコヒージョンとコヒアランスの問題が関わってもいます★。形式的に指示詞を使ってはいないものの指示の機能は持ち、意味解釈の合理性の観点から捉えられるからです。いずれにせよ、指示詞がなくても指示詞がある場合と同じ機能を持ちうるわけで、指示が単純に指示詞だけの問題ではないことがわかります。英語では、定冠詞を持つ言語では、(1)に相当する文で「レストラン」には定冠詞が必要です。英語では、the restaurantとしなければならず、a restaurantでは不適切です。

(2) 人間は考える葦である。

(3) 日本人は手先の器用な民族だ。

(4) 江戸っ子は気が短い。

(5) 夏目漱石は現代日本語の文体の基盤をつくった。

★Q8のテクスト言語学のところで紹介した概念です。

これらの例文の枠で囲んだ名詞は、「指示」をしているでしょうか。広い意味では、これらも「指示」のはたらきを有するのですが、指示対象が目の前に存在しているわけではないので、指さして示すわけにはいきません。以上の用例では、指示対象が具体的に実在するというより、頭のなかに概念として存在し、それを指し示していると考えるべきでしょう。頭のなかに概念として存在するとは、世の中に関する知識として知っているということと同じことですが、この場合の知識は一時的なものではなく、長期にわたって保存されている知識で、頭のなかにある知識の貯蔵庫にずっと（忘れでもしない限り永久に）保管されている記憶と見なされます。このような知識を**長期記憶**★（long-term memory）と呼びますが、⑵〜⑷の「人間」「日本人」「江戸っ子」「夏目漱石」はいずれも、この長期記憶に保管してある知識を指しているわけです。★広い意味での指示はこういうものを含みますが、狭い意味の指示は、長期記憶を参照しないものを指します。

長期記憶に対して、ことばを使った伝達が行われている場でやりとりしているうちに得た知識を**短期記憶**★（short-term memory）と呼ぶことにします。相手が言ったことだけでなく、自分が言ったことも短期記憶に収蔵されます。短期記憶のうち重要なこと・印象深いこと・記憶しやすいことなどは長期記憶に移送されますが、そのままの形ではなく保持しやすい形で収蔵されると考えられます。語用論的な枠組みでは、短期記憶に保持されるのは、一般にその場でのやりとり★のあいだですが、やりとりが終わればすぐ消去されるというようなものではありません。朝聞いた話は夕方になってもだいたい覚え

★頭文字をつなげてＬＴＭと言うこともあります。世の中に関する知識のなかには、多くの人が共有して持っている一般的な知識（百科事典的知識）もあれば、家族や友人・知人など個人的な関係のなかで得た知識もあります。

★長期記憶のなかにある概念を指示する場合、「人間」といった総称概念の指示と「夏目漱石」のような唯一指示に分けることが可能だとする考え方もあります（吉本啓（一九九二）「日本語の指示詞コソアの体系」、田窪・金水編『日本語研究資料集 指示詞』（ひつじ書房）所収、等参照）。総称指示か唯一指示かは明確に区別しえないものであり、唯一指示の場合でもさらに時空上の限定を受けることがあることから、ナイーブな意味での「唯一指示」はあっても、区分可能な唯一指示は厳密な意味では設定できないと私は考えているので、下位区分はしません。関心のある向きは、加藤重広（一九九一）「固有名詞の本性」『東京大学言語学論集』11（東京大学文学部言語学研究室）、などを参照してください。

★省略してＳＴＭと言うほかに、作業記憶（working memory）と言うこともあります。

★ひとまとまりの単位としてのやりとりを「セッション」と呼びます。

ているでしょうが、一ヶ月もたつと細部は忘れているものでしょう。記憶力については個人差がかなり大きいのですが、重要でないことや記憶しにくいことを徐々に忘れていくのはすべての人に共通しています。

短期記憶のなかに指示される対象や概念があるのが《文脈指示》です。文脈指示は**照応**(anaphora)とも呼ばれます。一連の文章であれば、文章中に指示される表現がそのままあることもありますが、推論しないと引き出せないこともあります。

(6) 昨日、公園のベンチに若い男の人が座ってるのを見かけたよ。その人、手に持った写真を見ながら、涙ぐんだまま、ずっと座っててね。失恋でもしたのかなあ。

(7) 小学校に上がってすぐにグローブを買ってもらいました。そのころは毎日野球をしていました。

(6)の「その人」は「その若い男の人」でもわかりますが、厳密には「私が昨日、公園のベンチに座っているのを見かけた若い男の人」と再構成すべきです。(7)の「そのころ」は「(私が)小学校に上がってすぐのころ」でしょう。これらは、指示対象を明示するために多少加工して再構成する必要がありますが、必要な材料がすでに直前の文に与えられている《照応》の典型例です。

直前までの言語的文脈はその場でのやりとりで出てきた情報なので短期記憶に収蔵されています。短期記憶中の情報を指示対象とするのが照応(文脈指示)です。

私たちは、自分の周りに実際に存在している事物を指し示して「これ」とか「それ」とか「あれ」とかと言うことがあります。

(8) このイスに座ってもいいですか。

(9) その傘、すてきなデザインね。

(10) あの建物は病院ですか。

指示対象を指さして「このイス」「その傘」「あの建物」と言うわけです。発話者のいる場所からじかに確認できるところに対象物が実在しているので直接指さして示せるのですが、発話の現場にあるものを直接指し示すということで《現場指示》あるいは**直示**(deixis)と言います。直示用法の「これ」「それ」「あれ」は、話者が発話する際に現場にある事物を直接認識して指示するので、短期記憶中に指示対象はありません★。現場での認知にもとづく指示である《直示》は、短期記憶に収蔵される以前の《現場認知》に指示対象があるわけです。

このほかに、《現場認知》にも《短期記憶》にも指示対象がない用法があります。

(11)【その日初めて顔を合わせて言う】「課長、あの件はどうなりましたか?」

これは、「あの件」の指示するものが現場にあるわけではなく、顔を合わせていきな★り言うわけですから先行文脈もなく、短期記憶のなかにもまだ情報が収蔵されていない

★もっとも記憶のモデルをどう考えるかによります。語用論では、長期記憶と短期記憶のほかに、言語化するためのインターフェイスとして、一時的に情報を置いておく場所となるバッファ記憶(buffer memory)を設定できます。認知心理学では、長期記憶と短期記憶のほかに情報を補足した瞬間の「瞬間記憶(感覚記憶)」を設定しますが、言語に関してはこれを考えなくていいでしょう。

★よく「談話の冒頭で」などと表現されます。

ので文脈指示でもありません。つまり、直示でも照応でもないわけです。

⑾の例文に続けてやりとりの相手（＝課長）が、「ああ、あのB社との契約の件だね。あれはすんなり契約が成立したよ」と応じたとすれば、「あの件」は「B社との契約の件」を指しています。このとき、⑾の発話者はもちろんB社との契約のことをすでに知っており、聞き手（課長）も知っていると発話者は思っているわけです。つまり、「B社との契約」という情報は、発信者も受信者もそれぞれの《長期記憶》のなかに持っているのです。これはいわば第三の指示用法です。名前がないと不便なので、この第三の用法を《想起》あるいは《知識指示★》と暫定的に呼ぶことにします（表9）。

表9　指示詞の用法

情報のありか	用法の名称		例
現場認知	直示	現場指示	「この本、貸してください」
短期記憶	照応	文脈指示	「札幌駅に行った。そこで彼に会った」
長期記憶	想起	知識指示	【談話の冒頭】「あのあと、どうなりました？」

直示の用法――距離と領域――

人間が何かを指さして示すということは相当昔からあったと考えられます。指示対象が現場にあって聞き手もその指示対象を認知できるなら、対象物になんらかの方法で聞き手の注意を向けて気づいてもらえばいいわけです。ここにはポイントが二つあります。

★本当は「指示」と言っていいのか検討が必要ですが、表現をそろえるために、世界に関する（言語外の）知識のなかにある情報を指しているという意味合いで「知識指示」としておきます。

一つは、《指示》の方法です。指示の方法はいろいろあり、実際に人差し指だけで「これ」と指してもいいですし、対象物をじっと見つめて「あれ」と言っても視線の先にある対象物を聞き手が認知できれば《指示》したことになるでしょう。赤ちゃんは九ヶ月くらいになると相手が見ている視線の先を見るようになり、同じ時期にものを指さして示すようにもなるそうです。これは**共同注意**(joint-attention)と呼ばれますが、相手の視線の先を見たり、自分の関心の対象を指さして伝えようとしたりする能力は、人間の基本的な能力と言えるでしょう。

また、指さしも見もせずに「あっ、そこにヘビがいる!」と言うだけでも、聞き手が対象物に気づけば《指示》したことになります。要は、指示対象物が発信者と受信者の認知可能なところに実在し、なんらかの方法でその対象が指示対象物であることを聞き手に気づかせられれば、直示の用法は成立可能なのです★。テレビに出ている芸能人を指さして「この人、誰だっけ?」と尋ねる場合も直示です。タレント本人は別にテレビ受像器のなかに存在してはいませんが、映像のようなものでも聞き手と話し手が共通に捕捉し、認知できるなら、直示を使う要件は満たされています。

夜空に流れ星を見つけて「あの流れ星」と話し手が指示しても、聞き手が捕捉する前に消えてしまうかもしれません。例外的に、現場★にあっても聞き手が認識できないケースはあるかもしれませんが、ともかく聞き手が認識する可能性があれば、一般的には直示の指示詞が使えると言えるでしょう。

★別に人差し指などの指で指さなくても、手を広げてパーでも、場合によってはグーでも、あるいは、行儀が悪いですが、足やあごでも「指示する」ことは可能です。

★同じ場所にいるのに、話し手にだけ見えて聞き手には見えないなんて、ちょっとオカルト的ですね。まあ、幽霊やお化けが指示対象ならそういうことはあるかもしれないことを考えると…。

では、直示の指示詞はどのような機能を持っているのでしょうか。「これ」「それ」「あれ」といった指示詞を文法のなかで明確に位置づけたのは、『大言海』という近代日本最初の辞書を著した大槻文彦でした。大槻文法は英文法の枠組みを参考にしていますが、品詞ごとに分けていくなかで、名詞とは別に代名詞という品詞を立て、代名詞を人称代名詞と指示代名詞に分けました。人称代名詞には《自称》★《対称》《他称》《不定称》があるとされ、指示代名詞は、《近称》《中称》《遠称》《不定称》に分けられました。不定称は「どこ」「どれ」のたぐい、コ系列が近称、ソ系列が中称、ア系列が遠称で、近称は「自分に近いもの」、中称は「自分から少し離れたもの」、遠称は「自分から遠く離れたもの」に用いると説明されています。段々遠くなるイメージです。図で書くと、次のようになります。この捉え方は、そのあと《距離説》と言い換えられたりしましたが、かなり基本的で直感的な説明でもあり、今でもある程度は有効です。「ある程度は有効」と歯切れが悪いのは、コソアの選択に距離が関わるのが事実であっても、距離だけですべてを説明できないからです。

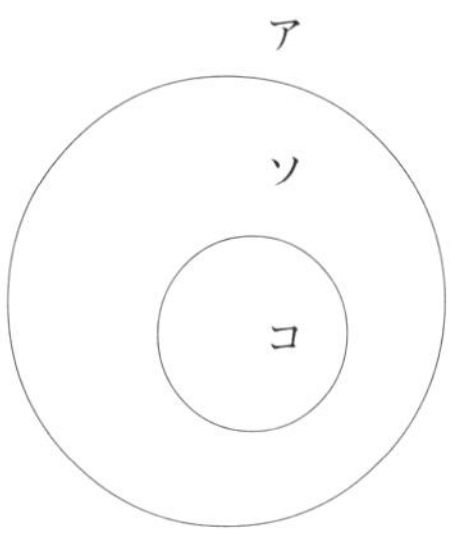

図3

山田孝雄《よしお》は、代名詞の自称・対称・他称のうち、他称に指示詞を含めており、指示代名詞は第三人称にすべて含まれるという枠組みです。指示代名詞はやはり《近称》《中称》《遠称》と分けられますが、大槻のように単に話し手から近いか遠いかではなく、聞き手の位置関係も考えている

★自称・対称・対称は現在の一人称・二人称・三人称に相当し、不定称は人を表す疑問代名詞の「だれ」「どなた」などに相当するものでした。

点で進歩しています。山田は、近称（コ系）は「相手よりも発話者に時間的または空間的に近いか、精神的に親しいもの」に、中称（ソ系）は「相手に近いか親しいもの」に、遠称（ア系）は「両方から親しい・近いという関係を離れて指示する場合」に用いるとしています。★「中称」という言い方はちょっと変だけれどもまあこのままでもよかろうという趣旨のことを山田は述べていますが、松下大三郎は《第一近称》《第二近称》《遠称》と分け、「中称」という用語を捨てました。ついでに、第三人称に全部指示詞を含める山田の分類についても、自分のことを「こっち」、相手のことを「そっち」と言うじゃないかと批判しています。

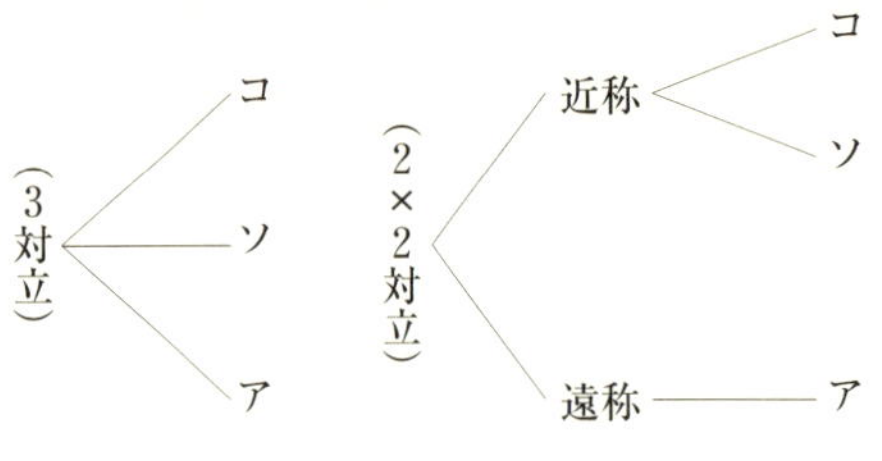

図4

松下の《第一近称》はコ系、《第二近称》はソ系です。いわば《遠称》と《近称》があって、《近称》がまた二つに分かれるという考え方なので、最初から指示詞が三つで対立するのではなく、二★対立と二対立の結果として三対立になっていると考えるのです。

三上章ものちに単純に三対立せず二対立の組み合わせを考えていますが、一般に一つの特性で対立を考える場合、いきなり三対立とするよりも二対立を組み合わせたほうが対立が明確になり、原理的にも説明しやすい面があります。★ここまでの考え方はいずれも、違いはあるものの近いか遠いかが最も重

★個々の記述は、山田孝雄（一九三六）『日本文法学概論』を主に使っていますが、山田（一九〇八）『日本文法論』でも趣旨は同じです。『日本文法論』は、指示代名詞を第三人称に含めない分類について「噴飯の極」と強く批判していて、山田の情熱的な性格の一端がかいま見えるような気がします。

★といっても遠称では対立がないわけですが。

★この考え方は今でも音韻特徴などの記述で使われていますが、だからと言って三つの対立は間違っているということにはなりません。実際に一つの尺度の上に三つの要素があるということなら、それでいいわけです。

要な要素としてはたらくとするものですから、いずれも広い意味での《距離説》と言えます。

これに対して、いわば空間を「なわばり」的に考えるのが、《領域説》です。一般に、距離説と領域説は二つの異なる考え方と受け取られがちですが、距離説に基準となる視点を複数想定すると領域説に近くなります。普通の距離説は、話し手からの近さでコソアを考えますが、これは基準が話し手のみの《単基準》です。しかし、松下のように話し手に近いのが第一近称、聞き手に近いのが第二近称と考えると、近さをはかる基準点が二つあることになり、複数の基準を持つ《複基準》になります。この場合、話し手に近いところと聞き手に近いところを対立的に捉えると、実質的に《領域説》とあまり変わりません。「領域」と言うと境界線を持つと考えたくなりますが、《複基準》で考えていけば必ずしも境界線が明確でないこともあります。領域説と複基準の距離説は実質的に同じような考え方でも、境界線のイメージに違いがあると言えるかもしれません。

距離だけでは決まらない直示

《単基準の距離説》と《領域説》を比べた場合、前者には強みがあります。直示用法の指示詞を使うと言っても、常に聞き手と話し手が対立する領域をつくるとは限らず、対立せずに重なりあうこともあるからです。例えば、聞き手が話し手のすぐ隣に並んで立って同じ方向を見ていれば、おおよそ領域は重なり、対立を考える必要がなくなります。また、話し手がビデオカメラを持って周囲の様子を撮影しながら話す場合、聞き手（＝撮影された映像をのちに見る人）の領域は話し手の領域に完全に重ねあわされます。ここでは「重ねあわされる」と表現しましたが、聞き手の領域は実質的に「ない」と考えてもいいでしょう。同じことが《領域説》だけでなく《複基準の距離説》にも当てはまります。

これに対して、話し手が存在しないやりとりは考えられません。つまり、指示詞を使う以上、話し手は常にいるので《単基準の距離説》を使う物理的な条件は常に満たされているのです。（単基準の）距離説については考えるべき問題がいくつかありますが、ここでは二つ取り上げることにします。一つめは直示用法の指示詞をすべて単基準の距離説で説明できるかという問題で、二つめはこの距離は空間的に近いか遠いかの尺度のみからなるのかという問題です。

一つめの問題については「もしも距離説だけで説明できるなら領域説は出てこないんじゃないの」と思う方もいるでしょう。確かに、距離説で全部説明できないから領域説もあるわけで、全部説明できるのならほかの考え方は出てくる余地がありません。

(12)【背中に異状を感じて家族に見てもらっている。自分の背後に立っている家族に向かって】
「ねえ、{*この／その／*あの}へんに何かできてない？」

この場合、話者にすれば、自分の背中なので近いどころか距離はゼロで、これ以上近いところはありません。最も近いところをソ系で指し、コ系が使えないわけです★。いずれの場合もア系は不適切ですが、「遠くないから」という説明で済むでしょう。

⑿の場合は、距離説では説明できないことになります。しかし、これは《領域説》なら説明できます。「話し手の背中が聞き手の領域に入っていれば、ソ系が使える」とすれば、⑿では、話し手の背後に聞き手がいて、聞き手は話し手の背中を容易に見たり触ったりできる立場にあります。逆に、話し手は自分の背中といえども鏡なしでは自由に見ることもできず、容易に手が届いて触れられるわけでもありません★。背中に傷があっても自分では確認も難しいわけですが、聞き手は観察だけでなく薬を塗ることも可能です。《関与のしやすさ》という点では聞き手の方が話し手よりも優位なので、話し手の背中であっても聞き手の領域にあることになり、《領域説》で説明がつくのです。

次に聞き手と話し手が並んで同じ方向を向いていて対立がない《単基準の距離説》を例に考えましょう。この場合でも、指示詞の使用が距離の違いでは説明できないことがあります。ある都市の郊外に小高い丘があって展望台があるとします。その展望台に立つと、遠くに山並が見え、その手前に市街地が広がっています。

⒀「ほら、{この／その／あの}山が立山連峰なんですよ」

⒁「それから、{*この／?その／あの}ビル、わかります? ひときわ大きいのがZホテルで、その右隣にある建物なんですが。そう、{*これ／?それ／あれ}がうちの

★とはいえ、実は、一生懸命手を伸ばして異状を感じるあたりを指させば「このへん」と言ってもおかしくはありません。⑿は特に指さずに発話している状況を前提にコ系を不適切としています。

★テレビに出るほど体の軟らかい人は例外です。私のような体の硬い人間を前提にしています。

会社なんですよ」

図５のＡの山並は市街地のずっと向こう側にあり、物理的な距離は明らかに「遠い」のですが、遠称のア系以外にコ系もソ系も使えます。山並の手前の市街地のなかに小さく見えるＢのビルを話し手は「あのビル」と言って聞き手に示しています。状況次第では「そのビル」も可能でしょうが、コ系では指せません。「この山が立山連峰で、あのビルがうちの会社です」と言えば、遠いほうをコ系で、近いほうをア系で指していることになります。このような現象を《指示詞の逆転》と言います。★もうひとつ例を見てみましょう。

話者の前になんらかの機器があるとします。箱状の機器で話し手の側に穴が開いており、そのなかは折れ曲がった筒状になって奥へと続いています。その筒状の通路は細くてせいぜい少し指先が入るくらいで、なかに手を入れることはできません。話し手は、かがみこ

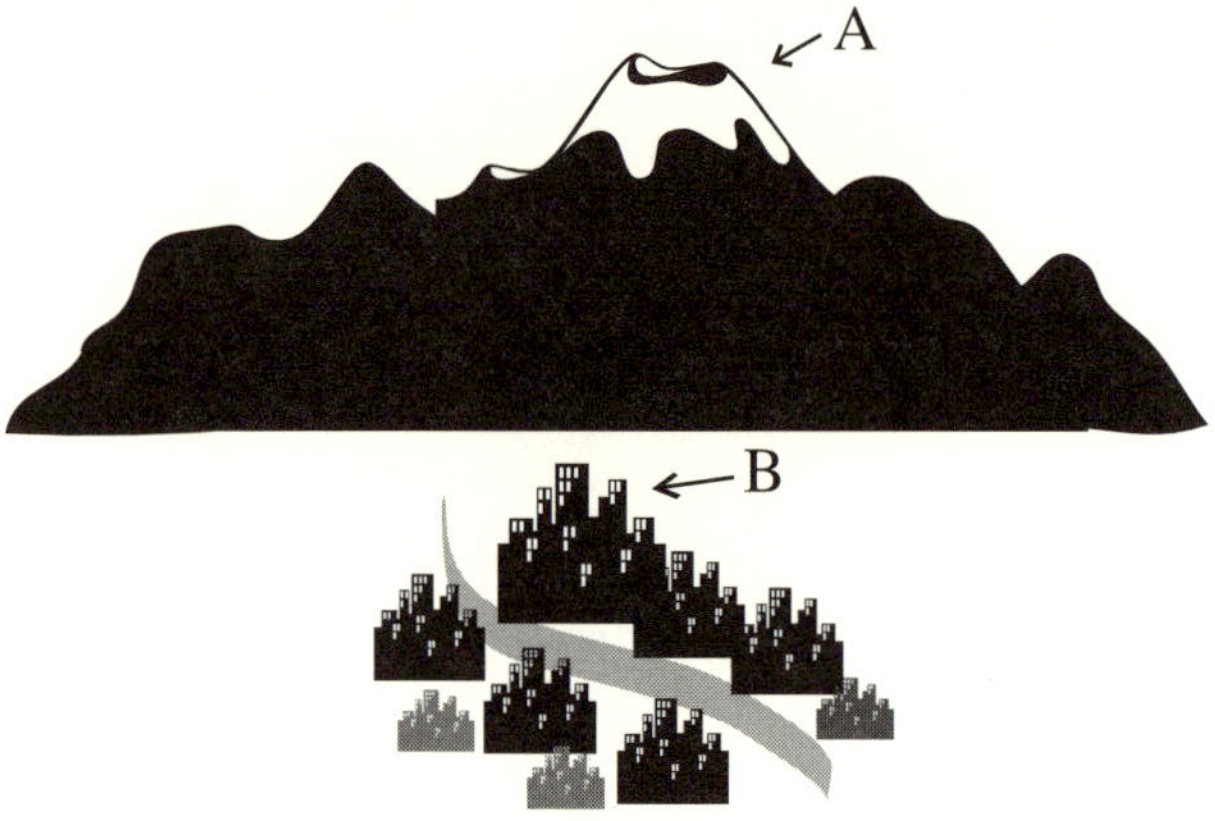

図５

★この例は、本書と同じシリーズの『日本語学のしくみ』（加藤重広著、二〇〇一年、研究社）の133-135ページでも触れています。指示詞の逆転については、吉田朋彦（一九九三）「日本語指示詞の直示用法の使用条件」『東京大学言語学論集』13、東京大学言語学研究室、331-351ページを参照してください。

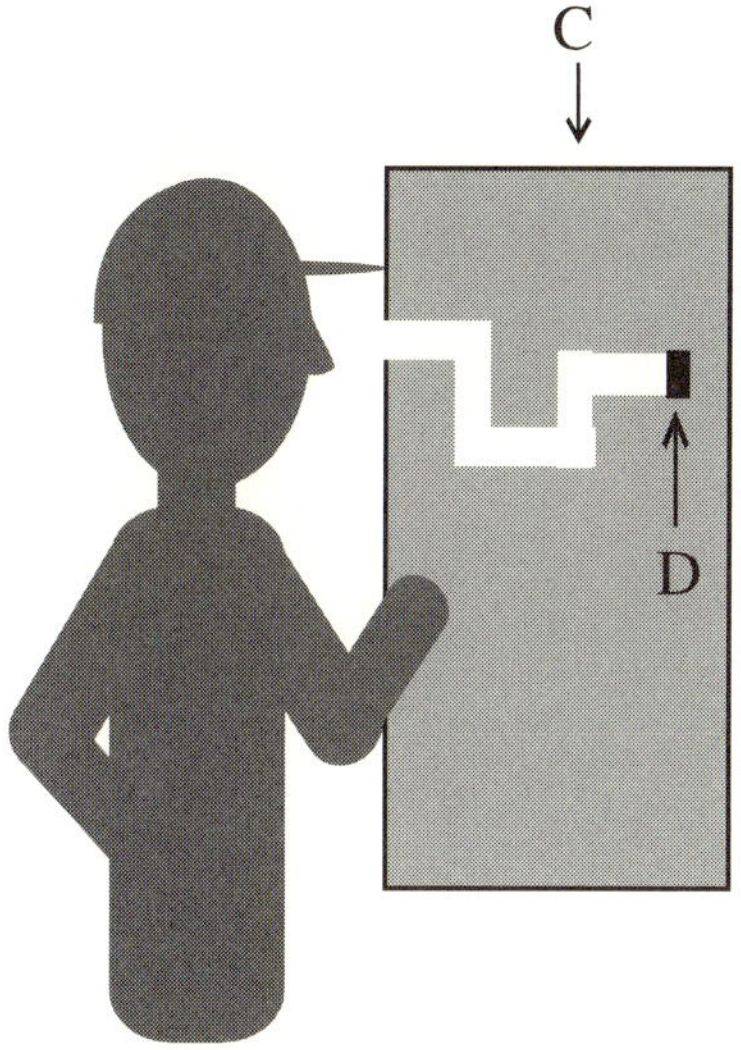

図6

んで穴のなかを指さしながら言います。

⒂「穴の奥のほう、{?この／その／あの}へんにね、特殊な装置が取りつけてあるんです」

聞き手は、話し手の横に立っています。話し手は機器の上を指さして言います。

⒃「持ってきてくれたデータのファイルは{?この／その／*あの}へんに置いてください」

穴の奥のほうを指さして言うときは、例えば、図のDのあたりを指している場合には、ソ系もア系も使えます。★また、相手にファイルをCのあたりに置くように指示するときは、「そのへん」が普通でしょうが、手を伸ばして指させば「このへん」でもいけそうです。物理的な直線距離では、Cが遠くDが近くても、Cをソ系かコ系で、Dをア系かソ系で指せる場合、近いほうにア系やソ系を使うので、指示詞の逆転が起きています。

★コ系は少し不自然だと思いますが、これも状況次第で変わるかもしれません。

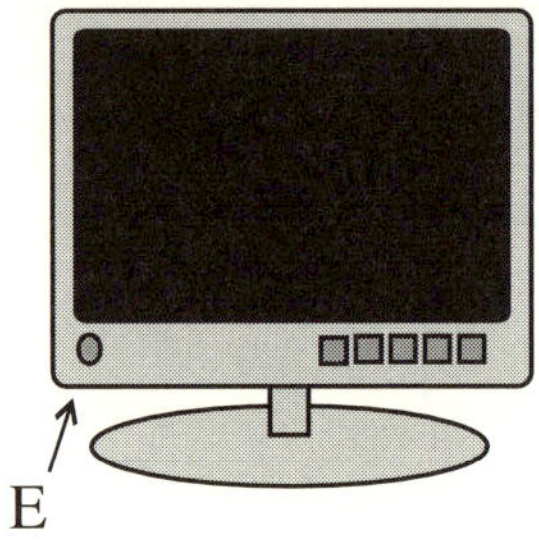

図7

話し手と聞き手は大きな画面のテレビを前に少し離れたソファに並んで座っています。

⒄「{この／その／*あの}テレビ大きいね。画面の左下に小さなスイッチがあるけど、{*これ／*それ／あれ}は何？」

テレビが大きければ「こ★のテレビ」と言えそうです。しかし、テレビの位置Eと同じ距離に小さなスイッチがありますが、このときはア系が普通です★。これは、距離は同じなので逆転はありませんが、指示詞の使用が距離だけで決まらないことがわかります。

最初の⒀⒁の例からわかるのは、遠くても大きければコ系が使えて、相対的に近くても指示対象が小さければア系を使うことです。⒂⒃からは、近くても直接見たり、触れたりできない場合にはコ系が使えず、ア系が適切な場合があり、相対的に距離があっても直接見たり、すぐに手を伸ばして触れたりできる状態ではコ系やソ系が使える場合があると言えます。⒄からは、距離が同じ場合は大きさで使い分ける（大きいものにコ系、小さいものにア系を使う）ことがわかります。以上から、①《物理的な距離》以外に、②《指示対象物の大きさ》、③見つけやすいか、わかりやすいか、視覚的に確認しやすいかといった《認知容易性》、④触れたり手に取ったり影響を与えたりしやすいかといっ

★我が家のような狭隘な住宅の部屋を念頭に置いています。体育館のように広いリビングがある家でテレビからかなり離れていればア系が使えるケースもあるかもしれませんが、ここはひとつ庶民感覚で。

★手を伸ばしてかなり近づいて指示するのでなければコ系は使えません。手も伸ばさずソファに腰掛けたままで言うなら「あのスイッチ」となるでしょう。

表10　指示詞を選択させる要因

近い	↑ 物理的な距離 ↓	遠い
大きい	↑ 指示対象の見かけ上の大きさ ↓	小さい
認知しやすい	↑ 認知容易性 ↓	認知しにくい
関与・制御しやすい	↑ 関与容易性 ↓	関与・制御しにくい
到達が容易	↑ 到達容易性 ↓	到達が容易でない
コ系 ↑・・・・・・・・↓	ソ系	↑・・・・・・・・↓ ア系

た《関与容易性》、⑤指示対象物やその場所に容易に到達できるかといった《到達容易性》などが関わると考えられます。おおまかに整理すると表10のようなモデルが想定できます。

これは、《心理的な距離》とおおまかに言い表してまとめられるでしょうが、重要なのは、他の尺度の追加が可能で、いずれの尺度もおおいに相関関係があることです。つまり、「近い」ものは「認知しやすい」のが普通で、「大きい」ものも「認知しやすい」のが普通でしょう。とはいえ、この場合の「大きさ」は認識する人間(主に話し手)にとっての「見かけ上の大きさ」であり、物理的な実際の大きさではありません。ビルの屋上にあるアンテナを「あのアンテナ」と言い、手元にあるリモコンのスイッチを「このスイッチ」と言ったとしても、物理的にアンテナのほうが大きいことはわかっているわけです。ただ、遠くにあるものは小さく見えるので、そのときの見かけの大きさではアンテナのほうが小さいこともあるでしょう。遠くにあるものに手を触れにくいのは、手を触れようと思ったら近づく動作が必要で、一手間分だけ関与容易性が低くなるからです。到達が容易でないことが反映しているのです。また、近くにあってもピンセットなどの道具がなければ触れたり取り外したりできないのなら、やはり一手間分よけいにかかるので関与容易性が低くなります。関与容易性は、距離だけに左右されるわけではなく、ほかの条件が同じなら近いほうが関与しやすく、遠いほうがその距離を縮める動作の分だけ関与しにくいということなのです。

少し数学的な言い方をすると、それぞれの要因をa、b、c、d、eとして掛け合わせた積が、小さければコ系、大きければア系になり、中間はソ系になる、ということですが、それでいて、a、b、c、d、eは独立の変数ではないのです。例えば、距離aが変われば見かけ上の大きさbも変わります。総じて言えば、距離と大きさ、認知や指さしによる指示や関与・制御のしやすさの総合評価で、指示詞の選択が決まることになります。この総合評価を私は《接近容易性》と呼んでいます★。接近容易性が高い（つまり、接近しやすい）のならコ系が使いやすく、その度合いが下がるにつれ、ソ系、ア系となるわけです。接近容易性の度合いには物理的な距離がもっとも明確に作用し、物理的な距離は認知しやすさなどの他の尺度にも大きく影響します。おおまかに見れば、物理的な距離で多くの事例が説明可能なのはそのためでしょう。

★認識というやや受動面の特質と関与という能動面の特質をまとめて、「アクセスのしやすさ」という趣旨でaccessibilityと呼ぶことを考えたものです。「可能か」どうかの割合ではなく、「しやすいか」どうかの度合いなので、「接近可能性」ではなく「接近容易性」ということになるのですが、説明されなければわからないことと、アクセシビリティなどはいろんな研究で使われている、比較的一般的な概念なので、ちょっと困りますねえ。

以上を踏まえて《指示詞の逆転》を見ると、本質的に逆転現象が起きているのではなく、《見かけ上の大きさ》や《関与容易性》などの要因が《物理的な距離》以上に大きく作用した結果、物理的な近さとずれが出たのが、現象としての《指示詞の逆転》だと言えます。つまり、《心理的な距離》では近いところから順にコソアという順序になっているのに、《物理的な距離》に限ればその順序になっていないだけで、単なる《心理的な距離》と《物理的な距離》のずれに過ぎないのです。

領域説も接近容易性の反映か

領域説を「なわばり」という明確な言い方で最初に唱えたのは、佐久間鼎《かなえ》★です。実は、「こそあどことば」のコソアドも佐久間が使い始めたと言われています。山田孝雄や松下大三郎も「なわばり」に近い概念を提示していますが、それはやはり「聞き手に近い」とか「話し手に近い」というように距離を尺度とする定義になっており、「領域」「なわばり」という概念を明確化して一歩踏み出したのが佐久間なのです。

佐久間は、話し手（一人称＝「我《われ》」＝「わ」）の領域と聞き手（二人称＝「汝《なれ》」＝「な」）の領域とそのいずれでもない部分と分け、これがコ系・ソ系・ア系に対応するとしました★。なわばりの存在は、話し手と聞き手のなんらかの《対立》を前提にしています。また、佐久間による図8を見ると、コ系とソ系の境界線は直線的になっていて、ある線をまたぐと「これ」から「それ」に変わるイメージになっています。この図は典型とな

★佐久間鼎（一八八八―一九七〇）は、当初心理学を専攻していましたが、のちに日本語を中心とする言語研究に重心を移していきました。勘違いする人はいないと思いますが、「かなえ」と言っても男性です。

★佐久間鼎（一九五一）『現代日本語の表現と語法』恒星社厚生閣刊（復刊、一九八三年、くろしお出版）

るモデルでしかありませんが、問題がないわけではありません。少なくとも、私たちが直示の指示詞を使う状況は《三次元》の空間であるのに、それを《二次元》の平面に置き換えて捉えている点は考え直すべきでしょう。

広い部屋のなかに、話し手と聞き手が離れて向かい合っている状況を考えてください。部屋の隅には机があり、話し手から見るとその机は右後ろで数歩の距離があ

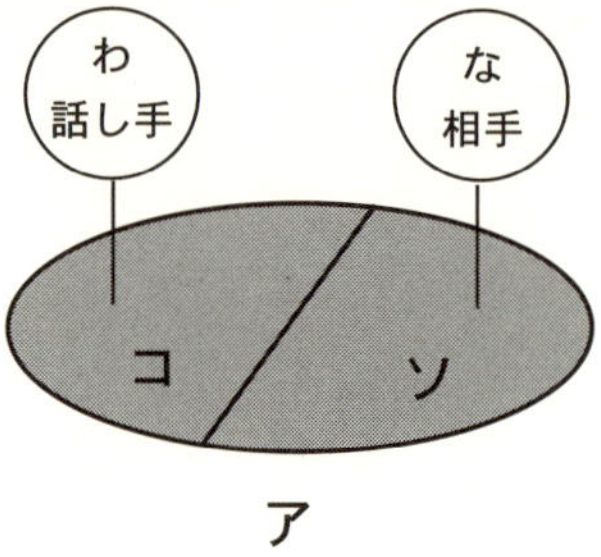

図8

ります。このとき、話し手が次のように言います。★

(18)【机を指さしながら】「資料は{*ここ／そこ／?あそこ}に置いてあるからね」

実際の距離感で変わりますが、机の位置は「そこ」で指すのが自然でしょう。すぐ手が届く位置なら「ここ」でもいいですが、数メートルほど離れていれば不適切ですね。聞き手より机のほうが近い位置関係なら「あそこ」より「そこ」が適当でしょうが、ア系が使えないとまでは言えないかもしれません。

これは、聞き手よりも話し手に近い机をソ系で指していることがポイントです。つまり、話し手と聞き手の対立が想定されるのに、聞き手の領域を表すソ系指示詞を使っており、それでいて机が聞き手のなわばりに入っているとは考えられないのです。

★この例は、高橋太郎（一九五六）「『場面』と『場』」『国語国文』25-9（京都大学文学部国語国文学研究室）の挙げている例です。

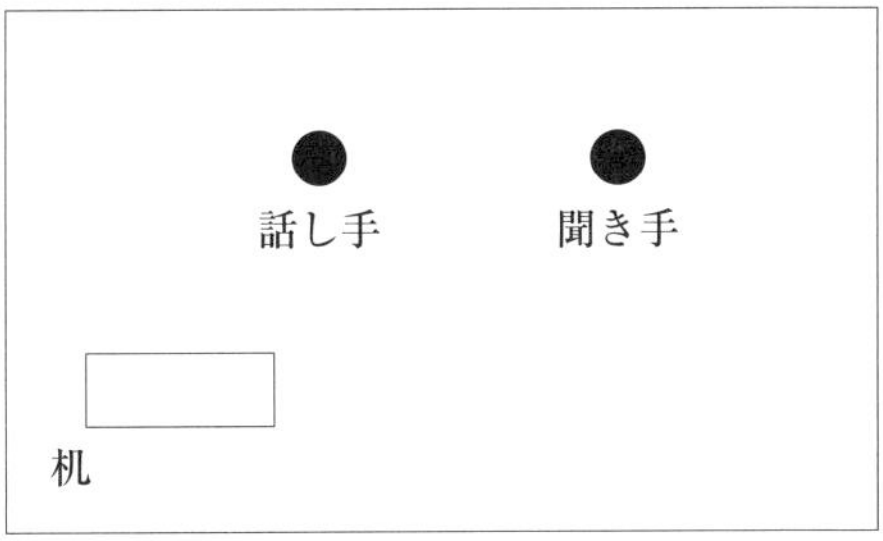

図9

(19)【聞き手の足下を指さして】「ほら、{*ここ／そこ／*あそこ}に百円玉が落ちてるよ」

明らかに聞き手のなわばりとわかる(19)ではソ系しか使えません。(18)のソ系と(19)のソ系は、同じ「そこ」でも機能上は異なると考えるべきでしょう。先ほど(18)について「話し手と聞き手の対立が想定される」と言いましたが、話し手と聞き手が向かい合っていれば自動的に対立が生じるとまでは言えないのです。つまり、(18)は、聞き手の位置に関係なく、話し手から見て近からず遠からずの距離だったので「そこ」と言ったに過ぎず、《単基準の距離説》で説明がつくわけです。対立があれば《領域説》で、対立がなければ《距離説》で説明することになりますが、これも二つの捉え方が混然一体となっているとする見方と、二つの捉え方を必要に応じて適当に切り替えて使用しているという考え方に大きく分けられます。区別するために前者を《融合型》、後者を《切替型》と呼んでおきます。

もう一つのケースを検討しましょう。ものすごく大きな木をあいだにはさんで、話し手と聞き手が広い野原にいるとします。

(20)【話し手が自分の足下を見ながら】「{ここ／*そこ／*あそこ}に見慣れない花が咲いて

るんだけど、君のほうはどう？ ｛*ここ／そこ／*あそこ｝にも紫色の小さい花が咲いてるかな」

(21)

【大きな木の梢を指さして】「ほら、｛*ここ／*そこ／あそこ｝に鳥の巣があるね」

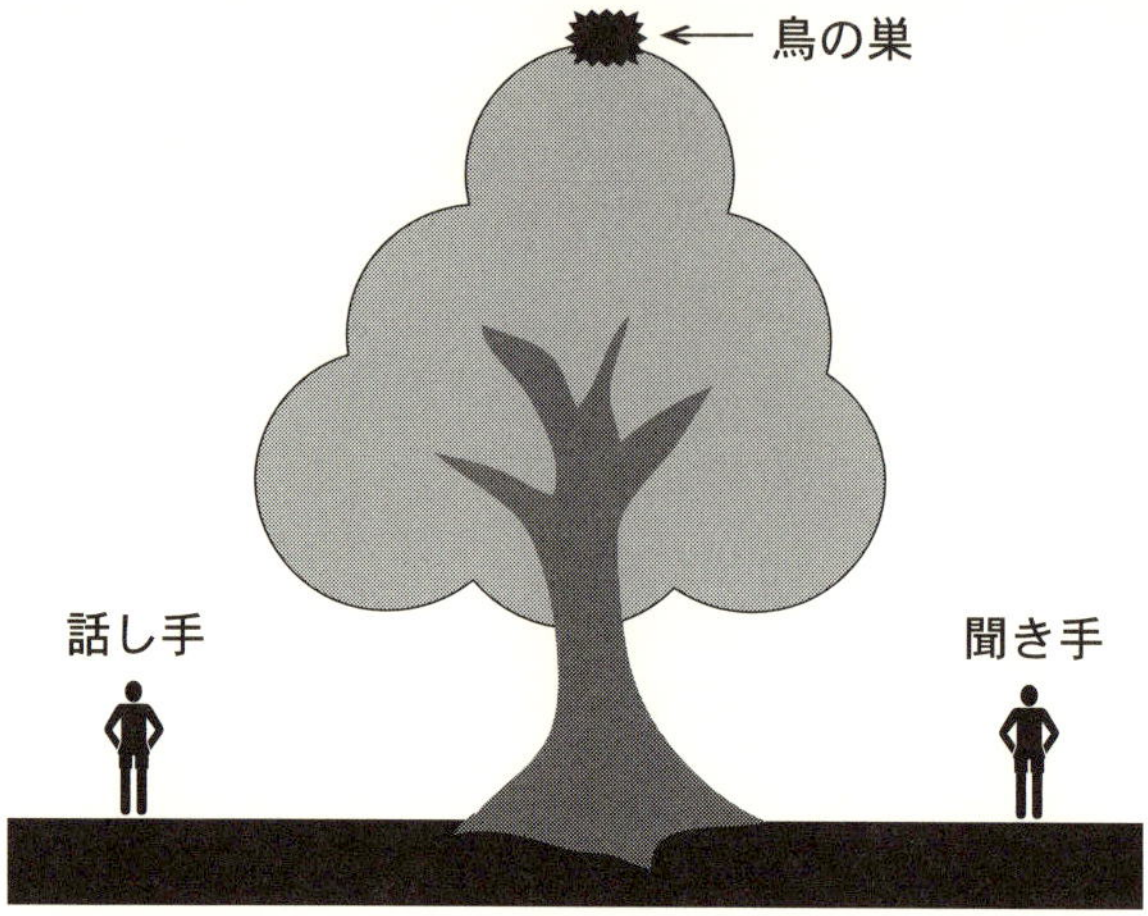

図 10

木の梢も聞き手のいる場所も、話し手からの距離はほとんど変りませんが、ア系とソ系を使い分けています。上から眺めた俯瞰図で平面のなわばりとしてみると、木の梢の位置は話し手と聞き手のちょうど真んなかに当たるので、平面図にするとコ系の領域とソ系の領域の中間にア系領域があることになってしまいます。しかし、これも、(20)の「ここ」と「そこ」は領域の用法で、(21)の「あれ」は距離の用法と説明できそうです。この説明は、領域説と距離説を（融合型か切替型かで）組み合わせているという前提に立つになります。言い換えれば、同じ「それ」

でも①話者からの距離で選択される場合と、②話者が聞き手のなわばりのなかと見て選択される場合の二種類があるのです。話者から見て近いところは話者のなわばりと基本的に一致するので、コ系は理論上は二種類考えられるものの実態は一種類と考えていいでしょう。ア系も理論上は二種類考えられますが、普通は話し手のなわばりでも聞き手のなわばりでもないところは、話し手からは離れているわけです。少なくともコ系の領域の外であり、近い場所ではないことは確かです。

(21)におけるア系の指示対象(木の梢付近)は、《到達容易性》で説明ができます。木の梢と聞き手のいる位置は、物理的な直線距離はおおよそ同じですが、木のてっぺんと歩いていける場所ですから到達の容易さは大きく違います。心理的には明らかに木のてっぺんのほうが遠く感じられます。鳥瞰図のように上から見た平面の図では、物理的な距離の一部は正確に表示できても、たどり着くのが大変だとか触れるのに手間がかかるといった《心理的な距離》を左右する要因はそのまま表示できません。物理的な平面距離だけでは、コ系とソ系のあいだにア系が挟まっている図になりますが、《心理的な距離》で見ればア系とソ系は逆転していないのです。

結局、距離説と領域説で分離していて片方だけではうまく説明できないのがソ系です。ちょっと表にしてみましょう。

表11　直示指示詞の距離説と領域説の比較

	コ系	ソ系	ア系
距離説	近い距離	中程度の距離	遠い距離
領域説	(話し手の領域)	聞き手の領域	(話し手と聞き手の領域以外)

ソ系で《距離説》と《領域説》が分離しているわけですから、ここを解決すれば全体を統一的に説明できます。話し手から「近い」ところは話し手のなわばりであり、話し手のなわばりは「近い」はずなのでコ系は一つにまとめられ、ア系も一つにまとめられそうです。しかし、近くても遠くても「聞き手の領域」と見なされればソ系を使うので、距離説と領域説をソ系ではコ系やア系と同じように統合しにくいわけです。

二つの原理を統合するには

聞き手の領域とは、聞き手が決めているわけではなく、実のところ話し手が聞き手の領域と認めたところとするべきでしょう。だから、話し手が想定した聞き手の領域が、聞き手自身が自分のなわばりだと考える領域と完全に重なっている保証はありません。また、話し手と聞き手の位置が空間的に固定されていても、顔や視線の向きや姿勢によってもなわばりのありようは変わってきます。★簡単に言えば、近いか遠いか、なわばりはどこまでか、という判断は常に一定とは限らず、動的に変わりうるのです。同じ指示対象で同じ距離であっても個々人で判断が違うことがありますが、これは同じ原理に

★例えば、両手に荷物を持っていて手を伸ばすことができなければ、話し手自身の《関与容易性》そのものが低くなりますから、コ系で指す自分の領域は小さくなるかもしれません。また、相手との関係でもなわばりの設定は変わるでしょう。

従っても人によって判断基準がずれているからでしょう。

ここではまず直示用法のまとめとして、暫定的★にソ系の二つの用法を統合する枠組みを考えながら整理します。

①コ系で指示する「話者に近いところ」は、通常そのまま話者の領域をなす。

②聞き手が話者になったときにコ系で指示すると話し手が推定する領域を、話し手はソ系で指す。

③話者から見て「近くなく、遠くもない」ところがソ系で指示される。

④そのままの状態で、すぐにアクセスできる、直接アクセスできる対象は、コ系で指す。

⑤なんらかの★アクションを起こすことでアクセス可能となる対象は、ソ系で指す。

⑥なんらかのアクションを起こしてもアクセス可能になると必ずしも見こめない、また、アクセスするにはさらに手間をかける必要があると見こまれる対象の指示にはア系を用いる。

コ系は《直接アクセス》、ソ系は《間接アクセス》であり、多少の手間の負担だけではアクセスが確実でない《遠隔アクセス》を呼ぶべきものがア系と整理できるでしょう。ソ系は、話し手から見れば、聞き手のコ系（相手が話し手になったときのコ系）ですか

★距離説と領域説に分離せずに統合的な原理できちんと説明するには、ソ系の扱いがポイントになりますが、これはQ10で見る《照応》との整合性も考えるべきでしょうから、全体を見たあとで再度検討することにします。

★先ほどは「一手間かけることで」など表現しました。

ら、聞き手という重要な存在を経由することで間接的にアクセス可能だとする考えを導入すれば説明は可能です。また、話し手がアクセスのための基準を持たず、聞き手もアクセスのための基準を持たない場合は、アクセスするためにその分の手間やコストが必要になることが考えられますが、これがア系だとすれば説明は一貫します。ここまでの整理を簡単にまとめておきます。

表12　直示用法の整理

コ系	直接アクセス	話者が指示対象に対して、特にアクセスのための負担やなんらかの手段を起こすことなく、直接アクセスが可能と見こまれる。
ソ系	間接アクセス	話者がなんらかの手段をとるか、聞き手の認知を経由するか、いずれかの負担によって指示対象に間接的・二次的にアクセス可能と見こまれる
ア系	遠隔アクセス	話者が指示対象に対して、単一の手段・単純な負担では、アクセスが可能とは必ずしも見こまれない。

Q10　日本語の指示詞の照応用法はどのようなものですか?

「これ」「それ」「あれ」などの指示詞は、《直示》だけに使うわけではありません。直示の場合は、その場に指示対象がなんらかの形で存在しなければなりませんが、その場に指示対象が存在しないケースでも指示詞は使われます。《照応》の用法です。

(1) A「あなたがいないときに坂本さんという女性が見えましたよ」
B「そんな人、知り合いにはいないなあ」

Bの発話の「そんな人」は、Aの発話の「坂本さんという女性」を指しています。言い換えれば、「そんな人」と「坂本さんという女性」は指示対象が同じです。《照応》とは、このように、すでに言語的に表現された内容と同じことを後続要素が指し示すような現象のことです。これは、ことばの上で《指示》が行われており、直示のように言語外に指示対象が存在する場合とは異なります。

《照応》とは?

一口に照応★と言っても、研究分野によって用法が違います。ここで扱う指示詞の照応用法について、まず、基本的な用語を少し確認しておきましょう。

(2) 加藤という言語学者がいますが、この人はいじわるだという噂です。
(3) じゃあ、この先生を紹介してあげましょう。町田健という言語学者です。

ここでは「この人」「この先生」が**照応詞**★(anaphor)に当たり、照応詞によって指されるのが**先行詞**(antecedent)です。指示するほうが照応詞で、指示される対象が先行詞なのです。

★例えば、生成文法などをはじめとする形式文法の研究では、照応として扱うのは「自分」といった再帰的な要素や英語の each other などの相互的な要素です。このとき「彼」や he などは《代名詞》として、照応とは区別されます。形式意味論など論理関係に力点を置く研究でも照応は扱われますが、これも外界の指示対象が文のなかで確定するか、論理関係上の確定にとどまるかに関心があるようです。

★なお、照応詞とか先行詞と言っていますが、もちろん、品詞ではありません。たいていは名詞か名詞句ですが、先行詞については名詞句の形になっていないものもあります。

先行詞は、先行というくらいなのでたいてい照応詞よりも先に出てきますが、(3)のように先に照応詞が出て先行詞があとから出てくる場合もあります。厳密に言えば「後行詞」かもしれませんが、区別せずに「先行詞」と呼びます。先行詞が先に出て照応詞があとから出てくる照応用法を**前方照応**★(anaphora)と言い、照応詞が先に出てそのあとに先行詞(後行詞)が出てくる用法を**後方照応**(cataphora)と呼びます。

日本語の指示詞を前方照応と後方照応の用法別に整理すると以下のようになります。

表13　前方照応と後方照応

照応		
前方照応	先行詞が先、照応詞があと	コ系・ソ系・ア系に見られる
後方照応	照応詞が先、先行詞があと	コ系(・ソ系)に見られる

コ系の後方照応はよく見られます。例えば、説明を始める前に「つまりね、こういうことなんだ」と言って、そのあとで説明することができます。しかし、「そういうことなんだ」と言うときにはもう説明は終わっています。「そういうことなんだ」と言ってから、説明を始める、つまり、後方照応に使うことはできません。ア系に関しても同じです。ただし、ソ系については後方照応と分析できる(4)のような使い方もありますが、例外的なものと見ていいでしょう。

(4)　その立候補にあたり、会長候補者は推薦人を三名以上必要とする。

★英語では、前方照応と後方照応の双方を含む「照応全般」もanaphoraと言います。まあ、照応の大半が前方照応なので、それほど混乱はしませんが、用語のあり方としては問題がありますねえ。

ソ系の後方照応は、原則として、①硬い文章体で用い、会話体では用いない、②取り去っても文法的な適格性が変わらない、といった性質があり、欧文の定冠詞を直訳したような調子の文体として利用されているに過ぎないと考えられることから、例外的な用法と見られます。

この種の照応に関する性質は、直示の場合も共通しているところがあります。

(5)「ねえ、{この／その／あの}人、知ってる?」

このように尋ねるとき、「その人」と直示用法で使えば、指示対象の「その人」はすでにその現場にいなければなりません。★「あの人」の場合も同じで、遠くであっても指示できるところに「あの人」がいる必要があります。ところが、「この人」の場合、発話時点でその場にいなくても成立します。「この人、知ってる?」と言ってから、おもむろに写真を取り出して見せてもいいわけです。後方照応とは照応詞があとから出てくる用法ですが、これは時間軸の上でのあとです。後方照応はコ系の特徴なのです。

先行詞との同一性

《照応》は、照応詞と対応する先行詞が存在するが原則ですが、原則に反する場合もあります。

★現場に「その人」の写真や絵や名前があるのでも構いませんが。

(6) まず、大根を千切りにして、同じく千切りにした人参と大葉に混ぜます。それから、ドレッシングであえてください。盛りつけるときは、その上に少し白ごまを散らしてください。

(7) 一昨日友人と芝居を見に行きました。今朝、新聞を見たら、その劇場が昨日火事になったという記事が出ていました。

(8) 最近気に入っているバンドがあって毎日聞きながら通学しています。そのCDはもう百回以上聞きました。

(6)の「その上」でソ系指示詞が指す先行詞は言語化されてはいませんが、先行詞を《再構成》するのに必要な情報はすべて言語化されているので、「その上」が「千切りにした大根を千切りにした人参と大葉に混ぜてドレッシングであえたもの」の「上」だと容易に推測可能です。「大根」という名詞が出ていますが、「大根の上」を「その上」とするわけにはいきません。指示の上では《同一性》が重要であり、きちんと再構成して先行詞を作り直さないと、指示の同一性が保たれないわけです。

(7)(8)では、指示対象を再構成するための材料が直前までの文脈に全部出ていません。材料が全部揃わなくても、(7)の「その劇場」は「一昨日友人と見に行った芝居を上演した劇場」。(8)は単に「気に入っているバンドのCD」ではなくて、「毎日聞きながら通学している、気に入っているバンドのCD」とわかります。これらは「その劇場」「そのＣＤ」と言われて初めて、上演した場所が「市民会館」や「野外ステージ」でなく「劇場」であり、聞いていたものが「レコード」や「ＭＤ」でなく「ＣＤ」だとわかるようになっています。直前の文に「劇場」と「ＣＤ」は出てこないので「劇場」や「ＣＤ」に特定して推論することはできません。ただ、芝居を上演するには「場所」が必要で、音楽を聴くには「音源★」が必要なことは推論できます。そのものずばりの形で先行詞が存在しないものの、推論で《関係づけ》を補って理解して照応を成立させているわけです。照応詞が現れるまでの言語的文脈の情報から連想的に先行詞に相当する内容を理解するので、これらの用法を**連想照応**と呼びます。

ある種の出来事があった場合、それを適切に成立させる上で必要な要素★があることを私たちは知っています。その知識は、かなり言語外の知識（世界知識）を含んでいますし、なかには、文化的に規定される知識もあります。

(9) 昨日、○×市で立て続けに四軒の民家が放火された。しかし、その犯人はいまだ逃走中である。

(10) 本日未明、北陸自動車道でバスとトラックの衝突事故があった。しかし、※その犯人はまだ捕まっていない。

連想照応と言っても、強く関わりを持つ要素と解釈できるかどうかにはいろいろなことが関係してきます。放火は犯罪で「犯人」が存在するのは当然なので、「犯人」は容

★音源となる媒体や装置を含みます。

★出来事の舞台になる状況を《フレーム（frame）》、必須の要素を《ロール（role）》と呼ぶことがあります。特定のフレームのなかにどんなロールがあるのかを私たちは知っていると言い換えてもいいでしょう。

易に推測でき、(9)は成立します。しかし、(10)の「衝突事故」は「犯人」が必ず存在する出来事とは言えず、強く関わりを持つ要素として引き出すことができません。故意に起こした事件なら「犯人」の存在が理解しやすいのですが、(10)のままでは成立しないわけです。

照応は直示とどう異なるか

直示は、現場に実際にあるものを指し示す用法ですが、「もの」とは言っても物理的な存在(物体)でなくてもかまいません。「このにおい」「あの音」「その笑い声」と使うと、においや音といった知覚の対象となる現象などを指示することになります。相手の表情を「その表情」、自分の声を「こんな声」という場合も同様です。

(11) そんな声を出さないで!

(12) そんなことをするなんて!

(13) そんなことを言うとはなあ。

「声」はもちろんですが、(12)の「そんなこと」という行為も、その場での行為であれば発話の場で指示できる対象になります。(13)の「そんなこと」は、形式は(12)と同じですが、「言う」の目的語なので「意味内容を持ったことば」を指すと解釈されます。(12)と同じように考えると、(13)も現場指示と見ることができそうです。ことばを音やにおいなどの知覚対象となるものと見たり、ことばを発する《行為》と見れば、現場指示（直示）に分類できるわけです。発したことばの《内容》を指すと見なせば、文脈指示（照応）です。両者のあいだに理論的な境界線は引けますが、捉え方次第でいずれとも理解しうるのであれば明確に両者を分ける線とまでは言えません。

カール・ビューラー★は、直示と照応では、直示のほうが本来的で始源的な用法であり、直示から照応が派生したと指摘しています。直示と照応がかなり近似していて、単純に区分しがたいケースがあることは、二つの用法が全く別のものではなく連続的な関係にあることを示しており、照応が直示から派生したというビューラーの指摘を支持する根拠になるでしょう。

《直示》と《照応》を定義上区別する観点はもう一つあります。直示は、現場に指示対象があるので会話のやりとりを行う際に記憶の倉庫に入れる必要はありません。しかし、相手が話した内容は、こちらが聞いていて覚えていなければ「そんな目に遭ったなんて気の毒だね」などと指示することは不可能です。つまり、照応の指示対象は、現場に存在しない代わりに、記憶の倉庫に一時的に入れておいてそこから情報を引き出して指示するのです。両者が連続的であることも多少考慮に入れて表にすると次のようになります。

指示対象が短期記憶に収蔵されていれば収蔵される際に意味解釈が行われるが、現場に存在するものを指示するだけなら意味解釈が行われないので、「照応の指示対象は意

★ビューラー（Karl Bühler, 1879–1963）はドイツの心理学者ですが、『言語理論』（Sprachtheorie）によって、心理言語学に影響を与えました。

表14　直示と照応の指示対象のありか

（用法）	直示	照応
（指示対象のありか）	発話の現場	短期記憶

味解釈上未処理であり、直示の指示対象は意味解釈上処理済みだ」と考えたくなるのは人情というものですが、これは必ずしも正しくありません。おおざっぱなイメージとしてはいいでしょうし、直示から照応が派生するビューラーの捉え方と重なる点はいいでしょう。しかし、私たちは周囲に存在するものを全く解釈せずに単なる存在のままにしておくことはむしろ少ないのです。人間は、何にでも《意味づけ》する生き物だということがありますが、存在を認めたものを意味づけするのは自然なことだと言っていいでしょう。

　ここで言う《短期記憶》は、会話のやりとりの場（セッション）で得られた情報を収蔵したものです。短期記憶は、会話★の参加者のあいだで共有されていることが前提になっていますが、参加者が完全に等しく情報を解釈して全く同じように情報を収蔵する保証はありませんから、多少のずれは生じえます。とはいえ、短期記憶は会話の参加者間でおおむね共有されているとは言えるでしょう。聞き手としての私たちは、相手が発話したことを録音録画して記録するように一字一句正確にそのまま記憶するわけではありません。発音やアクセントやイントネーション、ポーズ（休止）の位置、声の強さや高さや質などは、一言か二言の短い発話でもなければ覚えていられないでしょう。短期記憶には限界容量があり、無限に記憶することはできないからです。しかし、印象に残る発話については、イントネーションやアクセントなどの細かいことを記憶していることもあ

★やりとりをするときは、会話を行う人は話し手でも聞き手でもあるので、こう表現しています。

ります。いわば情報が「原形をとどめ」たまま収蔵されているわけです。しかし、たいていは相手が話した内容はわかっていても、厳密に正確な形のまま記憶していないものでしょう。五分程度の会話でも覚えているのは主に内容であって、録音したものを再生するようには記憶していないものです。これは、情報を原形のまま取り込むのでなく、取り入れる際に「情報を加工した」上で記憶の倉庫に収蔵したということでもあります。情報を解釈して理解することで、収蔵されやすいように加工しているのです。

短期記憶のうち、会話の参加者間で共有が前提とされるのは、意味解釈の処理が済んだ情報です。つまり、「どんな内容の話だったか」は会話に参加しているものは誰しもわかっていることになります。とはいえ、そのプロセスでほかに取り入れる情報や情報の取り入れ方が制限されるわけではありません。★しかも、会話が始まる時点で短期記憶がリセットされると仮定しても、人間はコンピュータのように常に一定のやり方とレベルで短期記憶に情報を取り入れていくわけではありません。むしろ、個々人で、その時々で、状態が違うのが人間というものでしょう。同じ話を聞いても、聞き手が常に関心を持っている話題や、そのときたまたま知りたいと思っていた話題、逆に、特に関心のない話題などは人によって違いますから、情報の取り入れ方も違ってくることが考えられます。会話のやりとりが始まる時点で、短期記憶は常に等しく無色透明で平坦な状態とは限らず、短期記憶の倉庫を開けた時点ですでに床にでこぼこがあったり、色が塗ってあったり、特定の空間だけが空いていたりするかもしれないのです。

★相手が自分と違うアクセントで話したり、自分が使わない言い方をしたりすると、聞き手は気になって短期記憶に収蔵するかもしれません。ただ、話し手は自分の話した内容は覚えていても、いちいち自分の発音まで覚えていないことが多いでしょうし、場合によってはどんな言い方をしたかを記憶にとどめていないことも多いでしょう。相手の発音に注意して聞いていると内容を十分に理解できないことがあり、内容をしっかり理解するにはいちいち発音に注意していられない、ということがあります。外国語の習得の初期段階では、どうしても発音に注意して聞かざるをえないので内容の理解が十分でなく、発音に気を遣わずに内容中心に聞き取れるようになるとやりとりに困らなくなる（つまり、外国語が上達している）ということにも、共通点がありそうです。

《初期値》は常にゼロと仮定するほうが一律に処理する原則を立てる上では有効ですが、人や状況によってすでに《長期記憶》のなかでも**活性化**されている情報があり、それが《短期記憶》の状態や機能に影響すると考えられます。「情報が活性化されている」とは、その情報が参照しやすく、追加や充実や修正などの加工や更新がしやすい状態にあり、ほかの情報をさらに活性化する力を持っていることです。長期記憶という巨大な倉庫のなかには、いろんな情報が入っていますが、奥のほうにあってすぐに引き出せない情報もあれば、よく使うので取り出しやすい位置にあってすぐ出して来れる情報もあります。ただ、情報は整理しておかなければ、似たような情報の区別や関連する情報の理解に混乱が生じます。倉庫のなかに情報があることはわかっているのに、どこにあるかわからなくて引き出せない、いわゆる「ど忘れ」もあるでしょう。長期記憶は膨大である分、情報がどこにどういう状態であるかという「情報についての情報」も重要なのです。この「情報のついての情報」は、記憶の収蔵状況に関する情報ですから、《長期記憶のメタ情報》と呼ぶことができます。

　長期記憶で活性化されている情報はすぐに参照できる状態にあり、関連する情報を短期記憶に取り込んでいく際も取り込みやすい形に「加工」しやすくなります。相手の話を理解する際に、長期記憶に予備知識があれば、その予備知識と関連づけて聞いた内容は短期記憶に取り込みやすいわけです。一方、予備知識★が使えないときには、短期記憶に取り込む情報を加工するだけの準備がないので、比較的「原形に近い形で」収蔵して

★関連する情報を予備知識として持っていない場合もありますし、長期記憶にあっても活性化されておらず参照できない場合もあります。

いくしかなくなります。また、人間ですから偶発的な出来事にも影響を受けたり、体調が悪くて集中できず、短期記憶に取り込む情報にムラができることもあるでしょう。例えば、前日読んだ本の内容は長期記憶に収蔵したてで活性化しやすく、関連する話題が出てくれば短期記憶に効率よく加工して取り込みやすいでしょうし、逆に、長期記憶で活性化している情報に無理に関連づけて、不適切な解釈をしてしまうこともあります。

長期記憶のア系

照応の指示詞のなかには、《短期記憶》のなかに指示対象があると言えないものがあります。「こんなことを言うのは失礼かもしれませんが」と言って何かを言い始めるときは、後方照応でコ系を使っているわけですが、後方照応では、まだ《短期記憶》のなかに指示対象が収蔵されていません。とはいえ、「収蔵する予定だ」とは言えるので、収蔵済みではないけれども見こみの上では収蔵だと言えます。もうひとつは、ア系指示詞の用法です。

⑭【会社の廊下で上司を見つけ、駆け寄って言う】「課長、あのあと、どうなりました？」

発話者は、取引先との約束があったため前日の会議を中座しているとします。議論の途中で退席したことを上司も知っていれば、「あのあと、結局、部長が提案を引っこめたよ」と話は続くかもしれません。問題は、⑭の「あのあと」のア系指示詞の指示対象

★朝、通勤途中に満員電車で足を踏まれたとか、最近ものすごくいいことがあったとか、個人的な事情により活性化されている部分はあるかもしれません。

★「誤った思いこみ」ですね。

です。

前日の会議の状況を指すのなら、発話の現場に指示対象はなく直示とは言えません。また、⑭の発話は会話のやりとりの冒頭にあって先行文脈はないので、文脈指示でもありません。談話の冒頭にある以上、これ以前に収蔵すべき情報はなく、短期知識には何も収蔵されていないので照応は使えないのです。では、このア系指示詞の指示対象はどこにあるのでしょうか。

「あのあと」が「昨日の会議でもめたこと」を指すのなら、指示対象は発話者の長期記憶にあることになります。⑭では、聞き手（＝課長）も会議の出席者で、「昨日の会議でもめたこと」を知っているので、聞き手の長期記憶にも指示対象はあり、両者によって共有されています。長期記憶に収蔵済みの情報のなかから思い出して、「あの」と指していると考えればいいでしょう。このときのア系指示詞は指示対象が長期記憶にあり、直示とも照応とも異なるのです。

このア系指示詞の用法については、注意すべきことが三つあります。

まず一つめは、照応と紛らわしいことです。長期記憶内の情報を検索する用法は、ア系指示詞のみで、コ系とソ系にはありませんが、入れ替え可能な例が少なくありません。

⒂　A「吉田という先生を知っていますか」

B「{*この／その／あの}先生はよく存じ上げております」

⒃　A「吉田という先生を知っていますか」

B「{*この／その／*あの}先生は全く心当たりがありません」

⒂ではソ系もア系も使えます。この「その」は直前のAの発話にある「吉田という先生」を指す文脈指示です。文脈指示のソ系の代わりに使える「あの」も文脈指示に見えるかもしれませんが、文脈指示の一種であれば⒃でも同じように使えるはずなのに使えません。⒃で吉田先生を知らないBが「その先生」と言えるのは、ソ系が直前にある「吉田という先生」を指す文脈指示だからです。しかし、「あの先生」とは言えません。ア系指示詞は、長期記憶に情報がある場合にしか使えないからです。もし、ア系にも文脈指示（照応）があるのなら⒃は説明できなくなります。★

⒂では長期記憶の情報を引き出して、思い起こして、ア系指示詞で指しているのです。とすれば、「長期記憶内の情報をア系指示詞でマークしている」とするのが、もっとも合理的な説明になります。⒂は、「吉田という先生」と言われて、長期記憶にある「吉田先生」の情報を検索し、「あの先生」と言っており、「あの先生」がAの発話に出てきた「吉田という先生」という表現を直接指してはいないのです。Aの発話の「吉田という先生」ということばが長期記憶の検索を開始する「きっかけ」になっていますが、指示対象なのではありません。

★「ソ系もア系も照応に使えるが、ア系だけ長期記憶に情報がある場合にのみ使えるという条件を設ければ説明できる」と考える人はいるかもしれません。しかし、照応という短期記憶情報を指示する用法に長期記憶情報の有無という別条件を設けるには説得力のある根拠が必要です。加えて、これで⒃を説明すると、今度は⒂のア系指示詞の用法が説明できなくなってしまいます。また、ア系指示詞に二つの用法を考えるのは、「記述の経済性」の原則に反してしまいます。用法をたくさん設定して細かく分ければ厳密な分析のように思いがちですが、いたずらに用法の数を増やすと、木を見て森を見ないことになりかねないのです。

検索の「きっかけ」となるものを**トリガー**★（trigger）ということがあります。相手の発話に出てきた情報なのでソ系を照応で使えるのですが、それをそのまま指示せずに、それをトリガーとして自分の長期記憶をさぐって情報があることを示すのが⒂なのです。⒁はトリガーになる情報が示されないままに長期記憶から情報を引き出しています。もっとも、廊下で課長を見かけて「課長は昨日の会議に出席してたぞ」と考え、「あのあと」と言ったのなら、課長を見かけたことが間接的なトリガーになっていたと言えるでしょう。⒃は長期記憶に情報がもともとないケースです★。

第二のポイントは、「ア系指示詞は情報の引き出しに失敗しても使える」ことです。

⒄「あの女優、なんて名前だっけ？　ほら、こないだ結婚したばかりで、よく九時台の連続ドラマに出てる人…」

こんなふうに家族や友人に言ったことはありませんか。私はよく言います。「ほら、あの人」と言っているうちに自分で名前を思い出すこともありますし、ついぞ出てこないこともあります。⒄のように私に言われた家族や友人は「あの女優じゃわからない」と応じるのが普通ですが、名前をぴったり言い当ててくれる人もいます★。

ア系指示詞は、このように目標★とする語句を正確に長期記憶から引き出せなくても、使えるのです。情報を長期記憶という倉庫から引き出そうと思ったのに取り出せないこと、すなわち《取り出しの失行★》が生じるのは、倉庫内にターゲットの情報があること

★「トリガー」とは、本来「（銃の）ひきがね」のことですが、何かの「誘因・きっかけ」になるものを比喩的に表しています。「誘因子」などと訳すこともあります。

★知らないのだから、トリガーになりそうなことを提示されても検索を開始できないわけです。

★もちろん、途中で名前を私が自分で思い出して言っても「そんな人、知らないなあ」と言われることもあります。この場合は、相手の長期記憶にはその女優に関する情報が存在していないわけです。

★目標とする要素は「ターゲット」と言うこともあります。たいていは名詞で、なかでも固有名詞が多いことは直感的にわかるでしょう。

★「失行《しっこう》」はもともと医学用語で「麻痺など妨げる物理的な要因がないのに意志的動作が遂行できないこと」を意味していたようですが、ここでは単に「やろうと思ったのにできなかったこと」つまり「失敗」の意味で使っています。

がわかっている場合です。長期記憶という倉庫内にある情報のリストのようなものがあるとしたら、そのリストにターゲットが載っていることはわかっているのです★。これは、《長期記憶のメタ情報》は確保できていたので情報の検索をかけて引き出そうとしたものの失行してしまったケースなのです。

取り出しに失敗しても使えるのだから、別に「話し手と聞き手の双方が共有している知識でなければ使えない」と考える必要はありません。かといって、「共有知識でなければならない」という条件を完全に無視していいわけではありません。「あの会議」とか「あの件」と言っても、相手が知らなければ、「通じない」わけです。わざわざ相手がわからない発話を行う以上は、それを正当化するだけの理由がいります。友人に「ねえ、あのイタリアンの店、行かない？」と言われて「あの店って？」と聞き返すと、「そうか、知らないか。君はそんなしゃれた店には行かないからねぇ」と言う友人。こっちが知らないということを明らかにして恥をかかせようという悪意を持って「あのイタリアンの店」と言っているわけです★。「共有知識でなければならない」のは、聞き手が知らなければ通じないだけでなく、聞き手の名誉も傷つける可能性があると考えるべきです。指示詞の使用用件なのではなく、むしろ、ポライトネス（丁寧さ）に関わる条件と効果の問題なのです。

(18) A「あの有名な先生を知らないの？　私はあの先生に大変お世話になったから、君

★リストも長期記憶の一種なのかと考え始めると混乱するのでここでは考えないことにしましょう。

★もちろん、これはフィクションです。こういう悪意のある友人は私にはいません。

もあの先生に助言をお願いしたら?」　B「その先生、お名前は何ていうんですか?」

この程度ならAはそれほどBの面子をつぶしてはいないかもしれませんが、自分だけ知っていて聞き手が知らない場合でも使えます。共有していない情報を指すのにア系指示詞を使うことは、文法的な誤りでなく、ポライトネスの点での不備なのです★。

直示と照応と想起を貫く原理

「長期記憶情報へのアクセスを示す要素」と言えば、アクセスする動作に取りかかりさえすればよく、情報に到達できないケースも含む言い方になります。これが、ア系指示詞の用法だと定義できます。《直示》と《照応》と区別して、この用法を《想起》と呼ぶと、三つの用法が区別されます。また、これは長期記憶(いわば世界知識に含まれる情報)を指示対象とするので《知識指示》と呼ぶことにします。

表15　直示と照応と想起における指示対象のありか

用法	指示対象のありか	コ系	ソ系	ア系
《直示》(現場指示)	発話の現場(認知対象)	○	○	○
《照応》(文脈指示)	短期記憶	○	○	×
《想起》(知識指示)	長期記憶	×	×	○

★聞き手が知らなくても自分だけが知っていればいいという姿勢は「独りよがり」に見えるでしょう。また、「聞き手が知らないことを非難するニュアンス」が感じられることもあるでしょう。場合によっては、「聞き手のメンツをつぶして、失礼な印象を与える」ことになるかもしれません。

表中の○は用法があること、×は用法がないことを表します。コ系とソ系は分布が同じですが、ア系だけ《想起》の用法を持っているため分布が違います。

直示では三つの指示詞が使えますが、この使い分けは、Q9で見たように、指示対象へのアクセスの容易さというべき尺度に基づいていました。《想起》は、コ系とソ系にはないので使い分けの尺度はいらず、長期記憶内の情報にアクセスしようとするだけでいいのです。もちろん、そのためには長期記憶に情報があることが事前にわかっている必要があります。

問題は、《照応》のコ系とソ系の使い分けです。これには使い分けの基準が必要です。

(19)「私の恩師は湯川先生です。{この／その／あの}先生は瞬時に問題の本質を見抜いて鋭い指摘なさるので学生はいつも緊張していました」

この場合は、自然さの度合いに多少違いはあれ、コ系・ソ系・ア系のいずれも使えます。ア系は一見文脈指示のようですが、長期記憶の情報を参照しているので《想起》の用法です。コ系は、まるで指さして「この先生」と言うかのような強く鮮明な指示だとよく説明されます。確かに、「その先生」では淡々と冷静に語る印象を与えるのに対し、「この先生」では生き生きとした叙述という印象を与えるように感じます。しかし、「淡々」とか「生き生き」という基準は、正しいとしても主観的すぎて分析には向きません。★

★また、コ系のほうが照応であっても直示に近いと説明されることもあります。これも直感的には正しいように思えますが、体系的に整理し直さないと分析したことにはならないでしょう。

⒇　A「出張で福岡に行ってね、Gというラーメン屋に行きました」
B「{*ここ／そこ}のラーメンは私も食べたことがありますよ」

(21)　A「昨日パーティで江田さんという県会議員に会いましたよ」
B「{*これ／それ}は、私の叔父なんです」

(22)　A「昨日、H駅の階段で派手に転んでいるサラリーマンを見たよ」
B「たぶん、{*これ／それ}は僕ですよ。酔って足を踏み外しちゃって」

これらはいずれもBがコ系で指示できません。指示する対象は、相手（A）の話のなかに出てきた情報で、短期記憶に収蔵されている《照応》の用法です。いずれも、自分が知っていて長期記憶に情報を持っていることを示そうと思えばア系が使えますが、そうなると《照応》ではありません。

重要なことは、相手（ここではBから見たA）が導入した情報が先行詞の場合、照応詞としてコ系指示詞が使えないことです。《照応》には、コ系とソ系しかないので、コ系が使えないならソ系しかありません。これらは、「あなたが言っているそのラーメン屋」、「あなたが言っているその県会議員」、「あなたが言っているそのサラリーマン」のことですから、ソ系を使うことで、相手が導入した情報であってまだ相手のなわばりにある情報であることを示しているのです。(21)(22)は、Aが導入した情報でも、指示対象はBの親族やB本人なので、Bのほうがよく知っており、本来ならBのなわばりにあるように思えます。しかし、この「よく知っている」とは長期記憶内のことであって、話題の情報は相手（A）の実体験に基づくものです。つまり、相手が実際に「Gというラーメン屋に行った」のであり、実際に「Bの叔父に当たる県会議員に会った」のであり、現に「Bが階段で転ぶところをAが目撃した」のです。つまり、実際の体験を情報の入手先とする《直接的な情報》であり、この場合、相手の有する《直接的な情報》であるためにソ系指示詞で指さなければならないと言えます。

逆に言えば、話し手が導入した話題であっても、聞き手の《直接的な情報》であれば、むしろコ系のほうが適切なのです。

(23) A「やあ、久しぶり。K大学に合格したんだってね」

B「ええ。こんなこともあるのかと自分でも驚いていますよ」

この場合、K大学に合格したのはB自身の直接的な体験で、Aはそれを伝聞したに過ぎません。相手の発話に初出の情報、つまり、相手が導入した話題であれば、自動的にソ系指示詞で指すと決まっているわけでもないのです。

(24) A「夏目漱石って漢文の素養もあるんだよね」 B「それは有名な話だよ。英文学だけじゃなくて漢籍にも造詣が深かったというからね」

夏目漱石について話す場合は、一方だけが《直接的な情報》を持っているということはほとんどないでしょう。情報には、どちらのなわばりにも入らないものもあり、その場合は、導入した話者のなわばりに一時的に入ると考えればいいわけです。例えば、(22)はBからすれば自分の体験ですが、それをAが実際に目撃することで《直接的な情報》になっており、Aが話題として導入してもいるので一時的にAのなわばりにあるわけです。このためBと言えども最初はソ系指示詞で指さざるをえませんが、二回目以降は自分の体験として位置づけてコ系指示詞が使えるようになります。

(22)′ A「昨日、駅の階段で派手に転んでいるサラリーマンを見たよ」 B「たぶん、[それ]は僕ですよ。酔って足を踏み外しちゃって。でもね、[こんなこと]は滅多にないんですよ」

相手が導入した話題であれば、特★に変更する根拠がない限り相手のなわばりにある情報として扱い、ソ系指示詞で指しますが、明らかに自分のなわばりの情報として扱えるのならコ系指示詞も使えるのです。最初だけソ系を用いて相手のなわばりにあることを認めた上で、次に自分のなわばりの情報として提示する(22)′のようなこともできるわけです。なわばりが関わる以上、相★手のなわばりを尊重したり、逆に侵害したりすることもありますから、人間関係上の配慮という要素が重要になります。これはポライトネスの観点からも考えなければいけません。

★言語学的に言うと、「情報は導入した話者のなわばりに置かれる」のが無標ということになります。

★普通は発話行動の上でのことですが、相手の近くにあるものを指示するために近づいた上に手を伸ばして指さして「これ」ということもありますから、物理的に尊重したり、侵害したりするのかもしれません。

指示詞のまとめ

照応で使うコ系指示詞は、前方照応にも後方照応にも使えますが、自分のなわばりに置くべき《直接的な情報》でなくても使うことがあります。

(25)「加藤重広という男を知ってるよね？　〔この／その／あの〕男は…」

誰かが私のうわさ話をしようとしています。ア系指示詞は《想起》です。コ系指示詞では、「今ここで私が言った(言っている・これから言う)こと」としての情報を指しているのでしょう。

バートランド・ラッセルは「Iは最も固有名詞らしい固有名詞だ」と言っていますが、これは「代名詞」を言い間違えたのではありません。「私」という一人称は、誰かが「私」と言って話し始めたらその人が指示対象に決まります。しかし、「あなた」という二人称は聞き手が複数いると、話し手の視線や指さしで確認しないと確定しないことがあります。指示詞はある意味で《空項》なのですが、「私」は話し手がわかった時点でそのスロット★が完全に埋まります。しかし、二人称の場合、話し手だけでは空項が完全に埋まるとは限らず、発話状況や発話内容、話者の視線や姿勢や動作をもって指示対象を判断するというプロセスが必要です。一人称なら話し手が確定すれば終わりなので、判断のプロセスは不要です。「ここ」や「今」も話者が話している場所、話している時点であることは確実です。ただ、どの範囲までを「ここ」や「今」で指すのかは少

★「空隙」「すきま」のことですが、ここでは「情報や意味内容の差し込み部」、つまり、情報などの要素をかちっと差し込むために空けてある場所を比喩的に意味しています。

し判断がいるので、「私」の場合と違って「見つければ決まり」ではありませんが、「見つければだいたい決まり」とは言えるでしょう。コ系指示詞は、発話者・発話時点・発話地点によって指示が確定しやすい（ほぼ確定している）のです。それだけ《直接性》が強く、《直示性》が強いと言えるでしょう。

「私が今ここで言った（言っている／言う）こと」は、発話者★・発話時点・発話地点として直接的に指示が確定しやすい指示対象です。言語的な情報は短期記憶にあるので《直示》ではなく《照応》ですが、コ系による指示は直接的で発話点によって指示対象が確定することから、直示に近いわけです。このように発話点によって確定する《直接性》と、「話し手のなわばり」にある直接的な情報という《直接性》には、共通点もあります。「自分に近いこと」と「自分のなわばりにあること」は、原始的には似たような状況であり、本来的には重なりあう関係にあると見られますが、発話点を基準にして絶対的に確定する《直接性》と相手の存在を前提に相対的に確定する《直接性》は、現象的には区別しておくべきです。しかし、この《直接性》が照応のコ系指示詞を直示的に作用させる強い要因になっているとは言えそうです。

なお、自分が導入した情報でも、直接性によって指示が確定しないと、コ系指示詞は使えません。例えば、何かある情報を提示したあとで、長々と別の話題を話してから「これ」と言っても、先に提示しておいた情報は指せません。すでにその情報が《直接性》を喪失しているからです。また、「重要なのは五つの点です。まず、一つめは…、二

★これらがまとまって発話点（point of utterance）をなすとします。

つめは…、三つめは…、四つめは…、五つめは…です。これは…」と言っても、「四つ目」のポイントだけを限定的に指示することはできません。近いことは近いのですが、五つ目をさしおいて四つめだけ指示する解釈はできないのです★。

照応のソ系指示詞は、相手の直接情報か相手が先に導入した情報を指します。つまり、《間接性》がポイントになっているのですが、自分が導入した話題でもソ系指示詞で指すことがあります。発話点に近い、あるいは話者のなわばりにあるといった《直接性》を示すのでなければコ系を使う必要はないので、ソ系でいいわけです。いわば無標のソ系指示詞です。これに対して、《間接性》を明示するためならば、有標のソ系指示詞になります。

表16　指示詞全体のまとめ

	コ系	ソ系	ア系
《直示》	○直接アクセス	○間接アクセス ○（無標）	○遠隔アクセス
《照応》	○（有標） ← 直接性	○（有標） ← 間接性	
《想起》			○長期記憶検索

★これは「五つめ」の介在によって直接性が阻害されたと言える例です。この状況での「これ」は、普通、五つめの項目のみか、五つの項目全部か、いずれかを指すと理解されるでしょう。

Q 11 「この交差点、右折できたかな」は、過去じゃないのになぜタ形なんですか?

車を運転しながら私が助手席の友人に「この交差点、右折できたかな?」と言うと、「確か、右折禁止だったと思うよ」という返事。さしかかった交差点で右折できれば近道だったのですが、やはり右折禁止の表示があったので私はやむなく直進し、少し遠回りして目的地に着きました。このとき、私は右折しようと考えている時点で「右折でき[た]かな」と言い、友人も「右折禁止だっ[た]」と言っています。右折をごく近い《未来》の動作として行うのに、ここではタ形を使っています。

タ形は、一般に過去形と説明されますが、「明日、君が来[た]ときに説明するよ」など、未来のことについて使うことが可能です。「彼は、一九七五年に生まれ[た]」では、過去の出来事を表す《過去》の用法ですが、動作をし終えたことを示す《完了》の用法もあるのです。「来週京都に行っ[た]ときに話そう」は、行くという動作が終わった段階を指すためにタ形を使っている《完了》の用法です。動作の完了は未来でもありえます。現時点における完了は、過去と解釈できることが多いのですが、《過去》は現時点より時間軸において前であることを指します。《過去》は《時制》の一種であり、《完了》の用法は《アスペクト》の一種であると見て、両者を一般に区別します。★

冒頭の「右折でき[た]」のタ形は過去ではないので時制の用法ではなく、また、「まだ

★「時制」は「テンス(tense)」、「アスペクト(aspect)」は「相」とも言います。なお、このほかの用法については、『日本語学のしくみ』(加藤重広著、二〇〇一年、研究社)102-106ページにより詳細な説明があります。

右折する前」のことで動作は完了していないことから、アスペクトの用法でもありません。ここでは、この「タ形の第三の用法」について考えます。

長期記憶を参照するタ形

この第三の用法では、「この交差点、右折できたかな。確か、できたはずなんだけど」のように思い起こしつつ確認をしています。Q10で見たア系指示詞の《想起》の用法と同じで、《長期記憶》内の情報を指していると考えられます。もちろん、タ形は指示詞ではありませんから、ア系指示詞と全く同じものとして扱うことはできません。ア系指示詞は、自分が直接獲得した情報でなくても、ある程度情報を収蔵していて、「知っている」と話者が判断できる状態であれば使用可能です。

(1) A「ねえ、富山って行ったことある?」
B「行ったことはないけど、あそこは日本酒がおいしいって言うね」

ここでア系指示詞は「富山」を指しており、話者が長期記憶から《知っていること》を情報として引き出す動作に取りかかったことをマークしています。引き出す情報を長期記憶に全く持たないとア系指示詞は使えませんが、その指示対象をなんらかの意味で「知っている」と話者が認識していさえすれば使えるのです★。

もちろん、タ形は単独で何かを指すことはできず、そもそも自立的な要素でもありま

★話し手Bは「行ったことはない」と述べており、直接体験することで入手した情報ではないことがわかります。情報は二次的・間接的なものであってもいいことがわかります。

せん。タは、動詞や形容詞につける要素ですが、意味的には文が表す内容について過去・完了を示していると考えることができます★。この考えでは、タは文が表す命題につき、冒頭のやりとりでは「この交差点は右折できる」と「この交差点は右折禁止だ」のそれぞれにタがついたと見なします。

命題部分が長期記憶の情報なら、「この交差点は右折できる」ことをAが、「この交差点は右折禁止だ」ということをBが、それぞれ長期記憶から引き出して参照して発話していることになります。そして、タ形は《長期記憶情報を参照したことをマークする》機能を持っていると考えられるのです。交差点について「右折できる」「右折禁止だ」と言うのは、交差点の特性や属性を述べるもので、具体的な出来事を述べているわけではありません。「この交差点が右折禁止だ」とは、原則として常に成立する命題であり、Bは世界知識の一部としてこのことを知っていたのです。長期記憶として収蔵されている情報の総体である《世界知識》から必要な情報を検索して引き出し、参照して「右折禁止だ」と述べたのがBの発話です。

「確か、右折禁止だっ[た]と思うよ」の「確か」は、長期記憶に検索をかけてすぐに情報が引き出せないときに使う副詞です★。「確か…」と言ったまま一生懸命思い出そうとした経験は誰でもあるのでしょう。これは、長期記憶内の情報を引き出そうとしているもののすぐに出てこない(したがって、確信を持って述べにくい)ことをマークする機能を持っているのです。そもそも「確か、あいつ、弟が二人い[た]ような気がするんだけど

★ここではごく単純に、直感的に判断した場合のことを前提にしていますが、最終的にタは文全体につかないとする考え方もありえます。これは統語論と語用論でも多少立場を異にするかもしれません。

★一見すると確認して述べているように思えるかもしれませんし、国語辞典のなかには「確実に」などと語釈しているものもありますが、これは適切ではありません。

なあ」と言うときは、強い確信を持って述べているわけではありません。★「確か…だったな」という呼応が一般に見られることも、長期記憶参照マーカーとしてのタ形の用法と合致しています。

Aの「この交差点、右折できたかな?」のタも長期記憶の参照をマークしていますが、「かな」からわかるように最終的な判断を下してはおらず、情報を参照しようとする段階です。このことは、長期記憶の参照を行いさえすればこの用法のタ形が使えることを示しています。★これは、ア系指示詞が長期記憶情報を検索しさえすれば、引き出せなくても使えることと似ています。

長期記憶情報を検索して参照しようとするのは、長期記憶に情報があると思っているからにほかなりません。自分の部屋で昔のアルバムを探すときはあると思っているから探すわけで、ないとわかっていれば探さないでしょう。「あると思っていたがいつのまにか紛失していた」とか「あるというのは勘違いで実はそもそも持っていなかった」ということもありえます。前者は昔のアルバムのありかを正確に把握していなかったケースで、後者は思い違いです。昔のアルバムを長期記憶内の情報の一つと考えれば、アルバムを持っているはずだとか、どこそこにあるはずだという情報は、アルバムの存在や位置や状態に関する情報であり、《長期記憶のメタ情報》★に該当します。「探したけどなかった」状態は《長期記憶のメタ情報》に不備があったことを示しています。ありもしないものは探さないのが普通ですが、これは長期記憶情報にも当てはまります。

★私は、この「確か」のなかまは、広い意味の談話標識として分類すべきだと考えています。談話標識はQ 12で取り上げます。なお、「確か」と「確かに」は意味が違います。

★参照して確定的な判断を下すことに成功しなくても(つまり、ちゃんと思い出せなくても)いいということですね。

★Q 10でも触れました。「記憶についての記憶」のことで「メタ記憶」「メタ・メモリー」とも言います。

(2)【車を運転しながら、隣の席の友人に話しかける】「この道は全く初めてだけど、標識が多くてややこしい道だね。ん、この交差点は右折{できる／*できた}かな?」

この例では、話し手は以前に「この道」を通ったことがないので関連する情報を長期記憶に持っていません。★長期記憶に検索・参照すべき情報がなければ、当然のことながら、検索・参照をしようとはしません。したがって、タ形は不適切なのです。しかし、(3)では初めての道でもタ形が使われています。

(3)【車を運転しながら、隣の席の友人に話しかける】「この道は全く初めてだけど、標識が多くてややこしい道だね。昨夜、地図を見て少し下調べをしたんだけど、この交差点は右折{できる／できた}かな?」

事前に地図を見て関連する情報を長期記憶に収蔵してあれば、経験としては初めてでも、長期記憶に検索可能な情報を持っています。勉強と同じで予習してもすべて完璧に頭に入っているとは限りませんが、前夜見たはずだと思っている(メタ記憶がある)なら長期記憶の参照は可能であり、タ形も使えるのです。

長期記憶参照をマークする理由

「この交差点が右折禁止だ」は、交差点の属性の記述です。しかし、長期記憶には過

★初めて通るのですから、当然(既成の知識としては)「知らない」わけです。

去の出来事に関する情報もあるはずです。「右折禁止だ」はもともとタ形がないので、タ形をつけて《長期記憶参照》を示せますが、過去の出来事などもともとタ形がついた形式の情報はどうするのでしょうか。

(4) 山口君は大学を去年卒業した。

例えば、(4)は過去の出来事でタ形になっています。これは「卒業する」(非タ形)では表せません。(4)を話し手が知って(=長期記憶に情報として収蔵して)いて、それを参照する場合、「※卒業した[た]」とは言えませんから、工夫がいるわけです。★

(5) 山口君は大学を去年卒業したか？

これは、山口君が去年大学を卒業したかどうか知らずに聞いています。「山口君は去年大学を卒業した」と不確実ながら知っていて、その情報が長期記憶に入っているのを引き出しながら尋ねる場合、長期記憶情報についての確認になります。

(6) 山口君は大学を去年卒業し[た][1]のだっ[た][2]か？

これは「確か、卒業したと記憶しているが、正しいか」という趣旨です。この発話にはタが二つありますが、一つめの[た][1]が時制の用法(過去)で、二つめの[た][2]が長期記憶参照をマークしています。

★「卒業したった」とタを二回重ねる形式を持っている方言は各地に見られますが、ここではそれは除外して考えましょう。

タに時制とアスペクト以外の第三の用法（長期記憶参照のマーカー用法）があるにしても、どうして長期記憶参照を示す必要があるのかと思う人がいるかもしれません。これはなかなか難しい問題ですが、次のような説明ができそうです。

グライスの質の格率や、言語行為論の誠実性条件の根底には、「提示する情報は正しいか、信用するに足るものであることが重要だ」という考えがあります。しかし、すべての情報が真である、少なくとも信用できる、とは限りません。なかには根拠や理由を示してもらわなければ到底信ずるに足りないような情報も出回っています。我々は、「この商品をB商店では三百円で売っている」という情報を持っていても、自分が直接確認していなければ「…だって」「…そうだ」「…という話だ」などの伝聞を表す要素をつけて言うでしょうし、確信がなければ「…ようだ」「…らしい」「…みたいだ」など推量・推定を表す要素をつけて話すでしょう。これらは、文法ではモダリティの要素と位置づけられていますが、巨視的に見ると《情報の質を示す要素》と考えることができます。私たちの日常的な情報のやりとりでは、誰もが真実だと知っている情報もあれば、大多数が当然そう判断するような情報もありますが、話し手の単なる個人的判断もあり、伝え聞いた不確実な情報や、憶測を重ねただけの信憑性の低い情報もあるものです。無色透明で客観的な情報ばかりではありません。特に、ある種の判断が含まれる場合、判断する人によって結論が違うことがあり、同じ結論でも判断の位置づけが違うことは珍しくありません。

(7) 花子は鼻炎だ。

例えば、(7)のような判断を、専門の医者が判断して言う場合と、私のような素人が言う場合では、そもそも信頼度が違います。(7)が医者の見立てなら「花子は鼻炎だって」と伝聞のマーカーだけをつけて伝えられることが多いでしょうし、診断が確定するなど十分に確信できる状況なら「花子は鼻炎だよ」と特に情報の質に関するマーカーをつけずに伝えるかもしれません。★ しかし、(7)を専門知識を持たない私が言ったのなら、「花子は鼻炎かもしれないよ」と信頼度を後退させた言い方にするか、「加藤は、花子が鼻炎だって言うんだ」のように特定個人の見解であることを明確にした言い方にするでしょう。★

そして、長期記憶を参照した情報かどうかも情報の質に関わると考えられます。例えば、車を運転していて「この交差点は右折禁止だったな」と言う場合は、すでに知っている知識を確認して言っている分、それなりの信憑性がありそうです。しかし、周りをきょろきょろ見ながら「この交差点は右折禁止だな」と言う場合、長期記憶を参照せずにその場の視覚情報などで判断している可能性があります。その場での状況判断なら発話者と聞き手のあいだで、判断根拠となる情報にそれほど差はないでしょう。しかし、長期記憶を参照しているのなら、判断を下すための情報を個人の長期記憶に持っていることになります。ある判断をどう下したかは、発話についての発話者の考え方や姿勢を

★情報の質に関するマーカーがないということは、「情報の質について考える必要がない」ということですから、そのまま受容してもらってよい、ということになるでしょう。逆に言えば、聞き手にそのまま受容してもらってよいとする情報を提示するわけですから、話し手には発言に対する責任が発生しますね。

★特定個人の見解として提示すれば、発話者はその情報を否定的に捉えてもいいことになります。

示すことにもなります。聞き手は、それをもとに相手の発話の位置づけを決めることができます。

総じて、長期記憶参照マーカーによって、情報の質と情報に対する発話者のスタンスがわかるのです。聞き手は、それによって情報を受け入れるかどうか、否定したり修正したりするならどうするかの方策を考えることになります。情報に優先的にアクセスできるかそうでないかに関わる会話参加者のステータスを決める上で、長期記憶参照のマーカーは重要な意味を持ちうるわけです★。

語用論的な機能の変化

あるとき喫茶店で「ホットコーヒーを一つ」と注文したら、「ホットコーヒーを一つですね。以上でよろしかったですか」と給仕★の人が言いました。私の知人には「よろしかった、じゃなくて、よろしい、だろ」と怒るような人もいますが、私は黙ってうなずきました。翌日、別の喫茶店で「アイス・ティーを一つ」と注文したら、「アイス・ティーはレモン・ティーでよろしかったですか」と聞き返されました。私はちょっとむっとした声で「はい、レモン・ティーで」と言いました。

ここでの「よろしかった」が適切な使い方でないことは、多くの人によって指摘されています。ここでは、長期記憶参照をマークするタ形が使われていますが、マークされている情報はそのときの会話のセッションで得られた情報（短期記憶に収蔵されているも

★なお、誤解が生じやすいのですが、タ形でマークしていなければ長期記憶を参照しなかったと自動的に決まるわけではありません。タ形がないことは、「長期記憶参照を示さなかった」だけで、「長期記憶参照がなかったことを示している」のではありません。タがなくても長期記憶を参照しているかもしれない（ただ、そのことを明示していないだけ）かもしれないのです。

★一昔前なら「ウェイトレス」と言っていたでしょうが、性別を特に表示しないジェンダーフリーの流れを意識すると、何とも表現しにくくて困りますね。日本語ではまだ「ウェイトパーソン（waitperson）」という表現は定着していないし…。

の）です。つまり、長期記憶に収蔵していない情報なのに、長期記憶参照をマークするタ形を使っているので、厳密には用法上の誤りです。

私が頻繁に利用するなじみの喫茶店があるとします。何も注文しないうちに店の人が私の顔を見ただけで「ブレンドでよろしかったですか？」と言ったとしても、私は不愉快ではないでしょう。「私はいつもブレンドを注文する」という情報がすでに店の人の長期記憶にあり、それを参照した発話なので適切なのです★。問題は、「短期記憶情報なのに、長期記憶参照をマークするタ形を使う」点であり、またなぜ不適切な言い方が普及したのかです。これは、この語用論的なタが持つ「配慮のニュアンス」のためだろうと考えられます。

出張に行くことになって私はあるホテルに予約を入れました。宿泊する日にチェックインすると、「本日から二泊でよろしかったですか」と聞かれました。事前に二泊すると予約してあるので、すでにわかっていることを確認する形になり、これでいいわけです★。このとき「本日から二泊でよろしいですか」では、その場で自分で決断して答えなければいけないように感じるかもしれませんし、予約がちゃんと伝わっていないのかと不安になるかもしれません。

予約があることはすでにお客さんとして受け入れていることだと言えるでしょう。「二泊と伺っておりますが、それでよろしかったですか」なら、お客さんに丁寧に《確認》をしているニュアンスが感じられます。しかし、「宿泊はご一泊でよろしいですか」

★まあ、注文する前に見透かされているような、決めつけられているような気がして、いやだという人もいるかもしれませんが、それは言語的な適切性とは次元が別ですね。

★厳密に言えば、フロントの人は、大勢の宿泊客の一人である私の名前はいちいち覚えていない（つまり、情報として個人の長期記憶に入ってはいない）かもしれません。しかし、覚えていてもいいわけですし、覚えているほうが望ましいとは言えるので、「長期記憶にあるふりをする」ことは許されるでしょう。

は、「それとも二泊にしますか」と続けられることからもわかるように、事前情報を確認しているのではなく、その時点で情報を入手して《確定》しようとしていることになります。これから客として受け入れる段階であって、すでに受け入れた状態ではないのです。

「すでに承っております。確認させてください」という趣旨と、「今から承ります。どうぞ、おっしゃってください」という趣旨の違いとも言えるでしょう。長期記憶参照のタを使うことで前者の解釈になり、客に対する配慮のニュアンスが生まれるわけです★。しかし、この丁寧な感じは、あくまで接客などの場面で長期記憶参照を示すことで二次的に生まれるもので、最初からタが持つ意味や機能ではありません。

私が喫茶店で言われた「よろしかったですか」は、客に対する配慮のニュアンスや丁寧な印象を付加するために用いられたものなのでしょう。少なくとも「よろしかったですか」と言った人は、丁寧な印象を与えようと思いこそすれ、語用論的に不適切な使い方をして客を不愉快にさせるつもりはないはずです。丁寧に対応しようとしたのだから大目に見るという立場もありえますし、間違いは間違いという態度を貫くこともできます。なお、語用論的な用法や特性がこのように変化していく点はきわめて重要です。

記憶と活性化

長期記憶のなかに活性化されている部分があることをQ10で述べましたが、タの用法

★簡単に言うと丁寧な感じがします。私は、この「タ」の用法をひそかに「丁寧のタ」と呼んでいます。

と関連づけて、整理しておきます。

表17 長期記憶と短期記憶の対照

	定義	セッション終了後	体系化	活性化
長期記憶	セッション開始後に収蔵されていく情報	短期記憶の情報の一部を移送し、収蔵する	原則としていずれの情報も体系化の処理がなされている	一部のみ活性化されている
短期記憶	セッション開始時点ですでに収蔵ずみの情報	情報の一部を長期記憶に転送し、他は徐々に廃棄	原則として未処理だが、一部セッション中に処理される	すべて活性化されている

ここで言う《セッション》とは、「短期記憶が受け入れ可能な状態になっている、一連の情報のやりとり」のことで、ひとまとまりの会話（特に二人で対話している形態）を典型として想定すればいいでしょう。ただし、テレビを見ていても、講演を聴いていても、本を読んでいても、短期記憶はオープンの状態なので、これらもある種のセッションと言えます。これらはQ８で見たように、情報を受け入れる一方で発信しないという点で普通は《受動的なセッション》です。★

たまに私が本を読んでいると、家族が話しかけてくることがあります。本をそのまま読みながら受け答えをしている場合には、二つのセッションが並列していることになります。セッションの内容そのものが複雑で知的な負担が大きければ、複数のセッションを並列させるのは無理でしょう。★

セッションでは、単に発話内容だけを羅列的に短期記憶に収蔵するわけではありませ

★授業では、先生に質問することも可能ですが、本や新聞では書き手にその場で尋ねることは普通できません。ターンの観点から言えば、ターン・テーキング（発話権の取得）が生じない、もしくは、生じにくいのが、この種の受動的なセッションと言えるかもしれません。

★民事訴訟法の授業を受けながら、古代教会スラブ語の文法書を読んでも、せいぜい片方しか頭に入らないでしょう。聖徳太子のように、いっぺんに十人の話を聞くことができる人もいるかもしれませんが、なかなか凡人には難しいものです。

ん。発話者の口調・発話状況・発話者に関する情報・情報を獲得したセッションなどのメタ情報も短期記憶に収蔵されることがあります。また、相手の発話に対する意見や感想、自分の発話内容やそれに対する相手の受容状況なども短期記憶収蔵の対象になります。とはいえ、私たちは、相手の発話内容を百%正確に理解するとは限りません。また、メタ情報の収蔵がうまくいかないこともあり、聞き逃すことも聞き間違えることもあります★。

(8)「こんどの合宿、一人二三四一八円かかるんだって」

例えば、数値を正確に記憶するには数値そのものを暗記的に覚える必要があります。数値の記憶が得意な人も不得手な人もいるでしょう。正確に記憶するには五種類の順番の決まった数字を区別して覚えなければならず、別の数値情報と混乱しないようにしなければなりません。《セッションで短期記憶に供給された情報を参加者は保持する》の が原則ですが、記憶に負担がかかる理由があれば、保持できなくても許容されます。(8)の発話を聞いたあと少し時間がたって、「さっき、合宿の費用、いくらって言った?」のように聞き返すことは可能です。

(9) A「おとといから体調が悪いんだ。風邪を引いてちょっと熱もあって」
B「そうか。それで、風邪、引いてるの?」

★二人で話しているときには言ったのが自分か相手かは間違えないでしょうが、十人で話していれば誰の発話だったかわからなくなることや混乱することはありうるでしょう。

しかし、⑼のＢの発話は許容されません。直前のＡの発話から得られる情報は、理解や記憶の負担は大きくなく、直前の発話なので混乱することも考えられません。Ｂの発話がなされる時点では、Ａの発話情報は受容済みと理解されます。しかも、Ｂは「そうか」と受信できたことを示すマーカーを使っています。したがって、「風邪、引いているの？」はそれと矛盾するのです。

⑻の発話を聞いて、私なら「二万三千円ちょっと」とか「二万いくら」のように、記憶の負担の少ない近似値にして覚えるでしょう。その場でメモするのでない限り覚え間違えるかもしれないと自覚しているからです。このとき、パラ言語情報★は、特別な理由がない限りいちいち覚えておくことは少ないと思われます。すべての情報を取り込んですべて忘れるよりも、重要な情報を限定してでもそれを確実に保持できるほうが望ましいと考えるからです。

私たちはビデオカメラやテープレコーダーのように、セッションに現れた情報をもれなく取り込んでそのまま記憶していくわけではありません。取り込む情報にはプライオリティ★があり、重要なものから処理されていくのです。このことは、短期記憶に取り込む情報は、知的な処理や加工が施されていることを意味します。「二三四一八円」を「二万いくら」のように《数字を丸める》のは、ある意味で情報を不正確にしているわけですが、その分記憶処理上混乱しにくく保持されやすい形にする操作とも言えるわけです。ただ、どう取捨選択されるかの詳細な原理はよくわかりませんが、相手が話して

★ここでは、口調のほか、アクセントや、表情や身振りなども含めています。

★重要度にもとづく優先順位ということです。情報は平等ではなく、序列化されるのです。

いるときに近所の犬がほえたとか、自分が話しているときに携帯電話が鳴ったとか、意図しない情報を取り込むこともあります★。

短期記憶はセッションが終われば原則として保存しておく必要はありません。短期記憶にもキャパシティがあると考えられるので不要なものはとどめておかないのが普通でしょう。ただ、我々は機械ではないので、不要と言われても「一斉消去」するわけにはいきません。自然に忘れる情報もありますが、覚えておく必要がないのに記憶にしばらくとどまる情報もあるでしょう。短期記憶内の重要な情報はセッションの最中から徐々に長期記憶に移送されて収蔵され、世界知識になっていきます。世界知識をなす長期記憶に対して、短期記憶は知的処理の作業上の記憶であり、セッションの現場での記憶です。短期記憶は、いわば処理作業上使うために一時保管している情報なので、原則として常に取り出し可能な状況にあるはずです。つまり、短期記憶内の情報はすべて《活性化されている》ことになります。

これに対して、長期記憶は膨大な知識の倉庫で、日々新たな情報が追加・更新・修正され続けています。長期記憶内の情報がすべて活性化されていたら、身がもたないでしょうし、そもそもすべての情報が活性化されている必要がありません。使わない情報まで活性化していると必要な情報が効率よく引き出せません。また、収蔵されて間もない情報は、長期記憶のなかで活性化されていると考えられます。短期記憶から移送されたばかりの情報は、長期記憶中でもすぐ使える状態のままになっているわけです。

★記憶の種類として、意図的に記憶すること（explicit memory）と無意識のうちに記憶すること（implicit memory）を区別することがあります。

また、「活性化されている情報」と言うと、「活性化されていない情報」と対比して考えがちですが、0か1か、白か黒かに明確に分かれているものではなく、連続的なもの★と見るべきです。長期記憶という倉庫のなかで、かなり明るい光が当たっていてすぐわかる状態にある情報と、やや明るい光のもとにあり見つけやすい情報、薄暗いところにあって見つけられるだろうけれどもすぐには引き出せないような情報、あることはわかっているけれども真っ暗な闇の底にあって引き出すのにかなり苦労する情報、などのように、さまざまな活性化のレベルがあると考えるべきでしょう。

旧情報と活性化情報

長期記憶のなかに、活性化の度合いが高い情報や低い情報があると言っても、その活性化の度合いはどう決まるのでしょうか。ちょっと視点を変えて考えてみましょう。

(9) これ〔は／が〕、名古屋名物の和菓子です。

(10) 男〔は／が〕急に立ち上がった。

「は」と「が」の違いを説明する際に、「は」は旧情報をマークし、「が」は新情報をマークするという原則を使うことがあります。(10)で「男は」とするとその男の存在をすでに知っており、その男は何をしたかというと急に立ち上がったのだという意味に解釈しやすくなります。一方、「男が」では、誰か急に立ち上がった人がいると思って見た

★言語学的に言うと「離散的」であるということになります。

ら「男」だったという意味に解釈されやすくなります。「は」が旧情報をマークするので「男」が既知の情報であり、「が」が新情報をマークするので「男」は未知の情報だとすれば、情報の新旧とする説明には合致します。★

(9)の場合、「これ」を話し手は手に持っているので未知ではありません。「これが」とした場合が「名古屋名物の和菓子は、これです」と言うのに近いのなら、聞き手にとって未知とは解釈できます。

(11) A「さっき、その交差点で事故があったんですよ」
B「あら。けが人は出なかったんですか」
A「よくわかりませんが、救急車は来てたから、けが人がいたのかも」

Aの言う「事故」はこのセッションで初めて導入する情報なので新情報であり、「が」の使用と合致します。しかし、Bの発話にある「けが人」も初出の新情報ですが、「は」がついてますし、そのあとの「救急車」も初出の新情報でありながら「は」が使われています。★

(12) 【三月ごろに行われた会話】A「暖かくなりましたね」　B「桜はまだですかねえ」

この会話の「桜」も初出ですが「は」を使っており、「が」は不自然です。この会話のあとに「梅はそろそろ終わりですね」と続けることもできます。初出の「梅」にも

★新情報・旧情報については、本書と同じシリーズの『日本語学のしくみ』98-102ページでも言及しています。

★「けが人が」は不自然ですが、「救急車が」は許容されるでしょう。

「は」がつけられるわけです。

ここで「初出」と言うのはセッション中で初めて用いられたという形式的な理由からですが、これを「情報の活性化」から考えてみましょう。例えば、「事故」と聞くと私たちの頭のなかでは関連する情報が活性化すると考えるのです。「被害者・加害者・警察・パトカー・けが人」のほか、「(何かの)損壊」「原因」などが思いつくでしょう。何が活性化するかは、現実に関する知識と経験を下敷きにして決まりますが、言語共同体のなかである程度共通していると考えられます。春先に「暖かくなる」ということから「桜」が活性化されるのは、日本語の言語共同体ではかなり一般的と言えるでしょう。「桜」と聞いて「梅」が活性化するのも一般性は高いでしょうが、誰にでも共通することかはわかりません。

このとき「暖かくなる」ということをきっかけに「桜」や「雪解け」などが活性化したのですが、このきっかけとなった情報を《トリガー》と呼びます。トリガーから検索され引き出された情報は活性化されていることになります。私たちは、会話をしていたり、話を聞いていたり、何かを読んでいたりするときに、出てきた情報をトリガーとして関連する情報を広く活性化するという知的処理を頭のなかで行っていると考えられるわけですが、これは、なるべく効率よく正確に情報を理解するためには当然の営みだとも言えます。「春」「暖かい」と聞いて「桜」が活性化されるのは、会話のなかで「春」や「暖かい」から「桜」へと話題が展開していくことがよくあるからでしょう。展開しそうな方向の情報をある程度予測して活性化しておけば、やりとりが進んでいく際に効率よく解釈ができます。いわば「先読み」を手広くするようなものですが、たとえ先読みしておいた情報がそのあと出てこなくても、より幅広く深く事象を理解する上では役に立つはずで、無駄にならないはずです。

「は」が《活性化された情報》をマークしていると考えれば、旧情報のマーカーと説明するよりもずっと矛盾が少なくなります。旧情報の多くはすでに《活性化済み》の情報ですし、初出情報にも《活性化済み》の情報はあります。「事故」と聞いたときあとの「けが人」などは初出でも、「事故」をトリガーにして活性化された情報と言えるわけです。

⒀ A「さっき、その交差点で事故[が]あったんですよ」
B「あら。ヘリコプター[は]来ましたか」

これでも成立するかもしれませんが、「ヘリコプター」は唐突な印象を与えるでしょう。事故のときに、救助や報道のためにヘリコプターが現場近くにやってくることはありえます。しかし、ちょっとした事故ではいちいちヘリコプターは来ません。Bは「事故」をトリガーに「ヘリコプター」を活性化したのでしょうが、これはあまり一般性の高くない活性化です。Aが「なんでヘリコプターが来るの?」と聞き返すこともありえるでしょう。この「ヘリコプターは」の「は」が不自然だと判断する場合には、十分に活性化されていないのに「は」がついているためだと説明できます。初出情報のなかには活性化されているものと活性化されていないものの双方が含まれ、旧情報はいずれも活性化済みですが、ただし、これは話し手の知的処理において活性化されているものを「は」でマークするということなのです★。

与えられたトリガーから何を活性化するかは、当然個人差がありますが、多くの人のあいだで共有されているものもありそうです。言語形式の上での類似性に基づく活性化も考えられますが、これはだじゃれなどに活かされています★。言語形式の類似性に基づく活性化は、世界知識に深く関わらないので語用的知識ではないと考えがちですが、どういう類似性が活性化に活かされやすいかは経験によるところもあるので、語用的な要素も関わっていると見るべきでしょう。

Q12 伝達上の目印とはどのようなものですか？

私たちは、ことばで何かを相手に伝える際、伝達上の目印を使うことがあります。目印は、わかりやすくするために使うものですが、ほかにも機能を持っていると考えられます。**談話標識**（discourse marker）と呼ばれるこの「伝達上のことばの目印」について、その機能としくみについて考えることにしましょう。

★この点は、情報の新旧という考え方では、「聞き手にとって旧情報を話し手が判断してマークする」と一般に考えられていた点と対照的です。

★「猫が寝こむ」「星が欲しい」などの原始的なものもあれば、高度なものもあるでしょう。ただし、誰もが活性化するようなものはあんまりおもしろくなさそうです。微妙な活性化の度合いが関わっているのかもしれません。

目印が必要なわけ

何かを伝えるときに目印を用いるのはなぜでしょう。日常生活のなかの目印は、重要なものを見つけやすくしたり、見失わないようにしたりするためのものです。一から探し出して解釈しようとすると効率が悪いだけでなく、不正確な理解が生じる可能性もあります。ただ、目印といっても、広い土地に目印の棒を立てておくのとは違います。というのも、ことばは線★条的なものであって、基本的に情報は決まった順番で送られてくるものなので、地図のようにど★こから見たらいいか決まっていないものと違い、情報を順に受け取りさえすれば物理的に見失うことはないのです。しかし、情報内容全体として見ると「見失う」こともありそうです。

会話では、セッション中に現れた情報が短期記憶に収蔵されていきますが、私たちは単純に順繰りに積み上げていく単調な作業をしているわけではありません。録音や録画のように単に情報を蓄積するだけの作業でなく、セッション中の情報を使える形に処理をした上で使いやすいように短期記憶という作業場に並べていくのです。本を読んでいても、人の話を聞いていても、情報が均質に平坦に提示されるわけではないことが直感的にわかりますが、情報にはいろんな種類があり、重要な情報や不確実な情報、複雑で理解しにくい情報や単純でわかりやすい情報、聞き手がすでに長期記憶に収蔵済みの情報など、情報は均質とは言えません。短期記憶に取り込む際に目印があれば整理しやすく、情報の位置づけも理解しやすいなどの利点があるので、「伝達上の目印」には重要

★「線状的」とも書きます。これはことばが線をなすように、一次元的な配列をなしているということで、ソシュールの指摘した原則です。もっとも、ソシュールは「シニフィアン(音声)が線条的だ」と言っていて、ことばそのものが線条的とは言っていないのですが。

★情報を受け入れる順序に指定がないと言い換えてもいいでしょう。

な役目があるのです。

とはいえ、聞き手は目印をそのまま受け入れるとは限りません。また、会話に参加する場合、相手の発話も自分の発話も取り込むわけですが、取り込んだあとで自分が言ったのか相手が言ったのかわからないと困ります。

(1) A「加藤君のいれるコーヒーはおいしいな」
B「いや、加藤君のコーヒーはまずいよ」

この場合、AはBとの会話内容を短期記憶に入れるにあたり、自分が提示した「加藤君のいれるコーヒーはまずい」と、相手が提示した「加藤君のいれるコーヒーはおいしい」を区別しなければなりません。当然のことながら、前者には「自分の判断」というメモ、後者には「Bの意見」というメモをつけて取り込まなければなりません。これは短期記憶に取り込む際のメタ処理の一つですが、私たちは取り込んだ情報をそのまま機械的に並べるのではなく、情報の本体とは別に「情報に関する情報」、つまり《メタ情報》を情報本体に付して取り込んでいく作業もしているのです。この処理は、それほど単純なものではなく、推測したことを踏まえたり、個人的な知識や志向を加えたりして行います。

もしもAさんが「Bさんの味覚は信用できる」という長期記憶上の情報を参照しつつ情報を取り込めば、「加藤君のいれるコーヒーはまずい」という情報に「信頼できる味覚を持つＢの見解」という《メタ情報》をつけるかもしれませんし、「Ｂはよく自分の趣味を押しつける」という情報を長期記憶から引き出して参照すれば、「Ｂの個人的な見解で重視しなくてもよい」という《メタ情報》を付しておくこともあるでしょう。

この《メタ情報》は、情報の位置づけや特性といった「情報のステータス」を表すもので、商品に値札をくっつけるように貼りつけてあるものですから、情報の**タグ**(tag)★と呼ぶことにします。

タグと談話標識

情報のタグにはおおまかに、①情報の基本特性、②情報の質と力、③情報の評価が含まれると考えられます。

①「情報の基本特性」は、発信者は誰か・誰に向けたメッセージか・どういう状況で発信されたか、などの情報を含みます。発信者は容易に特定できるものですが、多人数の議論などでは、注意していないと誰が言ったのかがわからなくなることもあります★。また、書きことばのメッセージでは、署名がないと発信者の特定は難しいでしょう。聞き手については、二人での会話なら話し手以外が聞き手なので識別し損ねたり混乱したりしませんが、聞き手がたくさんいる場合には特定しにくいこともありえます。「この★注意は、特に竹内君に言っておくが」などと前置きしてから話す場合は、メッセージの向きに関する情報を言語化しているわけです。聞いてほしい相手をじっと見て言えばた

★「情報のステータス情報」とか「メタ情報」と言ってもいいのですが、イメージとしてわかりやすいほうがいいでしょう。タグは「名札・値札・番号札」など、何かに関する情報を一目で取得できるように使う「札」のことを指しています。

★「国会のヤジがそうでしょう」なんて言ってるのは誰ですか?

★このような言い方は、「竹内君」だけに向けたメッセージの宣言ではなく、「竹内君を含む複数の聞き手」を想定した上で、そのなかで特に「竹内君」を別格の聞き手としていると見るべきですね。つまり、聞き手にも序列がありうることを考えなければなりません。

いていわかるでしょうが、確実ではありません。また、公的な情報か私的なやりとりで示された情報か、いつ提示されたか、などは、②や③に関わるので重要です。

②「情報の質と力」は、その情報が正しいか可能性は高いかなど真偽に関すること、事実の提示か予測の提示かなど情報の種類に関すること、発話内行為★としての種別などが含まれます。形式上は陳述でも、実質的に《発話内力》を持つことがありますが、聞き手が発話を受け取った時点でタグとして《発話内力》に関する情報を付すと考えられます。①の情報はいずれも見極めた時点で確定しますが、この《情報の質や力》は発話の形式で機械的に決められないこともあり、聞き手の解釈が入るのが普通です。もちろん解釈は一義的に決まることもありますが、聞き手によって発話内力の受け止め方も変わるので、均質とは言えないのです。

(2)【課長が電話で部下に言う】「今、宣伝用のサンプルが不足しているんだ」

この発話は形式上は陳述文ですが、これを聞いた部下は「わかりました。今すぐ届けます」と言って、追加のサンプルを持っていくでしょう。そうなると、この発話は単なる陳述でなく、命令と解釈されたわけです。逆に、その場で「わかりました」とだけ答えて特に行動を起こさない部下もいるかもしれませんが、その人は陳述と解釈したことになります。★しかし、あとから「追加のサンプルを届けてほしいんだな」と思い直すかもしれません。つまり、情報の質や力に関する情報は、再解釈されたり、更新されたり

★陳述か、要求や命令か、依頼か、質問かといった種類(働きかける力の種別)です。

★発話内行為としては「持ってこい」という命令だとわかっていても、あえて行動を起こさない場合は、命令を無視していることになります。これは、語用論で扱う範囲を逸脱します。

することがありうるわけです。

「…かもしれない」と言われれば、可能性が高くないと考えるのが普通でしょうが、「あのチームは優勝するかもしれない」と十人の友人から言われたら、それほど可能性が低いとは考えないでしょう。確信の度合いを示す形式のなかには対人関係上の必要性から選ばれるものもあります。例えば、強く主張しないための形式として選ばれた「かもしれない」の場合、可能性が低いと言えない場合もあるのです。★

また、情報の「質」には、広い意味での情報の出自も含めることができます。情報の出自とは、例えば、直接獲得した《一次情報》か、間接的に獲得した《二次情報》なのか、ということです。誰かから聞いた情報は後者です。伝聞の情報は、情報の真偽に直接責任が持てませんから、それをマークすることが必要になります。逆に、自分が直接見聞きすることで獲得した情報なら直接的な根拠があるはずで、情報が誤りを含むときは判断を下した話者の判断に不適切さがあったことになります。

③「情報の評価」とは、情報の重要性や信憑性のほか、関心の度合いや好悪など情報に対する評価を指します。★「隆史は恵子に会った」という情報も当該の人物との関係によって重要度・信憑性・関心度などが変わります。隆史が結婚したばかりの自分の夫で恵子がその昔の恋人なら、聞き手にとって重要度も関心度も並大抵のものではないでしょう。隆史が自分の弟で恵子がその婚約者なら、それほど重要な情報と思わないかもしれません。

★「ヘッジ」「緩叙法」「緩語法」などと呼ばれることもあります。これは、聞き手との関係などを踏まえて使われるもので、社会言語学的に検討すべき要素だと言えるでしょう。「これ、おいしいかもしれない」を繰り返しながら食べている人を見かけることがあるのですが、こうなるとその人は確実に「おいしい」と思っていると考えていいでしょうね。

★重要度や関心の高さは、それに伴って情報を取り扱う際の優先度や緊急性に反映します。また、自分にとっては重要な情報もあり、重要でなくても、他者にとっては重要度も必ずしも客観的に判断できるわけではありません。

私たちが獲得する情報のすべてが相互に整合的なものだとは限りません。つまり、情報のなかには相互に矛盾するものも少なくないのです。「恵子にはもう会わない」と隆史が言うのをじかに聞いていれば、これと「隆史は恵子に会った」という情報は矛盾するので、「信憑性が低い情報だ」と聞き手は評価するかもしれません。しかし、あとから「隆史は優柔不断で、考えがよく変わる人だ」という情報を思い出し、「多少は信憑性がある」と思い直すこともありえます。私たちが周囲の世界を理解するプロセスでは、持っている情報を整合的に捉え直す作業が常に行われていると考えられます。

重要な情報はそう簡単に忘れてはいけないと考えがちですが、覚えておく必要がなくなれば忘れたって問題はありません。例えば、誰かに伝えるだけの情報なら伝えたあとは忘れてもいいわけです。また、電話で約束した内容(日時や場所や相手)も手帳にメモしてしまえば、とりあえずは忘れていいわけです。★ 短期記憶に収蔵した情報のなかには、用が済めば忘れてもいいものが含まれています。

語用論的に見た短期記憶は「会話の場で得られる情報の総体」ですが、一般には会話が終わってもしばらくは保持されています。必要に応じて情報の一部は長期記憶に収蔵されますが、セッションが終了してもしばらく保持される情報もあります。その場合、「誰々に伝えるまで保持」という位置づけが情報に与えられているわけですが、これも情報につけられるタグの一種で《情報の評価》に関するタグに分類できます。

ここでは、①基本特性、②質と力、③評価、の三つに分けて整理しましたが、もち

★もちろん、約束があることと、その内容をどこにメモしたかを忘れてはいけませんよ。

ろん、現実に情報がきっちり三つに分類されてタグに記入されるのではありません。質は評価に関わり、発信者などの基本特性も評価に関わります。また、重要度や緊急度を踏まえて発話内力を持たない情報に対して何か行動を起こすこともありえます★。つまり、これらのメタ情報は相互に関連しあい、作用しあうもので、むしろ渾然一体となってタグを形成すると考えられるのです。

談話標識の多くは、発話に関する情報をあらかじめ提供することで、聞き手により適切な受容をさせる機能を持つと考えることができます。

(3) 明日は学期末試験だ。でも、僕はわくわくしている。なぜって、西田さんの隣の席で受けることになってるからね。

最初の「でも」は、よく逆接の接続詞と説明されます。「明日は学期末試験だ」に対して、《逆接》の内容が続くことを予告すると見ることができます。「今言った内容から予測されることに反する内容が続きますよ」という目印があれば、聞き手は解釈を間違えることが少なくなり、話し手は★自分の意図する方向に聞き手の解釈を誘導しやすくなります。「なぜって」は、前文に対する理由説明が後続することを示すもので、「わくわくしている」理由の説明を予告しています。

目印を「標識《マーカー》」と言うことから、談話上の目印を**談話標識**（discourse marker）と呼びます。聞き手が次に出てくる情報を理解しやすくなり、話し手が聞き手の解釈を意図す

★例えば、「危ない！」は陳述の形式をしていますが、その重要度や緊急度を発話状況やパラ言語情報から推測して、逃げるという行動を起こすこともあるでしょう。

★必ず「話し手の理解の方向に誘導する」わけではなく、「話し手の理解とは違うものの、聞き手にこう理解してほしいという方向に誘導する」こともありえますね。「だます」場合などがまさにそうですが。

る方向へ誘導しやすくなるのが談話標識の基本的な効果と言えるでしょう。なくても正しく解釈できるでしょうが、談話標識があれば容易にできるようになり、結果的に聞き手の知的処理の負担を軽減できます。

(4) たぶん、飯島さんも協力してくれるよ。
(5) やっぱり、申し込むことにします。

「たぶん」や「やっぱり」も一種の目印と考えられます。「たぶん」は、推測で述べることや断言する確実な根拠がないことを示します。これから示される情報がどれくらい正しいか確実かによって、聞き手は情報の受容の態度が違い、それに基づく行動も変わるので、情報の正しさ・確かさに関する重要な情報はなるべく早く明らかにしたほうがいいのです。

「やっぱり★」は、「別の可能性も検討してみたが本来の考えに戻る判断となった」ことを示します。これは、話し手の判断にいたるプロセスを示すことで、判断の質に関する情報を与えることになります。(5)では「やっぱり」があることで「申し込む」ことを最初から迷うことなく決めていたのではなく、「申し込まない」可能性も考えてみて決めた、とわかります。言ってみれば、考えなしに軽はずみに即決したのでなく、迷いや熟慮があったとも言えます★。

これらの「たぶん」「やっぱり」は情報に関するメタレベルの情報を提示しており、

★辞書の多くは本来形の「やはり」を主たる見出しとしているのが普通です。口語体では「やっぱり」以外に「やっぱし」「やっぱ」などもよく使いますね。

★あるいは、同時に、即断できない優柔不断さがあることや、場合によっては「申し込む」という判断に対して多少なりとも距離を置くような冷静さがあることも示しうるでしょう。

情報につけるタグに記載されるメタ情報（の一部）を明示する機能を持っています。談話標識は、発話のメタ情報を表すタグの内容の一部を言語的に明示する機能を果たすのです。

怪しい談話標識

「でも」は接続詞に、「たぶん」と「やっぱり」は副詞に分類されます。指示詞と同じように、談話標識もその機能に着目して立てたカテゴリーで、複数の品詞にまたがる品詞横断的な要素です。しかも、一単語と言えないものも含まれています。談話標識の怪しさの一因がここにあります。

談話標識の定義はいろいろありますが、これまでの欧米系の研究では、but や though などの接続詞、after all や so などの（接続）副詞、well や oh などの間投詞が主に扱われ、談話つなぎ語（discourse connectives）、あるいは、論理つなぎ語（logical connectives）と呼ぶこともありました。日本語では、「しかし」「だから」などの接続詞のほか、「どうも」や「どうやら」などの副詞類の分析は多く行われてきました。★ 談話標識が実態として「文と文の接続に関わる要素」に限定されるなら、やはり「談話つなぎ語」★のように呼ぶほうが正確でしょう。談話上の目印が「談話標識」なのだとすれば意味する範囲は広くなり、接続に関わるマーカーはその一部でしかありえないからです。

日本語の場合、接続詞と同様の機能を持つ接続助詞があるので、英語を対象言語とす

★ただし、談話標識として分析しているとは限りません。
★あるいは「接続標識」などと呼んでもいいかもしれません。

る研究と同じやり方では解決できない問題が生じてきます。

(6) 多恵は数学のテストで九十五点だった。でも、洋一は六十点だった。

(7) 多恵は数学のテストで九十五点だったけど、洋一は六十点だった。

例えば(6)は(7)のように言っても実質的に伝えるところは変わりません。「しかし」「でも」の類を機能的な観点から談話標識とするなら、「けど」「が」などの助詞も同じ扱いをしないとつじつまが合わなくなります。★ 意味機能上ほとんど同じであるはずの助詞が形態論上の理由で無視され、除外されることになってしまいます。日本語で談話つなぎ語を考えるときは、助詞など自立的でない要素を無視するわけにはいきません。

談話標識としてよく論じられるのは、逆接や因果関係に関する接続詞ですが、「さらに」「まず」「結局」「第一に」「というのも」なども接続に関わるので、談話つなぎ語に含められそうです。これらの談話つなぎ語の「つなぎ」のはたらきをよく見ると、文と文をつなぐとは限らないことがわかります。「まず」「第一に」と言うときは、その内容が一つの文で終わるとは限りません。「第一に」と言って三分ほど話し、「第二に」と言ってまた三分くらい話す場合には、「第一に」で示される内容は「第二に」が出てくる前までなので、多数の文から構成されていることになるでしょう。「つまり」と言って直前の一文を言い換えることもありますが、それまでに蕩々と話した内容全体をまとめあげることもあるのです。

★(6)の「でも」も代わりに「けど」を使ってもいいくらいですからねえ。

(8) 健二は三十点だ。徹は四十点だ。浩二郎は四十五点だ。でも、僕は八十点だ。

この「でも」は直前の「浩二郎は四十五点だ」だけではなく、三つの文に対して後続の一文を導いてつなげている見るべきです。意味や文法のはたらきが及ぶ範囲を支配域《スコープ》と言いますが、(8)の「でも」の前段的スコープは先行する三文だと言えます。この前段的スコープは、指示詞の文脈指示における《照応詞》に近いところもあるので、照応先などと呼ぶことも考えられます。この照応先は会話では相手の発話に設定されることもあります。

(9) A「かっこいい車ですね」 B「でも、まだローンが残っているんですよ」

この「でも」は相手が「かっこいい車だ」と好ましい点を指摘したのに対し、好ましくない点を示すことで逆接のつなぎをつくっています。また、「つなぎ」は一種の論理関係を映し出しますが、だからといって、機械的に決まるわけではありません。

(10) 母「あら、茂君は九十点なんて、優秀ねえ」
息子「[それに／でも]、正和は八十点だったんだよ」

このやりとりで「それに」と言うと、茂君の九十点に加えて正和も八十点だということになり、正和も同様に優秀だという認識を息子が持っていると考えられます。「でも」

★ほめことばに対する謙遜とも言えます。ポライトネスの原理のうち「謙遜の格率」に従った発話とも言えますね。

の場合は、茂★君の九十点に比べて正和の八十点はそれほどよくないという認識を息子が持っているのでしょう。つまり、論理関係の表示といえども、つなぐ前段の内容と後段の内容をどう捉えるかは、話し手の考え方で変わるのです。この「話し手の考え方」は、情報のタグに記載される《情報の評価》と重なる部分がかなりあります。つまり、論理つなぎ語といえども、客観的な論理関係の表示だけを行うのではなく、話し手の評価や認識などのメタ情報も含むのです。

談話標識を捉え直す

狭い意味での談話標識は談話つなぎ語だとしても、談話つなぎ語も情報のタグの一部を言語化している点では特別なものとは言えません。では、談話上の目印という本来の意味に立ち返るとすれば、どのように談話標識を捉え直せばいいのでしょうか。

ここでは、《メタ談話情報》を提示する要素を談話標識と定義することにします。これは、言★語運用に関する情報を提示すると言い換えてもよく、広い意味での談話標識を「情報のタグに記載できる情報を言語化したもの」と考えてもよさそうです。無論、これには「つなぎ」に関わる要素も含まれますが、それ以外の要素も含まれることになります。

「たぶん」「おそらく」「きっと」などの副詞類は、命題の《確信度》に関する情報を表示しています。自立的な要素ではない「だろう」「ようだ」「かもしれない」なども、

★あるいは、いつもは茂君に劣らない出来の正和が今回に限って調子が悪いという認識かもしれません。

★「メタ語用論的な情報を提示する標識」などと言ってもいいわけですが、ややこしいので、簡単な言い方にしましょう。

機能に着目すれば確信度に関わる談話標識と言えます。日本語の研究では、これらは、これまで語彙論的に研究されるかモダリティに関する要素として分析されてきましたが、情報のタグという観点で見ると違う分類や分析ができるでしょう。

二次的に取得した間接情報をマークする要素も談話標識に含めることができます★。例えば、「だって」「という」「らしい」などの伝聞をマークする要素がこれに相当しますが、もう少し拡張すると《情報の取得に関する情報》と見ることもできます。「その財宝を見たものは誰一人いないと言います」における「言います」は、ある集団や共同体において一般的な理解になっていることを表しますが、これは「間接情報のまま特定の共同体のなかで共有・保持されている」ことをマークすると説明できるでしょう。

「やっぱり」は判断のプロセスの表示なので別のカテゴリーを立てるべきですが、Q11で扱った《長期記憶参照をマークするタ》も、判断のプロセスに関わる表示と見られるので、機能的観点から分類すれば同じカテゴリーに含めていいでしょう。

会話の場合は、文章を書くのと違い、その場で考えて発話する（つまり、原則として事前に発話内容や形式を決めていない）のが普通なので、言い淀むこともあります。考えるための間をとったり、言い直したりすることもあります。また、相手がこちらに注意を払っていないときに注意を向けさせなければならないこともあります。「そうですねえ」「何というか」「ええと」などは、それ自体が陳述的な情報を伝達してはいませんが、発話者が発言権を保持したまま考える時間をとることを可能にします。「ええと」もこの

★これはモダリティに関わる要素でもあり、確信度を表す標識と部分的に重なる機能を持っています。

種の機能を持っています。★向こうを向いている相手に話しかけるときには、名前を呼ぶか「すみませんが」と言って振り向いてもらえばいいわけですが、「あのう」と言って話しかけることもあるでしょう。この「あのう」は別段言い淀んでいるのではなく、相手の注意を引きつけて、こちらの発話を聞き手が受け入れる準備が整った段階になるよう誘導していると言うことができます。ちゃんと聞いているか確認せずに話し始めると、相手が談話の冒頭部分の情報を聞き逃してしまうかもしれません。それを防ぐという現実的な役目を「あのう」が担うと見ることができるのです。会話を物理的に円滑に進めることに関わる談話標識と言えるでしょう。また、特にそれ自体が伝達上重要な意味を持たない形式なので**フィラー**★(filler)という捉え方をすることがあります。話していれば、間合いをとったり、ちょっと考えたりしたいときもあるので、「あー」とか「うー」などと言いますね。これは、まさにフィラーに当たるものです。ただし、「あのう」「そうねえ」など形態素を含む言語形式の場合は「伝達上重要な意味を持たない」とどう判断するかが問題になります。

　私は「まあ」が口癖でよく使うのですが、これも一種の談話標識です。「これ、借りてもいいですか」と尋ねて「まあ、いいですよ」と言われたら、「貸したくないのかな」と思うかもしれません。「どうぞ、どうぞ。いいですよ」と言ってくれれば、心おきなく借りられるというものですが、このとき、「どうぞ、どうぞ。まあ、いいですよ」と言うと、日本語として不自然です。これは、「まあ」が《述べる命題を話者が完全に受

★「ええと」については別の機能も考える必要があります。

★字義どおりに考えると「会話において埋め草的な役目をするもの」ということです。会話において、「間」つまり、ことばが出ていない《無言語の時間》を埋めるというはたらきは、すべての発話や単語が持っています。要は、「埋める」ことが主な機能かということですが、紛らわしいものもあり、フィラーかどうかについて判断に困るケースもありそうです。

容していない》ことをマークしているからだと考えると説明できます。「完全に受容していない」とは、その命題をそのまま断言しにくい事情があると言い換えてもいいでしょう。「まあ、明日までに仕上げろよ」と言うと、命令ではあるものの、多少の遅れを許容し、努力目標として提示する意味合いが感じられるでしょう。「貸して」に対して「どうぞ、どうぞ」と言うときは、問題なく貸せるときでしょうが、「まあ」を使うと断言できない理由がある、つまり、何か問題や迷いがあることになります。したがって、「どうぞ、どうぞ」に「まあ」をつけると矛盾するわけです。「まあ」は発話命題に関する発話者の態度を示す機能を持つのです。例えば、「はっきり言って」★と言ってから話し始める場合も、提示する情報について「率直に言う」「はっきり言う」という伝達上の態度を示しているので、同じように扱えばいいでしょう。

会話のやりとりでは、相手の言ったことをこちらがどう受け止めるのかを示しておくほうが円滑に話も進みます。そういうことを表す談話標識は、《相手の提示した情報の受容に関する態度の表明》に関するマーカーに分類できます。

(11) A「映画でも見に行かない?」 B「じゃあ行こうか」

この「じゃあ」★は「相手の発話を受け入れて前提とした」ことを示しており、相手の発話を前提として後続の発話が出てくることになるわけです。「じゃあ」のあとに出てくる判断が相手の発話をきっかけとしてなされていることになるので、自分の意志で自

★若い人たちが最近よく使う「ぶっちゃけ」も同じように考えていいでしょう。

★「じゃあ」は、「それでは」の省略形と言っていいでしょう。「では」だけでも、「それじゃあ」でも、基本的に同じ意味になります。

発的に判断を下したのではなく、相手からきっかけを与えられなければその種の判断が出てこなかったであろうという印象も伴うことになります。「買い物行ってくれないの?」と言われて、私が「じゃあ、行ってくるよ」と言うと、家人は「嫌なの?」と私に詰め寄ります。「じゃあ」と言うと、自分の意向でなく、相手の意向によると受け取られるからです。自分から進んで行くのなら「じゃあ」と言わなければいいのです。

「じゃあ」には別の用法もあります。相手の発話など先行する言語的文脈を受けて使うのでなく、話し手が自発的に《発話状況》について「後続の発話を行う準備が整っている」という判断をしたことを示す用法です。例えば、試験官が「じゃあ、試験を始めます」と言うときは、「試験を始める」と述べてよい準備が整った状態だと判断しているわけです。このときの発話状況とは、言語的な先行文脈ではなく話し手の周囲の状況のことです。これは、発話を行う際に発話の事前状況をどう認識したかを示す談話標識と言えます。★

ここまでで見た談話標識は、以下のようにまとめることができます。

① 情報と情報のつなぎ方(論理的な関係)を示すもの
② 提示する情報に関する話者の確信の度合いを示すもの
③ 情報の取得に関するメタ情報を示すもの
④ 判断のプロセスなど情報の管理状態に関するメタ情報を示すもの

★私も家の者に「買い物は?」と言われる前に(つまり、何も言語的な先行文脈がない状態で)、「じゃあ、買い物に行ってくる」と言えばいいわけですね。その場合、この「じゃあ」は自分で周囲を見て「買い物に行ってくる」と述べてよい状況だと自発的に判断したことをマークするわけですから、家人の機嫌も損ねないわけです。

⑤発話する情報についての話者自身の伝達上の態度を示すもの
⑥相手の発話の受容のあり方に関する情報を示すもの
⑦発話の事前状況についての話者の認識を示すもの
⑧会話を物理的に円滑に進める上で必要な機能を持つもの

この八項目に収まらない談話標識もあるかもしれませんし、この八項目は排他的分類★ではないので、このなかの複数の項目に該当するものもありえます。また、実際にはそうでなくとも、そうであるふりを装って使う戦略的な使い方もありそうです。以下では、①の代表格である接続詞について見ておくことにします。

接続詞は接続するのか―「だから」と「しかし」の場合―

接続詞とは言うけれども、そもそも接続詞は「接続する」のかという根本的な問題から考えましょう。私たちは「しかし」や「だから」を接続詞という品詞に分類していますし、接続詞が前件と後件のあいだの論理関係を表す「つなぎ語」として用いられることを知っています。ところが、前件がない状態で使われることもあるのです。英語の So も文頭で照応すべき言語的な情報（＝前件）がないまま使われることがありますが、日本語でも見られるのです。

★「排他的分類」とは、どれか一つのカテゴリーに所属するものは、他のどのカテゴリーにも所属しないような方法で行われている分類のことです。排他的分類は、重複を許さない分類なので、ものを区別して整理する上では確実なのですが、そういう分類を行うには事前にそれぞれのカテゴリーの性質を吟味しておく必要がありますし、そもそもそういう分類が可能なのか考えておく必要があります。

⑿【勢いよく走ってきた子どもが転んだのを見て親が言う】「だから、走るなって言ったでしょ！」

⒀【数日間雨模様の天気。朝会った知人に言う】「しかし、よく降る雨だね」

⑿は、発話の前にやりとりはありません。子どもが転んだ状況は、当の子どもも親もわかっていますが、ことばで表された情報、つまり、先行文脈はないのです。⒀も朝会って最初に言う挨拶代わりのセリフだとすれば先行文脈はありません。これらは接続詞を使っていますが、後件だけあって前件がないのです。

実は、この二つの例は似ているようですが違います。前件が言語的に表現されていなくても、話し手と聞き手が共通してわかっているなら、その共有情報を前件として扱うことに無理はありません。⑿では、「子どもが転んだこと」が子どもと親の共有情報ですが、そのまま前件にして「太郎が転んだ。だから、私（＝親）は太郎に走るなと言った」としても不適切です。★⑿では、いつの時点かわかりませんが、子どもが走り出す以前に親は「走っては駄目だよ」と子どもに言っているのです。それでも子どもが言いつけを聞かないで走り出し、転んでしまったという状況でしょう。しかし、「今子どもが転んだ。だから、それより前に走るなと子どもに言った」のでは、因果関係が時間軸の上で逆転しています。

⑿の「だから」は、確かに子どもが転んだという共有情報を踏まえていますが、それ

★なにしろ転んだあとで、「走るな」と言ってもあとの祭りです。もちろん、同じ過ちは繰り返すな、という注意にはなりますが、⑿の主旨は、そうではありません。

をそのまま指しているわけではありません。「言った」のは前(過去)のことで、転んだのは「言った」のよりあと(未来)のことなので、「言った」理由になるならば未来の予測しかありません。つまり、「子どもが走ったら転ぶことが事前に私はわかっていた。だから、走るなと子どもに言った」という論理関係で使う「だから」を用いたのが⑿なのです。この「だから」の使用条件は、《予測していたことが目の前で現実になった》という共通の理解があり、それを踏まえて(気分的には、「ほら、思ったとおりだ。こうなると、私はわかっていたんだ」という話者の認識があって)、「だから」となるわけです。友人が失敗したのを見て「だから、私はしなかったんだ」と言ったり、競馬の予想が的中したのを知って「だから、買っておけばよかったんだ」と言ったりする「だから」は、この用法です。事前に予測していたことが現実化したという認識があり、現実化した内容は言語的文脈にはなっていませんが、発話状況という非言語的な文脈として話し手と聞き手のあいだで共有されているわけです。会話の参加者が共有している状況についての話者の予測を前件として「だから」を使っているのなら、前件が言語化されていないものの、これはある種の接続を行っていると言えるのです。

⒀では、話し手と聞き手が同じ地域に住んでいれば天候に関する「よく降る雨だ」という認識は共有しているでしょう。しかし、これは⑿のように目の前で起きたばかりの出来事はなく、したがって、短期記憶に収蔵したての《活性化した情報》でもありません。ここ数日の天気のことは、暫定的に長期記憶に収蔵されているでしょうが、聞

き手にとってはすぐ取り出せるような《活性化情報》だとは限りません。また言語化された前件はありません。

この「しかし」の用法は「でも」「だけど」などの別の逆接接続詞にも見られますし、「それにしても」にも同じような働きがあります。以下の三つの例文は先行する発話がない（言語化された前件が存在しない）状況での発話だとします。★

⒁【都心のターミナル駅のかなり混雑した様子を見て独り言を言う】「しかし、混んでるな」

⒂【乳幼児の子育てに追われる女性たちが集まっている】「でも、子育てって大変よねえ」

⒃【好物のラーメンを食べながら、家族に向かって言う】「しかし、うまいね、これ」

見れば混んでいるのはわかるので、普通なら口に出す必要はありません。⒁は独り言という設定ですが、近くにいる誰かに言ったとしても、混雑しているのが事実である以上肯定されることはあれ、否定されることはないでしょう。なにしろ「わかりきったこと」なのです。

⒂も⒃も「わかりきったこと」として言っています。この「しかし」は、《あえてわかりきったことを言語化する》マーカーと考えれば説明できます。「わかってはいるけれども言わずにはいられない」わけです。⒂は、みんな実際に経験してわかっているのであえて言わなくてもいいが、「子育ては大変だ」と言わずにはおれない、という感じでしょう。⒃は、このラーメンがうまいことはもとからわかっていたし、家族のみんな

★よく「談話の冒頭で」という言い方もします。

もわかっているから、別段口に出して言う必要はないが、すごくおいしいのであえてことばにして「うまい」と言わないではいられないほどだ、ということでしょう。

この場合、「わかりきったことをあえて言うぞ」というマーカーとしての「しかし」に前件はありません。つまり、接続してはいないのです。この「しかし」は、《わかりきったことを言う》という伝達上の話者の態度を示す談話標識で、先ほどの八項目のなかでは⑤「発話する情報についての話者自身の伝達上の態度を示すもの」に分類されます。

なお、現代語の「しかし」は「しかしながら」の下半分が略されたもので、本来は「そうではあるけれども」の意でした。「しか」は「かくかくしかじか」に残っている「しか」と同じで、もともと指示語だったのです。したがって「そりゃそうだけど」「それはそうだけど」「それにしても」という意味があるのは自然ですし、照応の機能が残っていてもおかしくはないわけです。ただし、このように語源や語の変遷から意味機能を考え始めるのは適切なやり方ではありません。現代語の用法について分析をした上で、古い時代の用法や意味についても整合的に説明できることを確認するのが正しい分析の手順です。単語を形態論的に分析する場合は、細かな要素に分けて語源を考えることもありますが、語用論的な分析では、まず全体の機能を捉えることから始めないと本質を見誤ることがあります。

例えば、何かを思い出したときに「そういえば」と言うことがあります。これも一つの談話標識ですが、これを「そう＋言えば」と捉えて「そう」が相手の話した内容を受ける照応用法の指示詞だから、相手が言ったことを受けて「あなたがそのように言うのであれば」の意味だと分析的にまとめると、なんとなくわかったようですが、実は本質を見誤っているのです。

(17) A「今日、久しぶりに高橋君にあったよ」
　B「そういえば、彼は商社に就職するんだってね」

(18)【電車に友人と乗っている。先行文脈はない。窓の外を見ていて、突如友人に言う】「そういえば、このあいだ借りた本、まだ返してなかったよね」

(17)では「そういえば」に「あなたがそのように言うのであれば」を代入してみれば不適切なことからもわかりますが、これではうまくいかないのです★。むしろ、「そういえば」は「何かを思い出したときに使う」ことから、どういう種類の情報をどういう条件下でどのように「思い出した」のかを考えるところから始めなければなりません。(18)からわかるように、相手の発話を受けて使うのではない用法もあります。つまり、本来の「そういえば」の意味はどうであれ、今は「思い出した」ということをマークすることに重点があるのです。(18)の場合、相手は何も言っていない状況ですから、「そう言えば」を文字どおりの意味に解釈することもできません。

この「そういえば」は、結論から言うと、長期記憶のなかで順序だって意識的に活性

★語源を考えるのはいいことですが、語源から分析を始めることは語用論では避けるべきなのです。

化していった情報ではなく、きっかけになる情報（トリガー）を与えられて活性化された情報であるものの、系統だった活性化のプロセスがなかったと意識されていることをマークしていると見るべきです。トリガーが相手の発話にあることもあるでしょうが、★トリガーそのものが明確でない場合も使われるのです。また、さらに、実際にはそのとき急に思い浮かんだわけではないのにそのように装って使う《戦略的》な使い方もあります。この場合、急に思い浮かんだ情報であるかのように扱うことで、重大さや深刻さを緩和したり、軽い話題として扱って押しつけがましくない印象を与えるという効果が考えられます。

(19) そういえば、君に語用論の本、貸してたよね。

例えば、相手に本を貸していて返してほしいとずっと思っているのであれば、これはすでに活性化済みの情報で、そのとき思いついたわけでも思い出したわけでもありません。★しかし、(19)では、「そういえば」があることで重大さや深刻さが薄まり、「返してほしい」という要求を伝える上であまり強迫的でなくなります。内心ではずっと返してほしいと強く思っていたとしても、それをそのまま伝えると強い要求を行うことになり、相手のメンツを脅かしかねません。★厳密に言えば、そのとき思い出したわけではないので、誠実な使い方ではありませんが、会話を行う上での配慮を優先した戦略的な使い方とも言えるわけです。

★単に、どういうプロセスかわからないけど活性化されて思い浮かんだというケースです。

★正確に言えば、そのとき、どういうプロセスで活性化したか追跡できない、あるいは、内省しきれないほどの順序で活性化していった情報として「私は君に本を貸している」ということがあるわけではないということです。

★ポライトネスの観点で言えば、ＦＴＡになりうるわけです。

語源や構成から分析的に理解していくと、こういった派生的な用法が見えにくくなることがあります。「思い出した場合に使う」という機能に着目するところから始めれば、そうでないケースとして、この戦略的な用法も説明できるわけです。

Q13 文末に使う「よ」は強調、「ね」は確認の意味ですか？

伝統的な国文法では、「よ」は強調や強めの終助詞、「ね」は確認や念押しの終助詞と説明されてきました。例文を見てみると、これでおおよそ説明できそうな感じがないでもありません。その意味では間違いではないのですが、日本語に限らず、すべての言語研究で「強調」★という機能は、語感や直感でしか説明のしようがなく、実証しにくいものです。単純な説明では許されますが、理論的に分析して解明したとは言えないのです。また、「ね」には「詠嘆」のはたらきを持つという説明も見られますが、「詠嘆」というのも理論的に実証しにくいものです。しかも、「ね」には確認や念押しと言えない用法も見られます。

語用論の枠組みで「そうだね」と「そうだよ」を比べてみると、聞き手に対する話し手のスタンスが異なるという観点から分析ができそうです。ただし、語用論的に説明ができると言っても、「僕ね、さっきね、転んでね…」と使う間投助詞用法との違いや共通性が全くわからないのでは、やはり不十分です。「そうだよね」と言えるのに「*そ

★「強調」という説明は機能の本質を言い当てていないとまで言うと、言いすぎかもしれませんが、「強調」という説明だけで終わるのでは不十分という感がぬぐい去れないのは事実です。

うだねよ」と言えない理由(語用論的な要因か文法論的な要因かも含めて)も解明できることが望ましいわけです★。

「ね」の用法

サラダがおいしいというレストランに知人と入り、さっそく注文して食べてみると、やはり大変おいしいサラダでした。知人は私に向かって「ね?」と言いました。これは、「自分が言ったとおりおいしいだろ? 私の言っていたことが正しいと君は認めるよね?」の意でしょう。これはいわば自分が提示した情報を正しいものとして受容したかを確認していると言えるので、「ね」に《確認》の機能があるという説明が成立しそうです。ただし、あらゆる場合が《確認》と説明できるか考えてみなくてはなりません。

(1)「ここで待っていてね」

(2)「いつになったら会議が終わるのかね」

形の上では(1)は「待っていて」という命令★に「ね」がついています。依頼でも要求でも命令でも、何かをするように求めているわけですから、そこに《確認》の意味が加わるのだとしたら、「依頼をするけど、それでいいかい?」という確認なのでしょうか。(1)をそう理解するのは難しいでしょう。しかも、命令に関して「待て」とか「待ってい

★語用論的に説明ができるけれども文法論的にはまるで使い物にならないというのでは困るわけです。ことばの研究はいろんな観点と枠組みとレベルがありますが、普遍的に適用可能な分析と説明が望ましいということですね。いわば「つぶしのきく」分析のほうがいいわけです。まあ、何事もそうですが…。

★活用形としては命令形ではなく、連用テ形(連用形に接続助詞のテがついたもの)ですが、日本語では連用テ形が広く命令で用いられます。強い命令となる命令形に対して、強く迫らない(優しく、弱い)命令と考えていいでしょう。

ろ」という活用形の上で命令形とされるものでは「※待てね」とか「※待っていろね」のようにできません。つまり、命令形に「ね」はつけられないのです。このことは、「待てよ」「待っていろよ」のように「よ」ならどちらにもつけられることと整合する説明が必要です。また、「待ってくださいね」とも言えますが、「ください★」は形態上は本来命令形であるものの、意味の点で見ると同列には扱えません。

疑問文に「ね」がついた(2)は、質問して確認することになるでしょうが、答えがわからないままに確認するのはつじつまが合いません。ここでは、確認という機能はいったん忘れておきましょう。

「ね」が使える場合と使えない場合を調べ、本質的な機能を考えることにします。

(3)【大勢の人の前で自己紹介をしている】「こんにちは、みなさん。私は鈴木一郎と言います／※言いますね」

(4)【外出する際に家族に言う】「今から、郵便局に行ってくる／行ってくるね」

話し手が提示する情報を聞き手が知っているかという点で見ると、(3)は自己紹介の場面なので相手はこちらの名前を知らないはずです。(4)は話し手が自分の行動予定を告知する場面なのでたいていは聞き手の知らない情報でしょう。(3)も(4)も聞き手にとっての新情報を提示する発話ですが、一方だけ「ね」が可能でもう一方は使えません。このことは「新情報」かどうかだけで「ね」の使用条件を指定できないということ

★「くだされ」の「れ」が変化したか、「くださりませ」から変化した「くださいませ」の「ませ」が略されたと考えられています。

です。

この点には、「なわばり」という概念を導入した説明が試みられています。「情報のなわばり理論」★は神尾昭雄氏が提唱したもので、話し手と聞き手がある情報をどの程度知っているかなどの要素によって「なわばり」に当たる概念で記述し、対話における情報の位置づけを中心にモダリティや人称性、敬語に関わる問題も含めて統合的に説明しようとするものです。「なわばり」★は本来動物行動学の概念ですが、人間も社会生活を営む上でなわばりを持つわけです。例えば、「痛い」とか「うれしい」とか「眠い」など、当人が感じる以外に知りようがない情報は、その種の感覚・感情を感じる人の「情報上のなわばり」にある、と言えます。他人は推測できても、当人の感覚や感情を直接体験できないのです。例えば「歯が痛い」場合、実際の痛みは本人しか感じないので、この情報は痛みを感じる人のなわばりにあり、他者が踏み込みにくい情報になります。

(5) 私は歯が痛い{*ね★／よ}。

(6) 君は歯が痛い{ね／*よ}。

以上のことを単純化すれば、次のようにまとめられます。

(7) **「情報のなわばりとネ・ヨ」**

① 自分のなわばりにある情報にヨをつけることはあるが、ネはつけない。

★ここでは詳細に述べる余裕がありませんので、関心のある向きは、以下の著作を読んでください。①神尾昭雄（一九九〇）『情報のなわばり理論　言語の機能的分析』大修館書店、②神尾昭雄（一九九八）「情報のなわばり理論：基礎から最近の発展まで」『日英語比較選書2 談話と情報構造』（中右実編、研究社）、③神尾昭雄（二〇〇二）『続・情報のなわばり理論』（大修館書店）

★日本語の「なわばり」は自分の土地に縄を張って示したことから来ています。英語ではterritoryで表しますが、こちらは本来「町の土地として管理が及ぶ地域」を指すものだったようです。

★けんかをしているときなど、つっけんどんな言い方の場合には「ね」が使われることもあるのですが、これは例外的なものですから、一般に自分の歯痛を他人に伝える場面での使い方に限定して考えることにします。

②相手のなわばりにある情報にネをつけることはあるが、ヨはつけない。

この原則でも説明しきれないものは少なくありません。また、すべての情報が話し手か聞き手かいずれか一方のなわばりにあるとは限りません。目の前で起こった出来事を同時に目撃した場合は、話し手も聞き手もわかっており、一方だけが情報を独占していないこともあります。

(8)【冬の朝。家族に言う、その日最初の発話】「今日は、寒い{ね／*よ}」

同じ地域に住んでいるなら、気候に関する情報は特定の人が独占するわけにはいかないので、話し手のなわばりにだけあるわけではありません。(8)の場合、「寒い」という情報が話し手と聞き手のなわばりの「いずれにもない」とするか「いずれにもある」とするかのどちらかになります。「なわばり」という概念の感覚的な理解では、なわばり★が重なるということはありませんから、「なわばり」という比喩で括っていくと、むしろ混乱を起こすことが考えられます。この点は重大な問題です。

(4)のように「(自分が)これから郵便局に行ってくる」という話し手本人しか知らない情報は、話し手のなわばりに(占有的に)あることになるので、「ね」が使えると(7)の原則では説明できませんし、次のような場合も説明しにくいわけです。

★「なわばり」ということばは、領域という空間的な概念の類推で捉えざるをえません。例えば、「所有地」は一種のなわばりですが、うちの所有地でもあり、お隣の所有地でもあるというのは「専有」という考え方で理解しようとするとうまくいきません。もちろん「共有」という考え方もできますが、そうすると「なわばり」に専有領域と共有領域を下位区分することになり、複雑になります。

(9)【青果店で客Aが店主Bに尋ねる】A「このキュウリ、いくら?」　B「三百円ですね」

店主は原則として商品の値段はすべて知っているはずで、客は表示されていなければ値段がわかりません。したがって、キュウリの値段はBが占有的に知っている情報で、Bのなわばりにあります。(7)の原則どおりなら「よ」は使えても「ね」は使えないはずですが、「ね」は使えます。また逆に、口調にもよりますが「三百円です[よ]」では、けんか腰という印象を与えかねません。(7)の原則が成立する説明をするなら、(4)(9)のような例外となる用法については、「自分のなわばりにある情報にあえてネをつけることで、自分がその情報を占有していないかのような印象を聞き手に与える効果がある」とすることが考えられます。★このような「ね」の用法を例外とせずに統一的に説明することが望ましいのですが、これは「よ」の機能と関連づけて考えなければなりません。

「よ」の用法

「よ」は文末に現れる点では「ね」と似ていますが、文体的な効果の点では分布が違います。おおまかに言えば「よ」は「ね」にはない《粗野な感じ》を与えることがあります。間投助詞の「ね」は、命題ではなく、語や句など命題の構成要素につく点で《文★末詞》の「ね」と全く同一とはできませんが、共有している機能もありそうです。

★神尾昭雄(一九九〇)では、話し手が聞き手に対して《協応的態度》を示す標識が「ね」だとしています。《協応的態度》とは、聞き手が話し手と同一の認知状態を持つことを積極的に求める態度と説明されます。

★伝統的な国文法では、終助詞と言います。ここでは、文末につくので《文末詞》と呼ぶことにします。

(10) 私ね、この作品がね、かなりね社会批評的な観点をね、含んでいるんじゃないかと思うのね。

この例文の「ね」のうち、文末詞の「ね」は「よ」に置き換えてもそれほど違和感がありませんが、それ以外の「ね」を「よ」にすると途端にだいぶ柄の悪い言い方になります。あまりに文体レベルが低すぎて「わたくし」など文体レベルが高く、形式的な場面にふさわしい語彙と「よ」を結合させると、不★適確な発話と判断できるほど、発話レベルがかけはなれています。この粗野な「よ」は間投助詞に典型的ですが、疑問文のあとに現れる文末詞でも共通した性質が見られます。(12)は、「ます」という敬体との文体レベルの差が大きく不自然です。

(11) この書類にはもう訂正箇所はないのか {ね／よ}。

(12) 次のタウンミーティングはどこで開催されますか {ね／*よ}。

もちろん、「ないのかね」も年配の男性の口調を思わせる点で中立的ではありませんが、「ないのかよ」も特に粗暴な言い方に感じられ、使用する人や場面が限定されています。このことは「よ」の機能を考える上で無視できない点です。

(13)★ A「このペン、借りていいですか」
B「ああ、構いません {*ね／よ}。どうぞ、どうぞ」

★この不適切さは、文法論的なものではなく、語用論的なものだと言えるでしょう。「わたくしは存じ上げません」を「わたくしはよ、存じ上げませんよ」とするとあまりに変ですよね。

★(13)は、どうしようかなあと迷っていて「構いません…ね」と、間をおいて逡巡しつつ言う場合なら「ね」も使えるでしょう。また、子どもが向きになってけんかするようなケースでも使われますが、これはあとで検討します。

⒁　A「このペン、借りていいですか」
　　B「ああ、それはダメです｛ね／よ｝。机にあるのを使ってください」

使用の許諾を求めるAの発話は同じですが、⒀では「構いませんよ」と同意し、⒁では「ダメです｛ね／よ｝」と拒否しています。

また、命令形のあとに「ね」はつけられませんが、「よ」はよく現れます。「*行けね」とは言えませんが、「行けよ」とは言えます。連用テ形で緩和的な命令を表す場合は、「行ってね」も「行ってよ」もどちらも可能です。

⒂　早く来て｛ね／よ｝。

⒃　大変です｛ね／よ｝。

「よ」は、伝統的に強調・強意・念押しと説明されることが多かったのですが、⒂の「早く来てよ」は「早く来てね」に比べて、早く行かないとだいぶ小言を言われそうな感じがします。「早く来てね」だと、今すぐ行かなくても許してもらえそうな感じがありますが、このような感覚的な説明だけでは科学的な分析になりません。⒃の「大変ですね」は、聞き手が大変な苦労をしているところに声をかけた場面で、「大変ですよ」はなにか重大な事態が生じたところを報告している場面かもしれません。「大変ですね」は他人事のような態度、「大変ですよ」がいかにも当事者という態度を思わせます。これもまた、さらに理論的に踏み込まないと科学的な説明にならず、ニュアンスの説明にとどまってしまいます★。

(17) 今朝、チューリップの球根を植えた｛よ／ね｝。
(18) 明日、チューリップの球根を植える｛よ／ね｝。

「今朝、チューリップの球根を植えた」は過去の出来事を述べた文ですが、これに「よ」がつくと、話し手が自分の行為を述べていると解釈されます。「ね」の場合は、聞★き手の行為を話し手が推測して述べていると解釈するのが普通でしょう。つまり、(17)は「私は…植えたよ」「あなたは…植えたね」と読むのが最も単純な解釈なのです。これに対して未来の行為を述べた(18)は、「植えるよ」も「植★えるね」も話し手の行為と解釈できます。

「よ」の場合は、過去の現実の行為でも未来の予定的な行為でも話し手の行為なのに、「ね」の場合は、過去の行為で不可能だった話し手の行為という解釈が未来の行為で可能になる点がポイントです。過去の行為はすでに確定した事実なので変えようがありませんが、未来の行為ならまだ確定していないので変えられるかもしれません。予定は、いわば《可変的》なのです。例えば、「明日、植えるね」と言っても、相手が「明後日にしようよ」と提案する余地があります。一方、「今朝、植えた」ことは既成事実で変える余地はありません。この点に着目すると、変える余地があれば「ね」が使えること

★ニュアンスの説明そのものは悪くありません。ただ、科学的な言語研究の場合、それだけで分析を終えるわけにはいかないのです。最終的に、こういったニュアンスや感覚的な判断についてもつじつまの合う分析を行い、整合的な原則を立てられるのが理想です。

★例えば、チューリップの球根が花壇に植わっているのを見て、聞き手が植えたと推測したケースなどが考えられます。

★もちろん、「植えるね」は聞き手の行為についての確認という解釈もありえます。

になります。

「ね」と「よ」の談話上の機能

「これは正しい」「あれは間違っている」という判断も、「明日、出かける」「来週、旅行に行く」という未来の予定も、確定していないなら変える余地があるでしょう。これは、話し手の意思が明確でも、相手から「それは違う」とか「その予定は変更しよう」という提案や干渉を行う余地があることであり、干渉や変更を許容する考えが話し手にあるとも言えます。「よ」や「ね」がなわばりの標識でなく、念押しや確認という発話内行為に関するマーカーでもなければ、話し手の発話に関わる態度を示す機能を持っていると考えるべきでしょう。そこで、ここでは、「ね」と「よ」を発話に関する話者の態度のマーカーと見て、次のような原則を仮説的に置くことにします。

①「よ」は、話者が排他的に管理する準備があることを示す命題につくマーカーである。
②「ね」は、話者が排他的に管理する準備がないことを示す命題につくマーカーである。

「排他的に管理」なんて難しそうな言い方をしていますが、「排他的」は他★を排しての

★英語で言えばexclusivelyということです。別段、「高級な」情報でなくてもかまいません。

意なので、「独占的に管理する」のと同じで、自分がその命題や情報の最優先で最上位の管理者であることを示しています。ある情報を提示したとき、その情報について真偽や根拠などを含めて管理する意向が自分にあると述べることは、発言に責任が伴うことでもあります。

(19) この計算、間違っているよ。

「よ」を伴う(19)の発話では、「この計算、間違っている」という判断を話し手が示しており、その判断については話し手が聞き手よりもよく理解し、把握しているので、情報管理上でも優先度が高いのです。計算間違いをした本人(この場合の聞き手)は、計算が間違っていることがわかっていない状況で、その間違いを発見した話し手が「この計算は間違っている」という情報に関して最も強い管理権を持っているのは当然でしょう。もちろん、聞き手が納得しないことや受容しないこともあるでしょうが、その場合、話し手は「どこが間違っているかというと…」と説明をすることになります。そういう説明をする覚悟や準備も含み置いた上で情報管理をしているわけです。

聞き手が(19)の発話を受容すれば「ね」を使って応答できますが、「よ」は使えません。

(20) 確かに、この計算、間違ってます{ね/*よ}。

同意するので最初に発見した(19)の発話の話し手より高い序列の情報管理権を持つこ

とはありません。しかし、同意しない場合は、情報そのものが異なるので排他的に情報を管理する意向を表明するのが自然です。

(21) 別にどこも間違っていません｛よ／?ね｝。

この場合は、「計算は間違っていない」という(19)の判断と異なるので、(21)の発話者が独占的に管理できます。また、判断内容が違うため(19)の発話者と競合することもなく、対立する見解を出した以上普通は説明の必要が生じます。したがって「よ」で排他的情報管理をするのが一貫した態度になります。★

こう見てくると、論争や議論など対立する場合は「よ」を使うという原則が立てられるような気がするかもしれません。確かに、「こうなんですよ」に対して「いいえ、違いますよ」と否定して言い争うときはよく「よ」が現れます。判断が確定していて確信できる情報なら、正しさを説明することで最優先の情報管理者たる意向を示すのはむしろ自然です。しかし、実際には、議論上で対立しているのに「ね」を用いることもあるのです。

(22) A「ここは修正が必要ですよ」 B「いや、原案のままで問題ないです｛よ／ね｝」

もしもBが強く反対するなら、それに伴って説明する必要も生じるので排他的管理を行うほうがつじつまが合います。しかし、「いやあ、私からすれば、原案のままで問

★計算を見直して確認しながら言う場合は(21)で「ね」が使えるかもしれません。このときは判断がまだ確定しておらず、「計算は間違っていない」という情報に最優先の管理を行うと宣言する段階ではないのです。

題ないですね」のように言えば、自分だけが独占的にその情報を管理して責任を負うつもりはないというスタンスでも矛盾しないので、「ね」でもいいわけです。このように「ね」を使う場合は、マークの対象の情報を相手が受容せずに疑念を示す余地も認めているのです。

また逆に、相手と同じ考えで同意するケースでも「よ」が現れることがあります。

(23)【客Aが電気店の店員Bに調子の悪い電機製品を見てもらっている】A「スイッチが入らないんです」B「ああ。確かにスイッチが壊れています**よ**。接触が悪くなってるんですよ」

情報の管理は、最初に発見したという事実によって優先度が強まる場合もありますが、その情報に関する詳しい知識があれば管理優先度は当然高くなります。(23)では、「スイッチが壊れている」という判断について、店員Bは客Aより専門的知識がありより確実に判断できるので、Bがこの情報管理の優先度が高いことでつじつまが合うわけです。

おもしろいのは、論争や言い合いで「ね」を使ってすねたような言い方にできることです。「私のクッキー、食べたでしょ！」と言われて「知らないよ」というのは普通の応答です。ここで「知らない**ね**」と言うと、しらを切るような言い方に響きます。「よ」を使って対立する情報を優先的に管理するのが普通の場合に、あえて排他的な情報管理を放棄する「ね」を使って相手に疑念を差し挟む余地を与えているのです。受容しないで疑念を示す余地を相手に与えておきながら、発話者としては「知らない」という判断を変えるつもりがないので、実質的には「いくら疑おうが構わないけど、知らないものは知らない」と言うのと同じことです。これがすねた★ニュアンスを生むのでしょう。

「よ」か「ね」を使わなければならない場合

命題管理の排他性に関わる①②の原則は「話者の態度」に関するものなので、話し手の考え方でどちらを選択するかが変わりますし、いずれでも成り立つこともあります。その一方で、状況次第で「話者が独占的に情報管理するのが当然」のケースもあり、逆に「話者が独占的に情報管理できない」ケースもありえます。前者は「よ」を使うことが義務的★で「ね」は不適格になり、後者は「ね」の使用が義務的で「よ」が不適格になります。

(24)「僕が今朝、チューリップの球根、植えておいた{よ／*ね}」

自分がすでに行った行為であれば疑いようがない情報で、最もよく理解しているのは自分です。この場合は自分(=話し手)以上にこの情報を優先的に管理できる人はいません。したがって、「よ」を使わなければならないのです。

★「疑ってもいいし、受け入れなくてもいい」と言っておきながら、一方で「間違いない。問題ない。判断は変えない」と言うのですから、いじけてすねているような印象を与えるのも当然でしょう。きちんと説明し尽くそうとする大人の態度ではないので、子供じみた感じがするのかもしれません。

★「義務的」と言っても、「ね」も「よ」も使わないという手もあるので、厳密に言えば、絶対「よ」を使えというようなものではありません。ここでの「義務的」の趣旨は、「よ」か「ね」かの一方を選択しなければならない場合に、一方しか使えず、それを使うしかなくなるということです。

⑵⑸【二人でケーキを食べながら】「このケーキ、おいしい｛*よ／ね｝」

自分も相手も同じケーキを食べているのなら、ケーキの評価に関する情報にはどちらも同じように管理する権利があると考えられます。自分だけが独占的に情報管理する状況ではないので「ね」を使うのです。もしも⑵⑸で相手が「おいしくない」と考えているのなら、「おいしい」という判断は自分だけのものなので排他的に情報を管理すべきであり、「よ」のほうが適切でしょう。

⑵⑹【窓の外を見ながらテレビを見ている家族に言う】「雨が降ってきた｛よ／ね｝」

自分だけが外の様子を把握していて、相手がテレビに集中しているなら、相手は「雨が降ってきた」ことを知りません。したがって、話し手が独占的に情報管理をして「よ」が使えますが、自分がいち早く情報を入手したので相手に教えてあげるという態度と言えます。しかし、自分だけが外の様子を把握していると言え、相手だってテレビを見るのをちょっと中断して窓の外を見れば「雨が降ってきた」ことはすぐわかり、自分だけの独占的な情報でなくなります。つまり、一時的に独占しているだけで、状況次第で簡単に共有されうる情報なのです。このことを踏まえて最初から独占するつもりがないという意向を表しつつ「ね」も使えるわけです。

⑵⑺ 僕、昨夜、ここに鍵を置いたよね？

もしも、鍵を置いたことを確信しているなら、自分の過去の行為である以上自分が最も優先的に管理できる情報なので、「置いたよ」となるはずです。しかし、置いたはずなのに鍵が見あたらない現状は、自分の過去の行為についての確信を揺るがすことになるでしょう。もしも別の場所に鍵を置いたのに「ここに鍵を置いた」と思い違いしているのなら、強い確信があろうが自分の行為であろうが、誤った情報です。もしも家族が置いてある鍵を見つけて別の場所に移動させたのなら、情報は誤っていません。(27)の発話者は「置いた」と確信していて排他的に情報管理できるという認識があるものの、置いた場所に鍵が見あたらない状況を考慮すると、その情報を確信すべきでない理由もあります。したがって(27)は、「排他的に情報管理できる状況のはずだが、その状況にあることについては排他的に情報管理しない」という趣旨で「よね」を使っていると説明することができます。つまり、「よ」は「僕、昨夜、ここに鍵を置いた」という命題についており、「ね」は《命題 +「よ」》全体につくメタ的なマーカーと見るのです。とはいえ、そのまま『「Xという情報について排他的な情報管理を行う意思がある」ことについて、排他的な情報管理をする意思はない』とすると混乱しそうです。平たく言い換えれば、「Xという情報は優先的に私が管理できるはずだが、それでいいと同意してもらえるか」ということで、要するに「よね」は「Xという情報を私は確信できると思っているが、同意してもらえるか」の意のマーカーになるわけです。

(28) 今日は、湿度が高いよね。

湿度が高いという判断が強い確信のもとでなされ、話し手がこの情報を排他的に管理する意思を持つのなら「よ」が使えます。ただ、「今日は、湿度が高いよ」と言うのなら、独占的に情報を管理する根拠が必要です。湿度計を見て確認したとか、天気予報を聞いて知ったとかというのなら「今日は、湿度が高いよ」で問題がないでしょう。また、(28)は空気の湿り気を個人で判断した場合でも成立します。客観的な根拠もなく、ほかの人も感じ取ることができる湿度について、個人が独占的に情報管理するのは変ですが、自分の判断に強い確信があり、聞き手も同意してくれると見こんでいれば、排他的情報管理を「よ」でマークし、その発話に「ね」をつけて、「私が、湿度が高いという情報を排他的に管理することに同意してもらえると思うが、同意してくれるか」といった意味で「よね」がつけられるのです。相手も同じように判断するという見通しのもとで、(28)の場合は強く確信した判断を提示する際の「よね」と説明できるわけです。

章末問題

問1 「指示詞の逆転」の例を一つ自分で見つけて、なぜ逆転が生じたのかを分析してください。

問2 以下のようなAの発話に対して、Bが「{こ/そ/あ}の映画」と応じる場合、それぞれの指示詞の適否と使用条件について整理してください。

A「タクシー・ドライバーって映画、知ってる？」

B「{こ／そ／あ}の映画は…」

問3 次の二つの形式の語用論的な機能差とそれによって生じる意味の差を論じてください。

1 今度の旅行、二万五千円かかったよね？

2 今度の旅行、二万五千円かかるんだったよね？

問4 次の①②③では、前後の文の論理関係にどのような違いがあるかを分析してください。

1 一郎は八十点だった。そして、私は八十五点だった。

2 一郎は八十点だった。でも、私は八十五点だった。

3 一郎は八十点だった。だから、私は八十五点だった。

問5 次の発話で文末詞の「ね」と「よ」はどんな発話効果上の差異を生むか論じてください。必要に応じて前後の文脈を追加して考えても構いません。

「この本は本当に面白かった{ね／よ}」

第四章

語用論の可能性

Q14 語用論によって何がわかるのですか？

これまで見てきたように、語用論と一口に言っても、いろいろな領域があり、また、研究の方向性や考え方も多様です。ひいき目に見れば、様々なテーマを広く扱い、単一の方法論に縛られず、視野も広いと言えますが、いろいろな分野が重なり合い、ぶつかり合い、混沌としている面もあります。こういった状況で語用論を学ぶことから何がわかるのか、また、どう役に立つのかという疑問が生じるのはもっともなことです。語用論は、実用の面で役立つことを目指してきたわけではなく、ことばの運用に関わるしくみを解明することが目的なのですが、現在のように広がりを持つようになると、いろいろな展開や応用の可能性が考えられます。

メッセージを分析する

かつてＪＲ東海が「日本を休もう」というコピー★を使って広告をしていたことがありました。これは一つの日本語の文ですが、字義どおりに解釈すると、一体何をしようと呼びかけているのかわかりません。しかし、実際に、この表現は広告上のメッセージとして機能しています。これがメッセージとして成立するのは、関連する情報を利用したり、推測を重ねたり、いろいろな知的処理を行うことで、受信者が理解できるからだと考えられます。ここでは重要なポイントが二つあります。

★広告の文案や広告文のことですね。ちゃんとした英語です。

一つは、『発話はすべて、特定の発信者から特定の場面で特定の受信者へ向けられたメッセージだ』という点です。場合によっては、発信者がわからないこともあり、おおまかにしか特定できないこともあります。また、不特定多数の受信者を想定しているメッセージもあります。通常の会話では、発信の場と受信の場が時空間的に一致するので発信者はメッセージがどう受信されたかを確認することができます★。書きことばでは、発信の場と受信の場がずれていることが多く、メッセージがどう受け取られたかは発信者にはわからないのが普通です。多様なケースを想定すると、メッセージのありようはなかなか複雑です。しかし、いずれにせよ、発話が「特定の発信者が受信者を想定して発したメッセージである」ことを考慮しなければなりません。

二つめは、『メッセージである以上、適格に成立する解釈が可能であることが前提として了解されている』という点です。一見(あるいは一聞)しただけでは、理解できない、十分に解釈できない発話でも、解釈されるべきメッセージの実質があるはずで、必要な情報や知識があれば、あるいは、正しく推論すれば、解釈されるべきメッセージが獲得できると聞き手は考えるのです。靴屋さんの店先でお客の女性が一足の靴を手に、「これ、サイズある?」とお店の人に尋ねています。これに対して「すべての靴にはなんらかのサイズがあり、あなたの質問は無意味だ」と言う店員さんはいません。客の質問がメッセージとして適切に成立するという前提に立てば、質問が無意味であるはずはありません。質問の趣旨は「この型の靴でこれ以外のサイズの靴はあるか?」で、この場合

★受信者(聞き手)の人数が多い場合は、事細かに確認できないでしょう。話しことばと書きことばのメッセージ性の違いは、Q9を見てください。難しいのは、日記と手帳のメモのように、自分が再度見る可能性が高いことが前提になっているものですが、メモのように受信者として今現在の自分とは異なる自分を想定していないのであればメッセージとは言い難いですね。日記のメッセージ性については個々人で異なるかもしれませんが、もしも単純な記録ではなく、未来の自分に向けて書いているのならメッセージ性は強いと言えます。

の「ある」は「店に在庫として存在しているか」の意でしょう。また、質問に対し、「別のサイズはありますが、六十センチというサイズはありません」とか、「別のサイズは当店には在庫しておりませんが、世界中のどこかには存在しています」と答える店員さんもいないでしょう。メッセージが成立するには、この種の想定は不必要で、常識(世界知識)からこういう想定をすることがブロックされるからです。

ことばで表現する際に私たちはわかりきったことを普通言いません。必要なことだけをことばにすれば十分だからですが、ただし、ことばがことばである限り、その言語の体系や規則や特性を無視することはできないので、わかり切っている要素でも表示せざるをえないことがあります。関連性理論で言う《表意》の形式に復元をしていくと、意味を特定するのに必要な情報はかなり揃うでしょうが、それでも伝達上全くもれのない形式にすることが不可能な場合もあります。「これ、サイズある?」を、「この靴と同じ型で、この靴とは異なるサイズで、常識的に私がはきそうなサイズは、お宅の店に現在在庫がありますか」とするとおおむねよさそうですが、「この靴と同じ型」に「同じデザインで色違いのもの」を含むのか、「ある」は「問屋に在庫があって取り寄せ可能であること」を排除しないのか、と細部で確定しない情報はいくらでも出てきます。このことは、ある発話の真意を必要な情報をすべて余すところなく盛り込んで論理的に成立する形式にできるのか、という問題にもつながります。

発話者本人でさえ、自分の発話の曖昧さや未確定性を見逃しているかもしれません。

「店に在庫があるか」という趣旨で聞いても、「店に在庫はないが、問屋には在庫があり、すぐに取り寄せ可能」なら、聞き手はそのケースを排除していないかもしれないのです。この性質は、発話も、発話として用いられる文も、話者の意図を完全に特定して、論理的に完璧な情報形式にする上では常に不完全で不十分だということであり、言語が表現手段として本質的に持つものだと考えられます。この特質を、言語の**粗略性**(looseness)と呼ぶことにします。言語が普遍性を持つことと、特定場面と特定の意図を完璧に伝達する形式になることは、相反する方向性を持っています。《粗略性》は、悪く言えばいい加減ということですが、よく言えば使い回しがきく融通性を持っていることでもあります。特定の時期に特定の場面で特定の人が細かに定まった特定の目的を達成する上で完璧な服をあつらえても、それが完璧であるほどほかでは使い回しできなくなります。誰でもどこでも着られる服は、デザインもサイズもおおまかで、説明や工夫が必要になるでしょう。言語が表現形式として多少の不足を持っていることと、とりあえずどんな場合でもある程度は伝達が可能なことは、同じ特質の表と裏だと言えるのです。

広告メッセージの分析

先ほど紹介した「日本を休もう」というコピーも当然メッセージの一つです。広告メッセージには、直接「この商品を買いなさい」というあからさまなメッセージは多くありません。インパクトや目立つメリットはあっても、メッセージの目的から見れば逆効果でしょう。むしろ間接的に「この商品を使うと、こういいことがありますよ」と言ったり、有名人が「私はこれを使っています」と言ったりすることで、消費者の購買意欲をかき立てるわけです。買わせるという意図をできるだけ隠しつつ買わせることを考えるので、知恵の絞りどころなのです。メッセージの分析として、広告の分析が面白いのは、メッセージの多様な効果が駆使されているからです。語用論でも、広告の分析は一つのジャンルになっています。広告の分析は、社会心理学や社会学などでも行いますが、言語学の知見を活かして分析する場合、メッセージの伝達上の機能や効果を中心に検討を加えます。当然、統語論など他の言語学的な知識を動員して構いません。

「日本を休もう」という文は、字義どおり解釈すると行き詰まります。なにしろ「日本」は「休む」ものではありません。しかし、ここで「すべてのメッセージは解釈が成立することが前提として了解されている」という原則を思い出せば、一見変なこの文が成立する解釈を見いだすことができるはずです。「休む」のは、会社・学校・仕事・会議・授業などでしょう。「Xを休む」と言う場合、Xには「仕事」などの義務や用務を表す名詞が来るわけです。「店を休む」や「日課の散歩を休む」も同様に考えられます。★「日本を休もう」が解釈可能なメッセージである以上、「日本」が《義務的な用務》を意味すると理解することになります。そして、「確かに、日本の社会で暮らしていると、仕事だの、親戚づきあいだの、町内の用事だの、友人の誘いだの、いろんなしがらみが

★「金曜日を休んで、日曜日に休日出勤します」というような使い方もありますが、この場合も「金曜日」を「金曜日の仕事」「金曜日の用事」のように考えればいいでしょう。

あるなあ。これは一種の義務だなあ」と思い至れば、このコピーについて「日本の社会で暮らしていると義務や義理やしがらみがある。日常の義理や義務の用事を休もう」と解釈をすればいいことがわかります。

一般に、メッセージには発信者と受信者がいるはずです。このメッセージが鉄道会社の広告で、国内向けに日本語でなされたことを考えれば、鉄道会社がその潜在的な利用者と考えられる日本で暮らす人々に向けたメッセージであることがわかります。つまりは、「日本で暮らしている人たちよ。日々の生活のなかで義理やしがらみが生じるでしょう。そういう義理や義務を休みましょう」と言っているのであり、「休むために日常から離れ、(新幹線を使って)旅に出ましょう」と言いたいと推測できるのです。

さらに、このコピーが映像や写真や図案などといっしょに使われたのであれば、メッセージの全体像を明確にするために、言語化されたメッセージ以外の部分、つまり、《非言語的メッセージ》についても検討が加えられます。もしも言語学の枠組みにこだわらずに、広告メッセージの分析を行うなら、非言語的要素も詳細に研究するべきでしょう。しかし、語用論は《言語の運用》を研究対象としているので、非言語的メッセージのほうに重点が置かれると、★言語学的な語用論の枠からはみ出してしまいます。

次のようなポスターがあったとしましょう。★

この二つのポスターに絵や写真はなく、文字情報しかありません。ポスターの場合、色や紙質や大きさも重要な要素になりえますが、その点でも違いがないことにしましょ

★真理を追究するためならば既成の枠を越境するのも構わないと思いますが、語用論的な知識の基礎がどこまで共有されているのか、また、共有されるべきなのかがまだ明確になっていない現段階では、どこからが領域外なのかはっきりしていないとも言えます。結局は、語用論として広告の分析をするか、広告の分析をする際に語用論の知識も活用するのか、という態度の違いに帰すことになるでしょう。

★もちろんフィクションです。団体も場所もすべて架空のものです。

身の回りから考える
環境問題
—今日からエコロジストになるために—

エコ支援センター講演会

日時：×月○日△時
会場：サンタ山記念ホール
講師：△山□子先生
（トナカイ大学助教授）

入場無料

〔例1〕

入場無料

△山□子先生講演会

（トナカイ大学助教授）

主催：エコ支援センター
会場：サンタ山記念ホール
日時：×月○日△時

「身の回りから考える環境問題」
—今日からエコロジストになるために—

〔例2〕

う。そして、二つのポスターの文字情報（言語化されている情報）もほぼ同一です。しかし、見る人の印象や解釈、あるいは、ポスターの宣伝効果には、違いがありそうです。おそらく、〔例1〕を見た人は「環境問題に関する講演会があるんだな」と思うでしょうし、〔例2〕を見た人は「△山□子先生という人の講演会か。入場無料か」と思うのではないでしょうか。文字の大きさや書体、また配列や位置によって、メッセージの性質が変わってくるのです。ここで重要なのは、個々の情報が同じような重要度で均一に受け取られるのではなく、受信者が受信の際に個々の情報のステータスを判断するということです。★同じように情報が並んでい

★情報のタグという考え方はQ12で述べています。

ても、その情報に軽重をつけ、重要度の序列を決めるのは、人間の知的処理の負担を考えれば当然の対処でしょう。

ポスターの文字の大きさ・配列・位置は、情報のステータスに関わることを伝えていると考えられます。目立つ情報は、発信者が「重要だ」「優先的に受信してほしい」と考えている情報でしょう。これは、発信者による受信者の解釈の誘導に深く関わることでもあり、《伝達上の戦略》と言えます。理解してほしい方向性があれば、そのように受信者が解釈するように仕向けるのです。

情報の提示順序や表現形式がメッセージの位置づけ（受信者の側から見ればステータスの解釈）に大きく影響するということは十分考えられます。次の例は、広告でなく、大学の構内にあった掲示ですが、それぞれどう解釈されるでしょうか。

学生の呼び出し

次の学生は至急学生課の窓口に来てください。

人文学部二年　山田太郎

以上

〔例 3〕

山田太郎君へ

人文学部二年の山田太郎君は、すぐに学生課の窓口に来てください。

以上

〔例 4〕

私が実際に目にしたのは〔例3〕のような掲示でした。これは「学生の呼び出し」というタイトルなので、学生であれば目をとめるでしょう。一読して呼び出し対象が自分でないとわかれば、無関係な情報ということになります。ただ、〔例3〕の掲示では最後まで見ないとそのことはわかりません。そのために、掲示が提供する情報が無関係な人も見る可能性が高く、いちいち自分に関係のない情報と判断する手間がかかるので、結果的に無関係★な人にも負担を強いることになります。「山田太郎」君以外の学生は、潜在的な情報の受信者ですが、自分が真の情報の受信者ではない（つまり、情報は自分に関係のない、価値のないものである）と判断するという知的処理をしなければならないわけです。

一方、〔例4〕のような掲示は、メッセージの受信者が「山田太郎君」なる人物であることをまず述べていますから、当人以外はそれ以上読む必要がありません。無関係な学生にも読ませるという負担がない代わりに、目にした人は「山田太郎君が呼び出されている」ことを知ります。これは呼び出しを受けた当人の名誉に関わるとまでは言えないと思いますが、情報の内容が誰かを不当におとしめるものであったり、公にしてはいけない情報であったりすれば、他人の権利や名誉を損なうことにもなります。

この二つを比べてみると、〔例3〕は、無関係な人にも最後まで読ませるという点で意味なく負担を強いているようにも思えますが、どの学生も呼び出される可能性はあるので全学生に常に掲示に注意してもらうようにするという教育上★の効果がありそうです。〔例4〕は、不当ではないにしても、呼び出された当人はいい気分ではないでしょうし、

★無関係と言っても、情報の受信者となる可能性のある人（この場合は、学生）ではありますが。

★これは、まあ、学校側の言い分でしょう。

配慮に欠けていると言えそうです。

語用論の使いみち

広告や掲示に限らず、手紙や通知文書なども一種のメッセージです。実質的に同じ情報を伝えているように見えても、情報の出し方（順序や強調の仕方）によってメッセージの性質が変わってきます。メッセージがどう受け取られ、それによってどういう効果が生じるかを明らかにすることには、語用論的な知見が活用できるでしょう。その意味では、「実用《プラグマティック》的と言っているわりに空理空論めいている」と言われがちな語用論の活用の道がありそうです。

「大事なことは先に言いなさい」と言う人がいます。確かに、談話の冒頭の情報は印象が強いため、記憶★に残りやすいのですが、常に大事なことから話すべきだとも限りません。例えば、セールスマンがいきなり「この商品を買ってください」と話し始めても逆効果でしょう。借金の申し込みをするときに「○×万円、貸してください」と最初に言えば、即座に断られてしまうかもしれません。これは、話し手にとっては最重要であっても、聞き手にとっては重要なことだとは限りません。むしろ、事情を知らないなら、ことの重要性を認めていないのが普通でしょう。「お金を貸してください」から話し始めて、そのあとに、その背景の事情や理由を説明すれば、聞き手は「この人は借金を頼みに来た」のであり、「その理由はこうである」という順序で理解するでしょう。

★心理学では、最初のほうの情報が記憶しやすいことを「初頭性効果」(primacy effect)、最後のほうの情報が記憶されやすいことを「新近性効果」(recency effect) などと言います。

一方、まず「自分はこんなに困っている」ので、「これだけ助けを必要としている」という話から始めて、最後に「お金を貸してください」と言えば、聞き手はまず「この人は窮状にある」と理解し、「その結果、借金を頼みに来た」という順序で解釈するでしょう。この場合、まず事情を説明することで、話し手が重要だと考える情報が実際に重要だという認識を聞き手にも共有してもらえるわけです。少なくとも、聞き手が重要と認めない情報をいきなり重要なものとして示すより、聞き手が重要性を認める状況をつくった上で肝心の方法を提示するほうが受け入れてもらいやすいでしょう。★

現代はプレゼンの時代と言われ、より説得力のある情報提示法には多くの人が関心を持っていると思われます。一般に、先に根拠を述べてから結論を述べるほうが理解されやすいわけですが、結論が見えないままに根拠だけを提示されると聞き手の関心を喚起しにくく、集中力を持続させにくいとも言えます。なにしろ、結論があって初めて根拠は根拠と理解されるので、根拠となるはずのことでも結論がないと単なる事柄の列挙となりかねないのです。逆に、先に結論を言ってしまえば、話の方向性を聞き手はつかみやすく、引き続いて根拠を述べても聞き手は集中力を持続しやすいかもしれませんが、聞き手は根拠と結論の論理関係をいちいち解釈しなければならず、知的処理の負担が大きくなり、理解しにくい面があるかもしれません。もちろん、これは一般論で、聞き手の予想しないような結論があり、インパクトが大きいのなら、聞き手は関心を持続しやすいかもしれませんし、個々の理由が具体例を含んでいてわかりやすく聞き手の集中力

★借金の申し込みの指南をしているわけではありません。話の順序が効果的でも、相手を説得できるとは限りません。世の中そんなに甘いものではないですし。

が持続するのであれば、結論が最後にあっても大丈夫でしょう。

ここで言う「説明」「プレゼン」は、語用論的にはテクストの全体に相当し、情報の提示法がテクストの構成法に当たります。語用論は、接続詞や談話標識の分析からもわかるように、文と文の論理関係の表示のしくみや構造化の原理を重要なテーマの一つとしているので今後一定の成果がまとまれば貢献もできるでしょう。ただ、人を説得したり、くどいたり、許してもらったり、苦情を言ったりする行為には、認知や言語などの知的処理の過程では扱えない要素もかなり入ってきます。★

私たちは、まとまった内容を口頭で説明するときに、「問題点は…ということだ。これに対する対処法は二つあり、一つめは…で、二つめは…だ。この二つを比較すると、後者のほうが優れており、その理由は五つある。第一に…、第二に…、第三に…、第四に…、第五に…。したがって、…のようにするべきだ」のように言うことがあります。「問題」「答え」「理由」「結論」という言い方は、個々の情報をテクストのなかでどう位置づけるかを表しています。つまり、これらは情報に関する情報であり、《メタ情報》なのです。「理由が五つある」と言ってから列挙すると、これから伝達する情報の位置づけや関連について《予告》することになり、自分が編み上げるテクストの構造を部分的にではあれ、提示しているわけです。

こういうメタ情報を提示するには、あらかじめ話す内容について話し手が理解してい

★例えば、仲のいい友達だから許してあげるとか、厳しくて頑固なお父さんだから説得が難しいとか、何かトラウマがあってこだわってしまうとかというようなことは、よくあることですが、語用論もそこまでは面倒を見きれませんからねえ。

て、テクストの全体像について見通しがないといけません。とはいえ、私たちは常に自分がする話の全体（＝テクストの全体像）について見通しを持っているとは限りません。話しながら考えることもあれば、結論がないままに話すこともあるでしょう。設計図がなくても、慣れていれば犬小屋程度はつくれるかもしれませんが、大規模な高層ビルを建てるなら設計図が必要です。実際の設計図ほど厳密でなくても、テクストの全体像の見通しがあることは、自分がこれから話す内容のおおまかな設計図を持っていることと同じです。効率的で効果的な伝達には、設計図が必要ですし、おおまかな設計図を聞き手に見せられれば聞き手も個々の情報の位置づけがわかり、理解しやすくなるでしょう。

語用論の知見のうち、テクストの編み上げに関わる《メタ情報》の機能や原理の分析は、文章論やプレゼン術に関する実際的な提言になりうると私は思っています。ところが、語用論が若いこともあり、まだ実用に資するほどの成果は多くないのです。

語用論の連携と可能性

ここまでいろいろな角度から見てきた語用論は、言語学の中心領域の一つでありながら、いろいろな分野や領域と関連を持っているものでした。そもそも記号論や言語哲学が語用論の生まれ故郷のようなものなので、これからも哲学などとの境界領域にある研究や相互の連携がありうるでしょう。

言語学のなかで、語用論は長らく意味論の一部あるいは付属品のように扱われてきました。最近自立が進み、語用論が一つの領域として認められてきたとは言え、意味論から離れることはできないでしょう。語用論を学ぶには意味論の基礎知識がどうしても必要になるからです。また、定義上は語用論と意味論を区分できても、個別のテーマでの研究や、個々の発話の分析では、両者にまたがる現象や区別しにくい要素があるかもしれません。テーマによっては、意味論と完全に離れてよいところもあるでしょうが、言語学的な語用論では意味論と統語論の知識が必要になることが多いでしょう。また、音韻論や形態論の知識が役に立つこともあるでしょう。特に、これまで「談話文法」として研究されてきたテーマや機能主義言語学が扱っているテーマは、統語論・意味論・形態論の知識をベースに行われた語用論研究という側面を持っています★。

また、語用論が発話の解釈を扱う以上、文意味の理解は当然考えなければならないでしょう。現在、多くの文法論では、一つの文をまとまった単位と見なしますが、私たちが実際に文を聞いたり読んだりするときには、文は文頭から文末まで順に私たちの頭に入力されていきます。これは、言語の持つ《線条的》な特質から避けられないことですが、文意味と発話意味、また、発話意図の理解と解釈を扱う語用論の立場からすると、私たちが文を聞き取りながらどのように理解していくのか、という動的なプロセスも考える必要があるわけです。

(5) 「私ね、昨日お台場に行って芸能人にサインをもらおうとテレビ局の前で待ってたの

★したがって、言語学の中心領域としての語用論は、これまでの流れを踏まえて、成果の再構成を行う必要があると言えます。

に、結局、全然芸能人に会えなくて…」

例えば、(5)の発話を（途中まで）聞いたとしたら、話し手がテレビ局に芸能人のサインをもらいに出かけたとたいていの人は解釈するでしょう。しかし、これが文の最後まで言い終わったところで次のようなものだったらどうでしょう。

(6) 私ね、昨日お台場に行って芸能人にサインをもらおうとテレビ局の前で待ってたのに、結局、全然芸能人に会えなくてしょげちゃってる友達と駅で偶然会ったから、おいしいイタリアンごちそうして励ましてあげたの。（傍線部は(5)と同じ）

つまり、テレビ局の前で待ちぼうけを食ったのは話し手の「私」ではなく、その「友達」というわけです。では、誤った解釈や早とちりを防ぐために、私たちは、相手が文を言い終わる時点まで待って、そこで一気に文意味の解釈に取りかかるのでしょうか。文を聞き取りながら途中で意味をとろうとはしないのでしょうか。そんなことはありません。いちいち文を相手が言い終わるのを待って解釈を始める悠長なことをしてはいないのです。★話すのが早い人なら、こちらが前の文の意味を解釈しているうちに次の文を話し始めてしまいます。結局、(6)のような文を解釈するときは、途中まで「私」の行為だと考え、途中からその解釈を《修正》するのが一般的な解釈のプロセスです。これをさらに拡張してテクストの解釈に当てはめて考えるとどうなるでしょうか。

★もっとも、外国語の場合はずいぶん多いかもしれません。また、母語でも、文意ではなく、発話意図の解釈の場合は、文を聞き終わったあとでも考え続けていることがあるでしょうね。

テクストがいくつもの文の連なりから構成されているなら、やはり、途中で解釈を修正することもありうるわけです。例えば、最初の三つの文を聞いていた段階では「話し手は自分に何かを貸すという申し出をするつもりだ」と理解していたのに、最後まで聞いたら「結局自慢話をしているだけだ」と理解し直すこともあるわけです。

統語論で文構造や文意味を扱うときは、言語が時間軸上の要素の配列という宿命を負っていることはたいてい無視されています。時間軸上に文を置いて文意味の理解のしくみを探る研究は、おもに心理言語学や認知心理学の分野で行われています。また、長期記憶や短期記憶といった記憶の理論の基盤的知識も心理学が提供しているものです。語用論の一つの重要な方向性として、こういった心理学との連携・協力が考えられます。加えて、ラングの習得だけが完全なら、ことばによるコミュニケーションが十全に行えるわけでないという事実は、語用論的な能力が適切に発達しなければコミュニケーションに支障を来すことを示しています。自閉症のほか、近年話題になることが多いアスペルガー症候群や学習障害も、語用能力の発達不全という観点から研究がなされています。広い意味での《発達》の研究に語用論も貢献できる余地があるわけです。

また、会話のやりとりでは人間関係や文化的背景が表現に影響することが考えられます。これが不当な抑圧として作用するなら、ヤコブ・メイの言う《言語圧迫》と捉えられるでしょう。ポライトネスの原理も、特に社会学の概念を取り入れた《フェイス》という考え方も、社会学との連携の上で洗練していくべきものです。文化の問題は、文化人類学や比較文化などの知見を活かすことが可能でしょうし、すでに《会話分析》など境界領域的な研究も進められています。社会的視点からの会話分析には、言語行為、特に発話内力という考え方が活用できると私は考えています。例えば、法廷で身内を殺害された人が被告に対して「殺してやりたいくらい憎い」と発言するのは当然の心情で、問題がないでしょう。しかし、このときに「いつか殺してやる」とか「出所したら一ヶ月以内に殺してやる」と言えば、心情の吐露でなく、犯罪の予告と受け取られかねません。言語行為として発話がどういう「力」を持つかという観点は、実際の言語使用の上で重大な意味を持ちます。社会生活を送っているなかで法的に扱わなければならない事象などには、ある種の貢献が語用論から可能だと思うのです。

このように見てくると、哲学・論理学のほか、心理学や社会学、文化人類学や比較文化研究などの多様な分野と言語研究をつなぐところに語用論が位置づけられます。このほかに、外国語教育などの応用言語学、翻訳や通訳、説明技術といった実用的な領域とも関わりが深いことはすでに見たとおりです。当然、個別の言語研究や対照研究にも深い関わりがあります。ただ、現状を見る限り、いろいろな領域と連携して裾野を広げていく可能性はあっても、全体をうまくまとめる方向性が希薄なように見えます。語用論の研究は、これまであまり連携することなく、散発的になされてきたという印象を持つ人も多いでしょうが、今後はそれらを束ねる軸になるもの、紐帯として語用論の研究全体をうまくまとめる原理が求められると私は考えています。

章末問題

問　広告のコピーを一つ選んで、メッセージとして語用論的な分析を加えてください。

さらに勉強したい人のための参考文献

・概説的なもの

『プラグマティックスの展開』（高原脩・林宅男・林礼子著、二〇〇三年、勁草書房）

『語用論への招待』（今井邦彦著、二〇〇一年、大修館書店）

『入門語用論研究　理論と応用』（小泉保編、二〇〇一年、研究社）

『ことばと発話状況　語用論への招待』（ジョージ・ユール著、高司正夫訳、二〇〇〇年、リーベル出版）

『現代言語学入門4　意味と文脈』（金水敏・今仁生美著、二〇〇〇年、岩波書店）

『言語の科学7　談話と文脈』（田窪行則・西山佑司・三藤博・亀山恵・片桐恭弘著、一九九九年、岩波書店）

『伝わるしくみと異文化コミュニケーション』（井上逸兵著、一九九九年、南雲堂）

『語用論入門　話し手と聞き手の相互交渉が生み出す意味』（ジェニー・トマス著、田中典子他訳、一九九八年、研究社）

『ことばは世界とどうかかわるか　語用論入門』（ヤコブ・L・メイ著、澤田治美・高司正夫訳、一九九六年、ひつじ書房）

『テクスト・グラマー・レトリック』（安井泉編、一九九二年、くろしお出版）

『プラグマティックスとは何か　語用論概説』（ジョージ・M・グリーン著、深田淳訳、一九九〇年、産業図書）

『言外の言語学　日本語語用論』（小泉保著、一九九〇年、三省堂）

・理論的背景

『意味論と語用論の現在』（ジェフリー・N・リーチ著、内田種臣、木下裕昭訳、一九八六年、理想社）

『認知意味論の展開　語源学から語用論まで』（イヴ・E・スィーツァー著、澤田治美、二〇〇〇年、研究社）
『関連性理論（第二版）』（D・スペルベル・D・ウィルソン著、内田聖二他訳、一九九九年、研究社）
『論理と会話』（ポール・グライス著、清塚邦彦訳、一九九八年、勁草書房）
『ひとは発話をどう理解するか』（ダイアン・ブレイクモア著、竹内道子・山崎英一訳、一九九四年、ひつじ書房）
『言語行為の現象学』（野家啓一著、一九九三年、勁草書房）
『英語語用論』（S・C・レヴィンソン著、安井稔・奥田夏子訳、一九九〇年、研究社）
『語用論』（ジェフリー・N・リーチ著、池上嘉彦・河上誓作訳、一九八七年、紀伊國屋書店）
『言語行為　言語哲学への試論』（J・R・サール著、坂本百大・土屋俊訳、一九八六年、勁草書房）
『テクスト言語学入門』（ボーグランド／ドレスラー著、池上嘉彦他訳、一九八四年、紀伊國屋書店）
『言語と行為』（J・L・オースティン著、坂本百大訳、一九七八年、大修館書店）

・各論

『語用論と英語の進行形』（長谷川存古著、二〇〇二年、関西大学出版部）
『日本語修飾構造の語用論的研究』（加藤重広著、二〇〇三年、ひつじ書房）
『日本語名詞句の意味論と語用論　指示的名詞句と非指示的名詞句』（西山佑司著、二〇〇三年、ひつじ書房）
『ジョークとレトリックの語用論』（小泉保著、一九九七年、大修館書店）
『語法と語用論の接点』（田中廣明著、一九九八年、開拓社）
『日本語の文法４　複文と談話』（田窪行則・佐久間まゆみ・益岡隆志・野田尚史著、二〇〇二年、岩波書店）

三上章　152
メイ　102, 103, 109, 112, 269
明示的遂行発話　043
命題行為　039–041
命題中心主義　029
命題内容条件　048
メタ記憶　195, 196
メタ情報　178, 183, 195, 204, 213, 214, 218, 220, 227, 265, 267
メディア・リテラシー　115
メンツ［面子］　117, 118
モジュール　133
モダリティ　042, 048, 060, 198, 224, 238
モリス　017, 022, 103

【や行】

山田孝雄　151, 152, 161
融合型　163, 164

【ら行】

ラッセル　021, 189
ラング　003–007, 023, 040, 109, 110, 134, 140, 269
濫用　047
リーチ　116, 141
領域説　153–155, 163–167
量の格率　052, 054, 087
レカナティ　097
レビンソン　087, 117, 118
連想照応　173
ロゴス中心主義　030
論理的含意　073
論理的前提　084–086

【わ行】

ワーディング　109

直示　148–151, 153, 154, 162, 166–168, 171, 174–176, 180, 184, 185, 190, 191
直接アクセス　167, 168, 191
直接性　190, 191
チョムスキー　004, 078, 101
強い含意　074
丁寧さ　104, 116, 183
適切性条件　047
テクスト言語学　120, 145
テクスト性　120, 121
デリダ　030
到達容易性　159, 165
トリガー　182, 209–211, 234
取り消し可能(性)　075, 081, 082
取り出しの失行　182
ドレクスラー　120

【な行】

二次的文脈　016
日常言語学派　033, 052
認知環境　091
認知言語学　101
認知容易性　158, 159
ネオ・グライス派　088, 102

【は行】

バーク　097
パース　022–025, 029, 050
排他的(な)情報管理　246, 247, 250, 251
発語行為　039–041
発話行為　036–039, 048–050
発話中心主義　029
発話内行為　036–045, 048, 050, 215
発話内指定装置　060
発話内力　039, 049, 215, 218, 244, 270
発話内力指定部　048
発話媒介結果　038, 039
発話媒介行為　037–040, 050
発話媒介目標　038, 039
パラ言語情報　205, 218
パラ言語的　127, 128, 130
バル・ヒレル　033
パロール　003–006, 023
反響言語　132
反グライス派　086, 088, 102
非言語情報　128, 129, 131
ビューラー　175
表意　070, 097–100, 102, 111, 256
表現能力の社会化　109, 112
非ラングレベル　004–006
フィラー　225
複基準　153
複号化　026, 027
符号化　025, 027, 028
負の面目　118
不発　047
ブラウン　117, 118
プラグマティズム　022
ブルームフィールド　020
フレーゲ　021
文化的なコード　107, 110
文末詞　240, 241
文脈効果　093–095, 097
文脈指示　147, 149, 175, 180, 181, 184, 222
文脈想定　092, 095, 096, 099
ボウグランド　120
方法の格率　053, 060, 063, 087, 117
ホーン　087
ポライトネス　104, 115, 116, 141, 183, 184, 188, 222, 234, 269
本質条件　048

【ま行】

松下大三郎　152, 153, 161

コヒージョン　121, 123, 145
コヒアランス　121, 122, 145
ゴフマン　117
語用能力　132, 133

【さ行】

サール　036, 038–042, 044, 045, 047–049, 060, 086
再解釈　066
佐久間鼎　161
字句拘泥　133
指示詞の逆転　156, 157, 161
指示対象の割り当て　099
事実確認的　035, 036
時制　192, 197, 198
事前条件　048
質の格率　053, 057–059, 087, 117, 198
シファー　056
社会性　034
社会制度的語用論　102, 103, 105, 112, 115, 119
修正グライス派　087, 102
縮小グライス派　087, 088, 102
受動的なセッション　203
照応　147, 149, 167–171, 174, 175, 179–182, 184–186, 189–191, 228, 232, 233
照応詞　168–171, 173, 222
状況的文脈　012, 013, 015
詳細化　099
情報性　121–123
情報のタグ　057, 214, 223, 224, 260
情報のなわばり理論　238
情報の評価　214, 216, 217, 223
新情報　207, 208, 237
身体動作学　127
心理的な距離　159, 161, 165
推意　049, 070, 071, 075, 076, 078, 082, 089, 097, 098, 102, 130, 135, 136, 141
推意の固着　135, 136
遂行動詞　042–044
スペルベル　088, 100
誠実性条件　047, 198
正の面目　118
世界知識　014, 015, 019, 077, 082, 084, 173, 194, 206, 211, 256
接近容易性　160, 161
先行詞　169–173
線条性の制約　065, 066
線条的　212, 267
前提　078–086, 130, 141
前提的推論　082–084, 086
前方照応　170, 189
想起　149, 184, 185, 189, 191, 193
相互含意　073
相互知識の無限参照　056
想定　091–093, 095–097
想定集合　094
ソシュール　003, 004, 007, 021, 023, 040, 065, 212
粗略性　059, 139, 257

【た行】

ターン　124, 203
短期記憶　146–148, 175–180, 186, 190, 200, 201, 203, 204, 206, 212, 213, 216, 230, 269
単基準　153
談話つなぎ語　220, 221, 223
談話標識　062, 211, 214, 218–221, 223–227, 232, 233, 265
知識指示　149, 184
長期記憶　146, 149, 178–187, 191, 193–197, 199–203, 206, 207, 212–214, 217, 230, 233, 269
長期記憶参照　196–198, 200–202, 224

【あ行】

アスペクト　192, 193, 198
一次的文脈　016
意味行為　038, 040
意味的含意　073, 074
ウィトゲンシュタイン　021
ウィルソン　089, 100
エコラリア　132
エスノメソドロジー　112
FTA　118
遠隔アクセス　167, 168, 191
オースティン　033, 035–044, 046, 047, 086
大槻文彦　151
音声行為　038, 040

【か行】

カーストン　097
カーナップ　017
ガーフィンケル　112
解釈中心主義　029
解釈のコスト　139
会話の推意　049, 067, 075, 077
活性化　178, 179, 202, 203, 206, 207, 209–211, 230, 231, 233, 234
神尾昭雄　238, 240
含意　070–076, 079, 080, 082, 130, 135, 141
環境言語学　113, 115
慣習的(な)前提　084, 085
間接アクセス　167, 168, 191
間接性　191
間接発話行為　049
カント　022, 053, 054
換喩　135
関与容易性　159, 160
関連性の格率　053, 060, 062, 087
関連性理論　060, 087, 088–092, 097, 098, 100, 102, 111, 256
記号過程　024, 029
記述主義的誤謬　033
記述の経済性　181
基礎表意　100
基本的遂行発話　043
旧情報　207, 208, 210
協調(の)原則　052, 058, 060, 067, 077, 086, 116, 117
共同注意　150
距離説　151, 153–155, 163–167
切替型　163, 164
空間近接学　128
空項　189
グライス　049, 052–055, 059, 060, 063, 067, 070, 077, 086–089, 097, 098, 100, 102, 105, 106, 116, 117, 141, 198
グライス派　086–088
言語圧迫　113–115, 269
言語運用　004, 005, 106, 112, 119, 223
言語ゲーム　021
言語的転回　021
言語的文脈　012, 013, 015, 147, 173, 227, 230
言語能力　004
現場指示　148, 149, 175, 184
現場認知　148, 149, 184
謙抑　107, 108, 110, 111, 116
行為遂行的　035, 036, 046
交感機能　112
高次表意　100
後方照応　170, 171, 179, 189
語形使用行為　038, 040
心の理論　131
誤執行　047
誤信念課題　131, 132
誤適用　047
誤発動　047

索　引

INDEX

シリーズ・日本語《にほんご》のしくみを探《さぐ》る ⑥

日本語《にほんご》語用論《ごようろん》のしくみ

2004 年 7 月 20 日　初版発行
2016 年 4 月 8 日　4 刷発行

編　者
町田　健

著　者
加藤　重広

発行者
関戸　雅男

発行所
株式会社　研 究 社
〒102–8152　東京都千代田区富士見 2–11–3
電話　営業 03–3288–7777（代）　編集 03–3288–7711（代）
振替 00150–9–26710
http://www.kenkyusha.co.jp/

KENKYUSHA
〈検印省略〉

印刷所
研究社印刷株式会社

ブックデザイン
寺澤　彰二

本文レイアウト・イラスト
古正佳緒里

ISBN 978–4–327–38306–0 C0081